RealTime
148

데이터 인문학

세상을 움직인
역사 속 데이터 이야기

김택우 지음

한빛미디어
Hanbit Media, Inc.

데이터 인문학 세상을 움직인 역사 속 데이터 이야기

초판 1쇄 발행 2019년 01월 20일
초판 3쇄 발행 2020년 11월 02일

지은이 김택우 / **펴낸이** 김태헌
펴낸곳 한빛미디어(주) / **주소** 서울시 서대문구 연희로2길 62 한빛미디어(주) IT출판사업부
전화 02-325-5544 / **팩스** 02-336-7124
등록 1999년 6월 24일 제25100-2017-000058호 / **ISBN** 979-11-6224-147-9 13000

책임·편집 전정아 / **기획·편집** 홍혜은 / **진행** 조수현
디자인 표지, 내지 신종식 / **조판** 김미현
영업 김형진, 김진불, 조유미 / **마케팅** 송경석, 조수현, 이행은, 고광일 / **제작** 박성우, 김정우

이 책에 대한 의견이나 오탈자 및 잘못된 내용에 대한 수정 정보는 한빛미디어(주)의 홈페이지나 아래 이메일로 알려주십시오.
잘못된 책은 구입하신 서점에서 교환해 드립니다. 책값은 뒤표지에 표시되어 있습니다.
한빛미디어 홈페이지 www.hanbit.co.kr / **이메일** ask@hanbit.co.kr

지금 하지 않으면 할 수 없는 일이 있습니다.
책으로 펴내고 싶은 아이디어나 원고를 메일(ebookwriter@hanbit.co.kr)로 보내주세요.
한빛미디어(주)는 여러분의 소중한 경험과 지식을 기다리고 있습니다.

저자 소개

김택우 taegwoo.kim@gmail.com

중앙대학교에서 컴퓨터 공학을 전공했고, 삼성SDS에서 사회 생활을 시작했다. 삼성 계열사였던 CJ, 르노삼성자동차, 볼보건설기계코리아(전신은 삼성중공업 건설기계 부문)의 시스템 운영과 개발 업무를 했다. 여기서의 경험으로 기업의 업무를 보는 시각과 데이터를 이해하고 해석하는 능력을 갖게 되었다. 글로벌 제품인 SAP의 경험은 기업의 표준 프로세스와 데이터를 체계적으로 이해하는 밑바탕이 되었다.

BI 전문회사인 디포커스를 공동설립하여 삼성전자, 아모레퍼시픽, SK, 위니아 등 기업의 분석 시스템과 경영정보시스템을 구축했다. 이 과정에서 시대적 상황과 산업의 변화가 데이터를 기반으로 재편성되고 있음을 느끼고 나무데이터(주)를 설립했으며, 빅데이터와 인공지능을 결합한 새로운 비즈니스 개발을 위해 대학원에 진학하여 AI 분야의 머신러닝을 연구하고 있다.

정보관리기술사 자격 취득 후 프로젝트 외 기업과 대학에서 관련 강의를 하고 있다. 데이터에 담긴 인사이트를 글로 쉽게 전달하고자 작가 수업에 참여하여 『초보 작가의 글감옥 탈출기』를 공동 집필하였다. 데이터 속에서 사회와 기업에 유익한 부분을 찾고 있으며, 일상에 숨어있는 데이터가 우리의 삶과 연결되어 있음을 알리고자 노력 중이다.

프롤로그

선선한 바람이 불던 어느 가을 날, 친구와의 점심식사를 위해 테헤란로를 걸었다. 빌딩 사이로 맑은 하늘이 보였고, 바삐 움직이는 사람들로 거리는 분주했다. 어느 새 친구 사무실이 위치한 세련된 건물에 도착했다. 연녹색의 파티션 너머에는 수십 명의 직원이 있었다. 그들의 책상에는 노트와 서류 더미가 올려져 있었고, 저마다 모니터를 보며 파워포인트 작업을 하거나, 엑셀에 서류 내용을 입력하고 있었다. 마중 나온 친구와 가벼운 악수를 하고 안부를 묻고는 회의실로 들어갔다.

"택우야, 네가 하는 일이 뭐라고 했지?" 친구가 물었다. 내가 어떤 일을 하는지 들었으면서도, 정확히 무엇인지는 모르겠다며 만날 때마다 매번 하는 질문이었다.

"음, 내가 하는 일. 글쎄 뭐라고 이야기해야 하나." 쉽게 설명하기 위해 고민했다. 친구는 중견기업 자회사의 임원이지만 실제로는 대표이사 역할을 하고 있었다. 이 친구가 이해할 수 있게 설명해야 했다.

"예를 들어 볼게. 너희 회사가 물건을 팔면 매출이 발생하지. 매출은 수시로 발생하고, 그에 따른 비용도 발생하겠지. 그런데 매출이 어디서 많이 발생하고 수익은 어디서 더 많이 나는지, 비용은 어디에 많이 쓰는지 궁금할 거야. 하지만 이걸 파악하기가 쉽지 않아. 담당자에게 얘기하면 취합하는 데 며칠씩 걸리거든. 맞지?" 나의 물음에 친구가 잠시 머뭇거렸다.

"응, 맞아. 모회사에서 그런 요청을 많이 해오고 있어. 그때마다 힘들어. 그 일을 하는 데 며칠씩 걸리거든." 친구는 손가락으로 타이핑하는 시늉을 했다.

"그래, 나는 그런 작업을 쉽고 편하게 할 수 있는 시스템을 만드는 일을 하고 있어." 친구는 여전히 이해하지 못하겠다는 표정을 지었다. 어떻게 설명해야 할까?

"더 설명해 줄게. 매출 데이터를 시스템에 입력하면 제품별로, 지역별로, 월별로 몇 개를 팔았고, 얼마를 받았는지 알 수 있겠지. 그리고 이번달 매출 데이터 옆에 전월 매출과 전년도 같은 달 매출을 같이 보여주고 있지. 그러면 이번 달 실적이 좋은지 나쁜지 알 수 있거든. 그렇게 되면 실무자에게 요청할 필요도 없지."

"그러면 회사마다 똑같은 걸 만들어 주겠네."

"그렇지는 않아. 회사마다 취급하는 제품이 다르고, 경영자마다 보는 관점이 달라. 그래서 그 회사의 특성에 맞게 시스템을 만들고 있어. 고객마다 분석하는 관점이 다른데 우리는 그 관점을 '디멘션' 또는 '특성'이라고 불러. 우리는 그 회사의 분석 관점을 알기 위해 업무 보고 자료 검토나 인터뷰를 진행하지. 그들이 무엇을 중점적으로 보는지, 데이터는 어느 단계까지 확인하는지 정의하고 데이터도 그 기준에 맞게 수집하게 돼."

"그러면 매출 자료만 가지고 이런 작업을 하는 거야?" 친구는 고개를 갸우뚱거리며 물었다.

"아니, 제품을 만들려면 재료나 부품이 필요하고 설비와 사람도 필요하잖아. 그래서 구매나 설비, 인건비와 같은 회사 활동과 관련된 데이터를 같이 사용하고 있어. 그래야 매출 데이터든 비용 데이터든 알기 쉽게 보여줄 수 있거든. 화면상에서 정보를 잘 이해할 수 있도록 그래프를 넣거나 이미지를 넣어서 표시하지." 내 이야기가 길었는지 친구의 표정은 점점 굳어져갔다.

"그런 일을 하는구나……. 택우야, 우리 밥이나 먹으러 가자." 친구는 그렇게 상황을 정리해버렸고, 우리는 식당에서 묵묵히 설렁탕을 먹었다.

데이터에 대한 이야기를 적어야겠다는 마음을 먹은 것은 친구와 헤어지고 나서다. 길을 걸으며 내가 하는 일을 쉽게 설명할 방법이나, 데이터를 다루고 표현하는 내용을 쉽게 설명할 방법이 무엇일지 고민했다. 그렇게 많은 시간이 흐른 어느 날, 정민 교수의 『다산선생 지식경영법』을 읽다가 정신이 번쩍 들었다. 이 책에는 다산 정약용 선생의 지식을 정리하고 편성하는 많은 내용이 있었지만 그중 두 가지가 나의 눈길을 끌었다.

첫째, 그것은 목민관 시절 재작성한 호구 조사를 근거로 아전을 벌주는 내용이었다. 왜 호구 조사를 다시 했을까? 그것은 이전에 작성한 자료가 틀렸기 때문이었다. 잘못된 자료로 세금을 걷으니 백성들의 아우성과 원망이 높을 수밖에 없었다. 거기서 데이터의 효용과 활용을 보았다. 당시에는 데이터의 개념이 없었지만, 다산이 호구 조사를 정리한 방식은 데이터를 다루는 방식과 유사했다.

둘째, 정조의 식목 사업 결과를 한 장으로 정리한 내용이었다. 정조는 7년간 여덟 개 고을에 나무를 심으라 명하고 그 결과를 매번 문서로 받았다. 그 문서를 모으니 수레에 하나 가득 실릴 정도로 많았다. 정리하는 사람이 없었기에 몇 그루나 심었는지 알 수가 없었다. 다산 선생은 그 많은 문서를 한 장으로 정리했다. 그 방식은 데이터를 수집하여 요약하는 작업과 같았다. 당시는 수작업이었고, 지금은 시스템을 이용한다는 차이가 있을 뿐이다.

이 두 가지 내용에서 데이터를 이야기로 풀 수 있는 아이디어를 얻었다. 그동안 읽어왔던 책과 영화 그리고 다양한 자료를 통해 에피소드를 조사했다. 조사 과정에서 우리 조상들에게 데이터를 보는 시각과 지혜가 있었음을 알았다. 또한 과학자나 행정가에게도 데이터를 활용하는 능력이 있음을 알게 되었다. 수집된 내용을 하나씩 정리하는 과정에서 새로운 화두가 생겼다. 그것은 '데이터란 무엇인가?'라는 나소 원론적인 내용이었다.

에피소드를 구성하고 그와 연계된 해설을 적었지만, 그것만으로는 데이터를 정의하기 부족했다. 데이터는 단편적으로 설명되고 있었고, 일부에서는 내용이 겹치기까지 했다. 전체 내용을 정리하면서 데이터가 가져야 할 기본 속성을 정의해야 했다. 그것은 왜 데이터를 이야기하고, 왜 데이터를 사용하는지에 대한 맥락을 잇는 작업이었다. 어쩌면 이 책은 그 내용을 찾고 확인하는 여정이었는지도 모른다. 그 여정의 고민을 이 책 말미에 넣었다.

지난 시간 동안 나는 수많은 기업의 분석 시스템을 구축했다. 고객의 요구사항을 분석하며 데이터 모델을 설계했고, 설계된 모델로 시스템을 구축했다. 한 회사의 프로젝트를 마치면 다음 회사에서 같은 작업을 진행했다. 시스템의 모습은 같았지만 속 내용은 달랐다. 고객마다 사업 분야가 다르고 회사 문화가 다르기 때문이었다. 첨단 IT 회사든 화학 회사든, 그 회사 나름대로의 데이터 분석 방향이 있었다. 그 회사와는 시스템 구축 후 10년 넘게 연락을 주고받았다. 매번 추가 작업과 보완 사항이 필요했다. 세상이 변하고 사업이 변하듯 시스템도 같이 변해야 하기 때문이다.

요즘 화두는 4차 산업혁명이다. 18세기 석탄을 이용한 증기기관은 1차 산업혁명을 가져왔다. 증기기관은 전기의 발명을 낳았고, 전기는 2차 산업혁명의 동력이 되었다. 전기를 기반으로 한 산업은 전화기를 만들고 반도체 산업을 태동하게 하며 정보통신을 중심으로 한 3차 산업혁명 시대로 넘어가게 했다. 정보통신 시대는 컴퓨터와 네트워크를 중심으로 돌아갔다. 소프트웨어 기술은 하드웨어의 급속한 성장 위에서 지속적으로 발전했다. 융합 기술은 커뮤니케이션의 중심이 되어버린 SNS와 메신저를 손 안에 들어오게 만들었다. 스마트폰의 성장은 일상 생활을 바꾸었다. 책을 사는 것도 쌀을 사는 것도 서점이나 시장에 가기보다는 스마트폰으로 해결한다. 4차 산업을 위한 인프라가 만들어진 것이다.

4차 산업의 중심에는 데이터가 자리하고 있다. 데이터는 4차 산업의 원유로서 빅데이터, IoT, 블록체인, 무인 자동차, 디지털 트랜스포메이션과 같은 핵심 기술과 사상의 중심을 차지하고 있다. 여기서, 데이터라는 용어의 회자는 '데이터가 무엇인가?'에 대한 화두를 이끌었지만, 이에 대한 설명이 너무 기술적이어서 설명과 이해에 부담스러움을 안겨주었다. 그게 무엇이고, 어디에 적용하며, 어떻게 사용하는지에 대해 너무 어렵게 설명했기 때문이다. 여기서 이 책의 방향을 잡았다. 데이터에 조금 더 친근하게 다가갈 수 있도록 하는 것, 이미 우리 생활 속에 들어와 있는 데이터에 대해서 이야기해 보고자 한다.

책은 5부로 구성되었다. 16개 에피소드를 데이터 활용 측면으로 분류했다. 에피소드에 나오는 이야기는 데이터 측면을 강조하기 위해 일부 재구성했기 때문에 실제 역사적 사실과 다르다. 단, 에피소드에 적은 데이터나 명칭 그리고 역사적 내용은 가능한 한 실제 사항을 유지했다. 데이터를 설명하기 위해서 에피소드와 관련된 내용을 적었지만, 그 중심에는 기술이 아닌 사람이 있음을 밝힌다. 데이터를 활용하고 그 혜택을 누리는 것은 우리, 즉 사람이기 때문이다.

이 글을 쓰기 위해 수없이 들락거렸던 카페 주인에게 감사드린다.

아메리카노 한 잔을 앞에 두고 3~4시간을 앉아있었다. 이 책에 나오는 영수증 사례는 이 카페에서 아이디어를 얻었다. 아마 앞으로도 계속 이곳에 방문할 것이다.

주말마다 도서관에 방문하는 것도 버릇이 되었다. 유난히 뜨겁던 2018년 여름에는 카페와 도서관이 나의 피서지였다. 나의 짧은 글솜씨를 조금씩 늘게 해준 작가수업 꿈만필 가족에게 감사드린다. 원고 중간중간 검토와 응원이 없었다면 글의 완성도는 많이 떨어졌을 것이다. 마지막으로 이 글을 적기 위해 주말마다 백팩을 메고 도서관과 카페로 향하는 나를 지원해준 아내와 두 아들에게도 고마움을 전한다. 그날그날 적은 에피소드를 들어주고 재미있다고 한 가족의 모습이 큰 힘이 되었다.

지금 이 시대를 살아가는 우리는 이미 데이터의 영향에 들어와 있다. 항상 마시는 공기의 존재를 모르듯 우리는 데이터의 존재를 모르고 산다. 이 글을 통해 데이터가 얼마나 유용하게 사용될 수 있는지 확인하는 시간이 되었으면 한다. 또한 물이나 전기처럼 일상생활에 사용되는 유틸리티로써 데이터를 바라볼 시대가 되었음을 알리고자 한다.

관악산 양지바른 도서관에서
김택우

차례

인류를 위한 데이터, 데이터를 위한 인류

731 부대, 마루타를 이용한 위험한 데이터 수집

출생과 사망 데이터, 맬서스가 놓친 것은?

『종의 기원』, 22년의 시간은 데이터 숙성을 위해 필요했다

데이터란 무엇인가

데이터가 한 수레여도
정리해야 보배다

미래를 위한 데이터

데이터란 무엇인가

데이터 수집에는
목적이 있어야 한다

데이터가 존재 가치를 지니려면 어느 정도의 양이 있어야 하며, 이를 위해 여러 곳에서 데이터를 수집한다. 그렇다고 아무 곳에나 전화를 걸어 불쑥 "데이터가 필요하니 보내 주십시오."라고 하면 어디에서도 반응하지 않을 것이다. "2017 년도 지역별 아파트 실거래 현황을 조사 중입니다. 2017년도에 매매된 아파트 의 거래 날짜와 실거래 가격 데이터를 보내 주십시오."라고 해야 제대로 된 데 이터를 얻을 수 있을 것이다.

데이터 수집에는 목적이 필요하다. 당장은 어디에 사용될지 모르지만, 나중 에 필요할 것 같아서 모아두는 경우도 많이 있다. 이렇게 모아둔 데이터에 가치 가 있는지는 한번쯤 생각해 봐야 한다. 없애기는 쉽지만, 다시 만들기는 거의 불 가능에 가까울 수 있기 때문이다. 다행인 것은 데이터 보관 비용이 굉장히 저렴 하다는 것이다.

데이터의 원천은 다양하다. 그러므로 데이터의 원천이 어디에 있는지도 확 인해야 한다. 데이터가 시스템에 있을 수 있고 엑셀이나 문서에 적혀 있을 수 있 다. 다른 회사나 공공 데이터 포탈에 있을 수도 있다. 동일한 데이터가 여러 군 데 분산되어 있을 경우 단위나 코드를 서로 일치시켜야 한다. 특히 단위가 다를 경우 화면에 나오는 수치의 해석이 많이 달라지기 때문이다.

예전에 진행한 시스템 이관 프로젝트에서 벌어진 일이다. A 시스템에서 B 시스템으로 전체 데이터 이관을 진행했는데, 그 결과를 확인하던 팀장님의 얼굴이 찌그러졌다. "김 대리, 우리 회사 총 자산이 얼마지? 1,300억 원 정도지. 그런데 여기 보면 13조 원이네. 이거 틀린 거 맞지?"

그랬다. A 시스템에서 관리하던 금액은 소수점 아래 두 자리가 원 단위였고, 화면에는 곱하기 100을 한 금액을 보여주고 있었다. 이를 모르고 곱하기 100을 한 상태로 데이터를 이관했고, 그 결과 30억 원짜리 건물이 3,000억 원이 되어버린 것이다. 우리는 급히 나누기 100을 시키는 로직을 적용해서 데이터를 원상태로 돌려놓았다. 이처럼 개별 시스템이나 엑셀 등에 보관된 데이터를 수집할 때는 기준을 정해야 한다. 날짜는 'YYYYMMDD(구분자 없이)'로, 금액은 '원화(KRW)' 기준으로, 코드는 마스터로 관리하는 등의 표준을 먼저 정한 후 데이터를 수집해야 한다.

이번 파트는 목적이 있는 데이터 수집에 관한 이야기다. 교도소 폭동을 막을 목적으로 수집한 데이터와 강수량을 측정하기 위한 데이터, 해양 정보 수집을 통해 기록된 데이터 그리고 새로운 나라의 건국 자금을 위해 수집한 데이터에 대한 내용이다. 우리가 보고 있는 많은 데이터에도 각각의 목적이 있다. 내 근처에 있는 데이터는 어떤 목적을 가지고 있을지 생각해 보자.

교도소 폭동 예측을 위한
데이터 분석

"소장님, 매점 판매량에서 특이점을 찾으셨다고요." 루돌프 줄리아니 뉴욕시장은 버니 교정국장과 함께 교도소장으로부터 보고를 받고 있었다.

"예, 그렇습니다. 작년에 설치한 TEAMS(Total Efficiency Accountability Management System, 1996년 도입한 뉴욕시 교정국의 관리용 통계 지표 시스템)에서 나온 분석 사항입니다." 교도소장은 줄리아니 시장을 바라보며 짧게 대답했다. 줄리아니는 'TEAMS'란 말에 시장 취임 당시를 떠올렸다.

그는 1994년 뉴욕시장으로 취임한 직후 뉴욕을 안전한 도시, 살 만한 도시로 만들기 위해 범죄를 줄이겠다는 결심을 했다. 첫 번째로 진행한 작업은 데이터 및 IT 전문가의 도움으로 뉴욕 경찰국에 Comp-Stat^{Computer Comparative Statistics} 시스템을 도입한 것이다. 경찰국은 이 시스템을 도입한 후부터 종이서류에만 기록하던 범죄 현황과 사건 내용을 컴퓨터에 입력해 나갔다. 그들의 업무 환경이 바뀌게 된 것이다. 경찰국에 시스템을 도입하는 것은 처음부터 쉬운 일이 아니었다. 사람의 습관을 바꾸는 것도 쉽지 않은 일인데, 하물며 조직, 특히 경찰 조직의 관습을 바꾼다는 것은 더욱 어려운 작업이었다.

세상의 모든 일은 한 걸음부터 시작된다. 줄리아니는 서류를 기반으로 운영되던 업무 프로세스를 시스템 중심으로 변경해 나갔다. 컴퓨터 모니터와 현황판에 범죄 통계를 띄워두고 사건이 발생하면 관계자들이 모여 팩트^{Facts}를 가지고 토의하도록 했다. 반발이 컸기 때문에 줄리아니는 지속적으로 교육과 설명(주로 설득 작업)을 하는 데 많은 시간을 보냈다. 시간이 흐르자 경찰청 사람들은 시스템을 이해하기 시작했고, 줄리아니 시장 측도 그들을 이해하게 되었다. CompStat는 점점 자리를 잡아갔다. 이 시스템이 TEAMS의 모태였다.

"소장님. 시스템을 설치한 뒤 교도소에서 발생하는 모든 일을 TEAMS에 입력하기로 했었죠. 이곳에서도 매일 입력하고 있습니까?" 줄리아니는 시스템이 잘 사용되고 있는지 확인하고자 넌지시 물어보았다. 새로운 장비나 설비가 도입되었을 때는 지속적으로 사용해야 제 위치를 찾을 수 있다. 시스템도 마찬가지다. 누군가 관심을 가져주고 확인해 주어야 시스템이 잘 운영될 수 있다. 줄리아니는 시장으로서 그 역할을 하고자 했다.

"예, 맞습니다. 저희 교도소는 시스템이 설치된 다음 날 담당자를 선정했습니다. 담당자는 하루도 거르지 않고 데이터를 입력하고 있습니다. 게다가 정기적으로 데이터 분석 작업도 진행 중입니다. 사실 거의 매주 진행하고 있죠. 그런데 시장님, 지난주에 특이한 점을 발견했습니다." 줄리아니는 교도소장의 말에서 '특이한'이라는 단어에 눈을 크게 떴다.

"특이한 점이라니, 어떤 내용입니까?" 줄리아니는 데이터 분석을 통해 발견한 것이 무엇인지 궁금했다. 그동안 데이터를 모아왔던 것이 불필요한 작업이 아니었음을 드디어 증명할 수 있게 된 것이다. 과연 어떤 특이한 점이 있었을까? 줄리아니는 다소 긴장하고 있는 자신을 발견했다.

"담당자가 데이터를 분석하던 중, 폭동과 매점 판매량과의 연관성을 발견했습니다." 교도국장은 '연관성'이라는 단어에 힘을 주었다.

"음, 좀 더 자세히 설명해 주시겠어요?" 줄리아니 시장은 몸을 앞으로 숙이며 교도소장의 말에 귀를 기울였다.

"여기를 봐주십시오. 여기에 나온 것은 최근에 발생한 5건의 폭동입니다. 3월에 한 건, 5월에 두 건, 그리고 지난달에 두 건이 있었습니다. 우선 폭동이 발생한 시점과 TEAMS에 등록된 판매 데이터와의 연관성을 찾아보았습니다. 특히 판매된 물건의 종류와 수량을 집중적으로 분석했습니다. 이때 발견한 흥미로운 점은 폭동이 있기 3~4일 전 유독 담배와 사탕의 판매량이 평소보다 월등히 높게 나타났다는 점입니다.

여기, 이 화면의 그래프는 지난달 판매량입니다. 평일 기준으로 담배는 230갑, 사탕은 130봉지가 평균적으로 팔렸습니다. 그런데 이틀 전에는 담배가 562갑, 사탕은 324봉지로 두 배가량 더 많이 팔렸습니다." 교도소장은 그래프에서 수치가 올라간 부분을 손가락으로 가리켰다. 줄리아니는 매점에서 판매되고 있는 물건인 담배와 사탕 이름이 나오자 TEAMS를 도입한 후 어떻게 활용할지에 대해 서로 토의하던 장면을 떠올렸다.

줄리아니는 CompStat가 경찰청에 도입되면서 범죄 감소뿐만 아니라 업무 수행 능력도 높아졌다는 것을 확인했다. 그는 이 시스템을 확대 적용하고 싶었다. 그래서 선정한 곳이 교정국이었다. 각 교도소에 CompStat의 교정국 버전인 TEAMS를 설치했다. 당시 교정국의 가장 큰 골칫거리는 폭동과 탈옥이었는데, 이를 어떻게 하면 막을 수 있는지가 관심사였다. 담당자들은 해결책을 교도소 내 매점에서 찾았다. 매점 판매를 타깃 데이터로 잡은 것은 사람의 사회적 습성에서 힌트를 얻은 것이었다.

사회생활을 하면서 새로운 사업을 진행할 때 처음 하는 행동은 관계된 사람과 만나 이야기를 나누는 것이다. 만나면 식사도 하고 술도 한잔하면서 신의를 쌓는 일련의 과정이 진행된다. 하지만 교도소는 일을 도모하기 위한 모임이니 활동을 가지기에는 제한이 많은 곳이다. 담당자들은 일을 도모하기 위한 공간과 활동의 제약이 따른다는 점에서 실마리를 찾았다. 수감자들에게 대화를 할 수 있는 공간은 식사 시간이나 운동 시간 그리고 배정된 작업을 하는 장소만이 전부였다. 교도관들은 그러한 장소에서 폭동과 탈옥의 전조를 찾으려고 했다. 하지만 경험으로 낌새만 느꼈을 뿐, 주동자가 누구이며 시기가 언제인지를 알아내는 데는 대부분 실패했다.

다음으로 고려한 것은 음식물이었다. 수감자들이 탈옥이나 폭동이라는 거사를 모의할 때 맨입으로 하지 않을 것이라는 의견이었다. 비록 교도소에 수용되어 있지만, 주동자는 사회에서 한 가닥 하던 인물들인데 뭐라도 먹으며 서로 긴장을 푸는 시간을 가질 것이라는 의견이었다. 이 모든 의견을 모아 찾아낸 곳이 매점이었다. 수감자들이 매점에서 구매하는 물품과 그 양을 통해 징조를 파악할 수 있지 않을까 생각한 것이다. 줄리아니는 매점에 컴퓨터 설치를 지시하고 매점 판매 담당자가 매일 판매 데이터(판매된 시간과 품목 그리고 양)를 입력하도록 했다. 이 데이터를 통해서 폭동 예측이 실현된다면 교도관들의 진압도 더욱 쉬워질 수 있기 때문이었다.

"여기 이 그래프를 보니 정말 그렇군요. 소장님, 이런 사실을 지금 알게 된 건가요?" 줄리아니 시장의 질문에 소장은 머쓱한지 머리에 손을 가져갔다.

"흠, 제가 교도관 생활을 한 지가 30년이 되었습니다. 예전부터 폭동이 발생할 때가 되면 어느 정도 감이 왔습니다. 하지만 정확히 언제인지 알 수는 없었습니다. 그런데 여기 화면에 나온 그래프를 보고서 확신이 생겼습니다. 예전에도 매점에서 판매된 물품과 수량을 적은 장부가 있었지만, 그들과의 연관성은 전혀 짐작도 할 수 없었습니다." 교도소장은 미안한 표정을 지었다.

"소장님, 짐작으로만 느꼈던 부분을 데이터를 통해서 확인할 수 있게 되었다니 다행입니다. 그런데 여기 그래프 끝부분에서도 담배와 사탕이 더 많이 팔린 것으로 보이는데, 이건 뭐죠?" 줄리아니 시장은 화면에 보이는 그래프의 끝부분을 가리키며 물었다.

"오늘 보고 드리겠다고 한 내용이 바로 그 부분입니다. 방금 시장님이 가리키신 부분은 어제의 판매 내역입니다. 매점 담당자는 매일 저녁 8시에 데이터를 입력합니다. 그러면 다음 날 아침, 분석 담당자가 전날까지의 판매 현황을 모니터링하고 비교 분석합니다. 오늘 아침에도 모니터링을 해 보니 이렇게 판매량이 급증한 것을 알게 됐습니다. 내일이나 모레쯤 폭동이 일어날 겁니다." 교도소장은 담담하게 말했다.

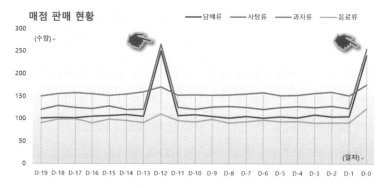

매점 판매 현황

300

(수량)

250

200

150

100

50

0

D-19 D-18 D-17 D-16 D-15 D-14 D-13 D-12 D-11 D-10 D-9 D-8 D-7 D-6 D-5 D-4 D-3 D-2 D-1 D-0

(일자)

담배류 ── 사탕류 ── 과자류 ── 음료류

▲ 매점 판매 현황 그래프. 이처럼 판매 현황을 그래프로 만들면, 담배와 사탕의 급격한 매출 증가 현상을 일자별로 살펴볼 수 있다(데이터는 가상의 수치임).

"정말인가요?" 줄리아니 시장과 교정국장은 걱정이 되어 소장에게 재차 물어봤다. 교도소장의 표정은 교도소 내에서 폭동이 일어난다고 말하는 사람치고는 너무 무덤덤해 보였다.

"짐작 가는 부분이 있습니다. 5개월 전에 갱단 두목이 들어왔는데, 지난주부터 그놈 주변 수감자의 움직임이 빈번해지고 있는 것이 포착되었습니다. 안 그래도 눈여겨보고 있던 상태였는데 여기 이 데이터를 보고 확신이 들었습니다. 저희는 오늘 저녁을 기해 갱단 두목과 리더로 보이는 3~4명을 별도 격리할 것입니다. 내부에서 동요가 있겠지만 문제없습니다. 이미 부소장에게 교도관들의 연장 근무를 지시해 두었습니다." 교도소장은 지금까지의 데이터 분석 내용과 폭동에 대비한 준비 상황을 보고했다.

"알겠습니다. 소장님이 그렇게 준비하고 계시다니 마음이 놓입니다. 부디 좋은 성과가 있기를 기대합니다." 줄리아니 시장은 교도소장과 악수를 하고 자리에서 일어섰다. 그는 떠나기 전에 교도소장에게 결과를 보고하도록 지시했다.

며칠 후 줄리아니 시장은 교정국장으로부터 전화를 받았다.

"시장님, 교도소 폭동이 잘 제압되었다는 연락을 받았습니다. 갱단 두목을 별도로 격리하는 과정에서 추종자들과 몸싸움이 있었지만, 교도관들이 잘 제압했다고 합니다. 또한, 그의 부하들 방에서 담배와 사탕이 많이 나왔다고 합니다. TEAMS가 제 몫을 해냈습니다. 이번 건이 무사히 해결되어 다행입니다." 버니와의 전화를 끊은 줄리아니 시장은 교도소의 폭동 진압 소식에 고무되어 있는 자신을 느꼈다. 데이터로 할 수 있는 일이 하나 더 생겼기 때문이다.

한 번의 예측으로 모든 문제가 해결되지는 않았다. 상황마다 어떤 데이터가 맞는 것인지 알아내는 것은 쉬운 일이 아니었다. 많은 시행착오가 필요했다. 교도소 폭동을 예측한 경우에도 많은 사람이 참여했다. TEAMS를 만든 컴퓨터 전문가, 데이터 모니터링과 분석을 진행한 현장 담당자, 이 모든 상황을 빨리 조치한 교도관 등 참여자들의 협조 덕에 폭동을 예방할 수 있었다.

시스템이 모든 것을 해결해 주지는 못한다. 해결을 위한 과정, 그 중심에는 언제나 사람이 있었다. 단지 시스템이 제공하는 데이터는 인간이 느끼는 불완전한 짐작을 확신으로 바꿔 주었다. 그 확신이 있었기에 우리는 자신감을 가질 수 있었다. 데이터는 점점 불완전한 인간을 돕는 자원이 되고 있다. 그 자원이 어떤 결과로 이어질지 미래^{Future}는 알고 있을까?

줄리아니 시장의 범죄와의 전쟁

뉴욕시장에 당선된 루돌프 줄리아니(1994년~2001년 뉴욕시장 재직 시절, 뉴욕의 심각한 범죄문제를 해결하여 범죄율이 크게 떨어지는 성과를 올렸으며, 2001년 911사태를 잘 수습하여 뉴욕뿐 아니라 전 세계적으로 큰 존경을 받음)는 당선된 직후부터 범죄를 줄이기 위해 고민했다. 1989년부터 1993년 사이 뉴욕시 범죄 건수는 중범죄가 9,000건에서 1만 건, 살인은 1,800 건에서 2,200건으로 각각 11%, 12% 증가했다. 그는 경찰국을 직접 건드려 문제를 해결하기보다는 혁신적인 방법을 고안했다. 그것이 CompStat(1994년 뉴욕시 경찰국이 개발한 범죄 분석 및 통계 시스템) 시스템 도입이었다.

줄리아니는 여기에 매일 범죄 관련 데이터를 입력하게 했고, 매주 CompStat 회의를 진행하도록 지시했다. CompStat 회의는 사건과 연계된 데이터를 확인하고 분석하는 실질적인 활동이었다. 이런 활동이 데이터 정확도와 신뢰도를 증가시켜 나갔다. 점점 CompStat 시스템에는 객관적인 증거 자료들이 쌓여갔다.

CompStat는 범죄 식별을 위해 핀 매핑 기법(pin mapping, 주소를 지도 좌표에 매핑하는 방식)을 사용했다. 핀 매핑은 입력된 데이터를 기반으로 범죄 발생 위치와 체포 위치, 동네의 생활 수준과 같은 관련된 데이터를 그래프나 표 형태로 보여준다. CompStat는 탁월한 시각적 표현과 각종 데이터로 범죄 해결의 실마리를 찾는 환경을 제공해 주었다. 이 덕분에 범죄 발생 여부를 즉각적으로 식별하거나 탐지할 수 있고, 범죄 간의 연관성과 범죄에 대한 심층 분석이 가능하게 되었다. 이런 과정이 쌓이면서 경찰청에는 통계 분석을 활용한 범죄 해결 방식이 점점 자리를 잡아가게 되었다.

1994년에는 전년 대비 중범죄가 12.3% 감소했고, 살인은 17.9%, 강도는 15.5%가 줄어들었다. 이 수치는 미국 평균치의 3배에서 6배에 이르는 성과였다. 2001년에는 다른 대도시의 범죄율이 증가했지만, 뉴욕시만은 7.6% 하락했다. 이를 두고 당시 「워싱턴포스트」는 논평에서 이렇게 말했다.

"눈길을 끄는 것은 뉴욕시다. 우리가 관심을 둘 것은 뉴욕시의 범죄율 하락이지 시카고의 범죄율 증가가 아니다."

범죄율 하락은 경찰의 실탄 사용 횟수의 감소로도 이어져 1997년에 761건이었던 것이 2001년에는 77% 감소된 175건으로 나타났다. 뉴욕시는 이런 성과를 확대 적용하기로 했다. 최적의 적용 대상이 교도소였다. 당시 교도소 내 범죄와 폭동이 심각한 상황이었기에 이를 줄이고 재발 방지가 필요했다.

줄리아니 시장은 교도소용 시스템인 TEAMS를 개발 후 뉴욕시에 있는 교도소에 보급했다. 교도소는 매점의 판매 데이터와 교도소내 범죄와 폭동 내역을 입력했다. 교도소 내 분석 담당자는 입력된 데이터를 정기적으로 분석해 상부에 보고했다. 그 결과 수감자의 폭력 사건은 1997년 1,093건에서 2001년 70건으로 5년 사이 93%나 감소했다. 교도소 내 칼부림도 1995년 139건이던 것이 2001년에는 1건으로 줄었다.

데이터 수집을 통한 분석과 토론

뉴욕시의 범죄율과 교도소의 폭력 사건 감소는 시스템의 도움이 있었기에 가능했다. 시스템이 제대로 작동하려면 객관성을 담보할 데이터와 이를 분석하고 토론하는 문화가 있어야 하는데, 뉴욕시에서는 그게 가능했다.

『에너지 혁명 2030』의 저자 토니 세바는 '2016 에너지포럼'에서 두 장의 사진(1900년과 1913년에 찍은 뉴욕시의 모습)을 보여주며 변화를 설명했다.

> "1900년, 뉴욕의 도로는 말과 마차만이 눈에 띄었다. 이때 그동안 보지 못했던 기계 한 대가 도로에 나타났다. 말도 마부도 없지만 시끄럽게 도로를 지나고 있었다. 사람들은 이 기계를 시끄럽고 못생겼고 위험한 물건이라고 했다. 13년이 지난 1913년, 마차가 다니던 길은 자동차가 점령했고 마차의 모습은 거의 찾아볼 수 없다. 사람들은 이제 자동차가 아닌 마차를 걱정스럽게 바라봤다."

나는 그의 사진과 설명을 통해 갑자기 찾아오는 변화가 어느 순간 우리의 일상이 된다는 것을 깨달았다. 변화가 시작되면 이전의 관습은 기억에서 사라지고 새로운 문화가 그 자리를 차지한다. 휴대폰 때문에 전화번호부가 사라진 것처럼 말이다.

이 책의 사례를 기준으로 보면, 마차는 기존 관습인 서류와 수작업이고, 자동차는 컴퓨터와 데이터다. 변화를 이끌어낸다는 것은 시끄러운 것이다. 그러나 시끄러워도 그 변화가 옳은 방향이라면 꾸준히

밀고 나가야 한다. 시끄러움은 시간이 지나면 해결되기 때문이다. 컴퓨터가 도입된 초기에 많은 사람이 기존 방식이 아닌 새로운 방식에 적응해야 했다. 초기에 시스템을 이용한 업무 처리나 CompStat 회의는 강한 반발을 가져왔다. 시간이 지나면서 주변에서 성과가 하나씩 나타나자 반발은 참여로 전환되면서 가시적인 성과는 더욱 커져갔다.

이 모든 것은 한 사람의 힘으로는 어렵다. 데이터 입력 담당자, 분석 업무 담당자, 토의를 위한 참여자 등 여러 사람의 협조와 노력이 성과를 만든 것이다. 특히 토의 문화는 사례 전파와 참여 유도를 위한 좋은 방안이 되었다. 결과는 상부에 전달되었고 관련 부서에 공유됐다. 활용도가 높을 것 같은 시스템도 초기에는 자리 잡기 어렵다. 관련자들의 참여가 있어야 하고, 편리하고 유용한 기능이 지속적으로 뒷받침되어야 조직에서 자리 잡게 된다. 경찰청의 CompStat나 교도소의 TEAMS도 이런 과정을 거쳤기에 좋은 성과를 얻었고 발전도 이룰 수 있었다.

분석 작업은 쉽지 않다. 통계학자나 전문가들 사이에서는 이 과정을 속된 말로 '눈깔 마이닝'이라고 부른다. 이렇게 부르는 이유는 전문가들이 데이터 하나하나를 눈으로 검토하고 확인하고(눈물이 살짝 날 정도로 데이터를 오래도록 봐야 한다), 논리를 파악해야 하기 때문이다. 이제 AI 시대가 성큼 다가왔다. 점점 인간이 하던 역할이 기계의 몫으로 넘어갈 것이다. 그래도 그 뒤에는 인간의 노력이 자리하고 있을 것이다. 잘 작동되는 설비를 보면 그 설비를 잘 관리하는 사람이 있듯이 말이다.

줄리아니가 시장일 때 만들어진 시스템이 자리를 잡은 것은 경찰청과 교정국에 분석을 담당할 역량 있는 전문가와 토론하는 문화가 있었기에 가능했다. 분석 전문가들은 도구를 이용하여 데이터 간 상호 연관성을 찾아낸다. 이런 데이터 간 연관성을 찾는 작업은 지금도 다양한 분야에서 진행되고 있다. 특히 금융권에서는 금융사기, 특히 보험사기를 찾거나 사전에 방지하는 데 사용한다. 이것도 데이터가 있기에 가능한 일이다.

데이터 하면 빼 놓을 수 없는 전문가가 있다. 데이터를 기반으로 통계와 해석을 하는 통계학자와 21세기 들어 주목 받고 있는 데이터 과학자$^{Data\ Scientist}$다. 이들은 데이터를 기반으로 특정 비즈니스가 요구하는 목표를 달성할 통찰^{Insight}을 찾는 역할을 수행한다. 이 역할을 수행하기 위해 그들은 업종에 대한 끊임없는 연구와 연관된 데이터를 수집하고 분석하며 정리한다.

그렇다면 이들은 어떤 방식으로 일할까? 앞의 교도소 상황을 데이터 과학자에게 대입했을 때, 그들이 어떠한 방식으로 일하는지 살펴보자.

데이터 과학자 시각으로 재해석하기

뉴욕시는 교도소 내에서 발생하는 범죄를 예측하고자 데이터 과학자인 벤자민 앤더슨에게 자문을 구했다. 그는 킥 오프 미팅(Kick-Off Meeting, 일을 진행하는 초기에 하는 회의)에서 교도소에 몇 가지 자료를 요청했다. 교도소는 며칠에 걸쳐 자료를 준비해 주었다. 앤더슨은 10주 동안 그 자료를 기반으로 분석 및 해석 작업을 진행한 후 보고서를 제출했다. 그 덕에 교도소는 보고서 내용을 현장에 적용하여 폭동을 예방할 수 있었다. 이 글은 바로 이 작업 과정과 내용을 정리한 것이다.

참, 이 글을 적고 있는 나는 앤더슨을 도와 데이터 분석 작업을 진행한 기획팀 소속 '폴 스미스'다. 교도소장의 지시로 여기에 참여했는데 정말 잘했다고 생각한다. 덕분에 교도소에 설치된 시스템을 폭넓게 이해할 수 있었고 데이터가 어떤 것이며 무엇을 할 수 있는지도 알게 되었다. 오늘도 데이터와 생활하면서 이 글을 적는다.

더운 여름의 열기가 남아 있던 어느 날, 교도소장이 나를 회의실로 불렀다. 회의실에는 소장 외에 몇몇 간부와 안경을 쓴 금발의 외부인이 있었다. 소장은 나를 안경을 쓴 외부인에게 소개를 시켰다. 그의 명함에는 '벤자민 앤더슨'이라는 이름과 '데이터 과학자'라는 문구가 들어 있었다. 소장은 최근 늘고 있는 교도소 폭동을 어떻게 막을 수 있을지에 대해서 고민하다가, 그 해결책으로 그를 부른 것이었다. 소장은 앞으로 그의 일을 도와주라는 지시를 내렸다. 그 날 이후 나는 앤더슨을 도와주는 일을 하게 되었다.

앤더슨은 이번 분석 작업의 목적을 '수감자의 탈옥 및 폭동 시기 예측'이라고 정의했다. 이렇게 목적을 정의하는 이유는 일을 추진하는 방향을 명확히 하기 위한 것이라고 했다. 이런 프로젝트를 진행하다 보면 여러 가지 일을 요청 받게 되는데, 그럴 경우 목적과 맞는 요청인지 검토하여 거절 여부를 결정하기 위해서라고 한다. 우리가 사용할 수 있는 시간은 정해져 있기 때문이다. 정해진 시간 안에 일을 하려면 모든 요청을 수용하기보다는 적절히 거절하는 것이 더 맞는 방법이다.

그는 나에게 세 가지 자료를 요청했다.

- 자료 1. 과거 탈옥과 폭동 관련 데이터(발생 시기, 주동자, 관련자 포함)
- 자료 2. 교도소 내 힘의 관계도(사람 이름, 수감번호, 수감사유 등)

• 자료 3. 교도소 내 시스템 데이터(매점 판매 데이터, 면회 데이터 등)

앤더슨은 특히 판매 데이터에는 '일자, 시간, 품목, 수량, 금액, 구입자' 항목이 포함되어 있어야 하며 데이터는 전자 파일로 만들어 달라고 했다. 또한 매점에서 판매되는 물품은 유사한 물건끼리 그룹을 지어 달라고 했다.

나는 그때부터 관련 부서에 데이터를 요청했고, 취합된 데이터는 앤더슨에게 주었다. 매점의 판매 데이터를 확인해 보니 시스템보다는 장부에 기록된 내용이 많았다. 조금 귀찮더라도 기록을 시스템으로 옮기는 작업이 필요했다. 매점에서 가지고 온 장부를 시스템에 입력하다가 앤더슨이 요청한 '유사 물건 간의 그룹핑'이 왜 필요한지 궁금해졌다. '그룹핑이라니, 분류 기준은 어떻게 되는 거지? 이 작업을 왜 해야 하지? 어떻게 만들어야 하나?' 이런 의문점을 기억해두었다가 이후 앤더슨에게 물었다. 그의 답은 간단했다.

"매점에서 판매되는 물품은 다양합니다. 다양한 물품을 하나씩 분석해야 한다면 시간도 오래 걸리고 연관성을 찾기도 힘듭니다. 예를 들어 과자인 프링글스를 사러 갔는데 그 제품이 없다면 대신 트윙키를 살 수도 있습니다. 즉, 대체품을 선택하게 됩니다. 대체품을 찾으면 사람들은 심리적인 만족을 얻겠지만, 데이터만으로는 그에 대한 직접적인 연결을 할 수 없습니다. 그런 이유로 유사 물품을 모으는 그룹핑 방식을 취합니다. 그룹으로 묶으면 개별 품목을 분석할 때보다 데이터의 양도 풍부하고 변화도 확인하기 쉽거든요. 즉, 연관된 내용에 접근하기 쉬워지죠."

그의 설명대로라면 정말 쉬운 작업이고 또 필요한 내용이었다. 관련된 물품을 묶은 그룹핑을 통해 1차 분석을 진행하고, 이상 현상이 감지된 그룹은 점차 하위 품목으로 내려가면서 분석을 하는 것이었다. 그런 계층적 접근이 데이터를 이해하고 분석을 위한 뼈대라고 했다.

이를 위해 그룹핑을 진행했다. 작업은 먼저 유사한 특성을 지닌 물품을 묶어 카테고리를 정하는 것으로 시작한다. 예를 들어 막대사탕, 박하사탕, 알사탕 등은 사탕류로 묶는 것이다. 나는 매점 담당자에게 물품에 대한 그룹핑 내용을 설명하고 협조를 요청했다. 그의 입장에서는 매일 취급하는 물품이라 그런지 정리 작업에 오랜 시간이 걸리지 않았다.

그가 건네준 그룹핑 내용은 다음과 같다.

- **과자류** : 프링글스, 트윙키, 트위즐러, 스타버스트, 레드바인 등
- **음료류** : 코카콜라, 스프라이트, 펩시, 환타, 게토레이 등
- **사탕류** : 롤리팝, 진저캔디, 유미어스, 목캔디 등
- **담배류** : 말보로, 카멜, 리치몬드, 윈스턴 등

앤더슨은 내가 건네 준 데이터를 본인이 가지고 있는 데이터베이스에 등록했다. 그런 다음 등록된 데이터를 시간순으로 정렬한 후 최근 일자를 기준으로 90개를 선정했다. 그중 80%에 해당하는 72개를 학습용 데이터^{Training Set}로 분류하고, 나머지 20%인 18개를 검증용 데이터^{Test Set}로 분류했다. 첫 번째 학습용 데이터는 탈옥이나 폭동을 예측할 알고리즘을 만드는 데 사용하고, 두 번째 검증용 데이터는 알고리즘을 검증하거나 평가하는 데 사용된다고 했다.

먼저 72개 데이터에서 사건 발생을 추정할 수 있는 알고리즘(사건이

발생한 원리)을 만드는 작업을 했다. 앤더슨은 학습용 데이터를 이용하여 반복 작업을 하면서 알고리즘을 만들었고 검증용 데이터인 18개의 사건에 대입하며 정확도를 검증했다. 이 작업은 여러 번 반복됐고, 알고리즘의 정확도 또한 점차 향상됐다.

알고리즘을 만드는 과정은 단순해 보였지만, 앤더슨은 머리카락을 자주 움켜쥐었다. 아마, 뭔가 안 풀리는 것 같았다. 그는 72개 사건을 24개씩 3개 그룹으로 나누었다. 첫 번째 그룹의 24개 사건에 대해 초기 분석을 시작했다. 먼저 폭동이 발생한 날짜를 기준으로 전날 판매 데이터의 변화를 살폈지만 특이한 사항은 없었다. 판매 기간을 3일 전까지 늘렸지만 마찬가지로 특이점이 보이지 않았다. 일주일로 늘리자 특이점이 나타났다. 실마리를 잡은 것이다. 그때부터 품목을 세분화했다. 과자류, 음료류, 사탕류, 담배류 순서로 데이터의 변화를 살펴보니, 사탕류와 담배류에서 변화가 보였다. 폭동 발생 3~4일 전에 판매량이 급격히 올라간 것을 확인했다. 그 즉시 누가 해당 물품을 샀는지 확인했다. 구매자를 힘의 관계도에서 찾아봤다. 역시 그 관계도 속에 이름이 있었다. 주로 서열 3~4위에 해당하는 수감자였다. 우리는 그들이 물품 공급을 담당할 거라고 추측했다.

두 번째 그룹의 24개 사건에서도 동일한 결론이 나왔다. 사건 발생 3~4일 전에 사탕류와 담배류의 판매가 늘었다. 구매자도 예상한 대로 힘의 관계도에 속한 인물이었다. 세 번째 그룹도 마찬가지였다. 이렇게 해서 알고리즘을 만들었고 대응방안도 정했다.

- 알고리즘에 따른 대응방안

  서열 3~4위 수감자가 사탕류나 담배류를 평소 대비 3배 이상 구입하면 담당자에게 알람을 보낸다.

이 알고리즘을 검증용 데이터인 18개 사건에 적용하여 정확도를 점검했다. 문제는 없었다. 우리는 이 알고리즘을 확정하고 대응방안을 정하기 위해 교도소장 및 관계자들과 회의를 했다. 회의에서는 만장일치로 알고리즘에 따른 대응방안을 확정했고, 다음날부터 판매 데이터에 알고리즘을 적용하기로 했다.

20일 후, 담당자에게 알람이 울렸다. 담배와 사탕이 판매가 급격히 늘었다. 교도소장은 직원에게 경계 근무를 강화할 것을 지시했다. 구매자 정보를 확인해 보니 어느 조직인지 알 수 있었다. 그 조직과 관련된 수감원들을 검문하자 방에서 폭동을 위한 물건들이 나왔다. 칼도 있었고 드라이버도 나왔다. 물론 매점에서 구입한 사탕과 담배도 나왔다. 이대로 폭동이 발생했다면 큰 사건으로 이어졌을 것이다.

그 이후에도 동일한 형태의 사건 발생을 예측했고, 교도소는 그때마다 적절히 대응하여 좋은 효과를 보았다. 교도소장은 만족했고, 교도소는 재소자의 폭동이나 탈옥 사건을 예측할 수 있는 시스템을 갖추게 되었다.

얼마 후, 교도소장은 앤더슨을 불러 고마움을 표했다. 그 자리에서 앤더슨은 교도소장에게 의미 있는 충고를 했다.

"소장님. 알고리즘을 적용하고 즉각적으로 대응한 것은 훌륭했습니다. 하지만 수감자들도 언젠가 이 알고리즘을 알게 될 것입니다. 그때가 되면 그들도 방법을 바꾸겠지요. 그 시기를 알아내기는 어렵습니다. 현재의 알고리즘이 적용되지 않는 때가 오면 로직을 다시 찾아야 합니다.

방법은 저처럼 데이터를 상호 분석하는 데이터 과학자를 상주시키는 것입니다. 그래야 변화하는 패턴을 따라잡을 수 있습니다. 세상에 변하지 않는 것은 없습니다. 앞으로 수감자들의 상황 변화에 대응하려면 내부적으로 전문가를 양성해야 합니다. 소장님, 사람을 키우세요."

그날 이후 나는 교도소 내의 데이터 과학자로서 역할을 부여 받았다. 우리 교도소는 앤더슨과 정기적인 협약을 체결하여, 전문 지식의 공급과 업무 지원을 받고 있다. 나는 오늘도 앤더슨이 만든 시스템과 각종 자료를 활용하여 열심히 데이터를 분석 중이다. 눈이 아프다.

참고자료

1. 줄리아니의 리더십 (루비박스, 2002), 루돌프 줄리아니 지음, 박미영 번역

2. 깨진 유리창 법칙 (흐름출판, 2006), 마이클 레빈 지음, 김민주 번역

3. 루돌프 줄리아니 (위키백과)

   https://ko.wikipedia.org/wiki/루돌프_줄리아니

4. "최고의 직업 1위"···데이터 과학자란? 역할은? 되는 방법은?

   (CIO Korea, 2017. 08. 22) http://www.ciokorea.com/news/35281

5. America's safer streets (The Econonist, 2012. 08. 25)

   https://www.economist.com/node/21560870

6. "에너지 인터넷이 기존 산업 완전히 파괴" '에너지혁명 2030'

   (조선 비즈, 2016. 06. 18) http://bit.ly/2JKzreO

7. Total Efficiency Accountability Management System

   (ASH CENTER, 2000) http://bit.ly/2JLUZb1

8. CompStat (위키백과)

   https://en.wikipedia.org/wiki/CompStat

비가 온 양을 정확히
측정할 방법이 없을까?

하늘을 뒤덮었던 먹구름이 물러가자 청명한 하늘이 나왔다. 궁궐 여기저기서 사람들이 하나둘씩 나오기 시작했다. 어젯밤부터 내렸던 비가 아침이 훨씬 지나서야 그쳤기 때문이다. 비가 그쳐서인지 하늘은 맑았고 햇볕은 따뜻했다. 마침 불기 시작한 바람은 젖어 있던 땅을 조금씩 말려주었다. 처마 끝에는 지붕을 타고 내린 빗물이 한두 방울씩 떨어지고 있었다.

세자는 비가 그치자 마당으로 나왔다. 젖은 땅을 여기저기 발로 디뎌 보고 손으로 만져 보았다. 해는 어느새 구름을 완전히 벗어났고 기온은 조금씩 오르고 있었다.

"여봐라, 여기를 파 보거라." 세자는 젖어 있는 땅을 가리키며 말했다.

"예." 하인은 세자가 가리킨 곳을 호미질했다. 호미로 떠올린 흙은 젖어 있었고, 파여진 땅 또한 젖어 있었다. 하인은 고개를 들어 세자를 바라보았다. 세자는 턱 짓으로 더 파보라는 신호를 보냈다. 하인은 다시 호미질했다. 퍼 올린 흙은 젖어 있었지만 패인 땅에서는 마른 흙이 나왔다.

"됐다. 깊이가 얼마더냐?" 세자는 패인 땅을 보며 물었다. 하인은 마른 흙이 나온 곳까지의 깊이를 쟀다.

"1척 2촌입니다. 지난번 비가 왔을 때는 9촌이었으니, 약 3촌 정도 비가 더 온 것입니다." 하인은 이런 일에 익숙한 듯 말을 건넸다.

당시 조선의 길이를 재는 단위는 '척尺과 촌寸'으로, 미터법으로 환산하면 1촌은 약 2.06cm고, 1척은 10배인 20.6cm다. 따라서 1척 2촌은 약 24cm가 된다(세종 시절 기준 길이).

"그래, 그럼 저쪽 흙을 파 보아라." 세자는 담 아래 햇볕이 잘 드는 곳을 가리켰다. 그쪽 땅은 말라 보였다. 하인은 호미로 힘껏 땅을 팠다. 이번에는 한 번에 마른 흙이 나타났다. 자로 깊이를 쟀다.

"여기는 7촌입니다. 비가 똑같이 왔는데도 이곳은 젖은 깊이가 얕습니다. 이상하네요. 같은 곳인데 젖은 땅의 깊이가 다르니 말입니다." 하인은 고개를 갸웃하며 호미에 묻은 흙을 쳐다보았다.

"이상할 것 없다. 저곳과 이곳은 땅의 성질이 다르고, 바람과 햇볕의 양이 달라서 그런 것이다. 그나저나 이런 방법으로는 비가 온 양을 정확히 잴 수가 없구나. 하늘에서 내리는 비의 양은 같을 텐데, 젖은 땅의 깊이는 위치마다 다르니 말이다. 무슨 방도가 없을까?" 세자는 후원을 걸으며 생각에 잠겼다. 세자는 내린 비의 양을 재는 일을 오랫동안 해 왔다. 그는 궁궐 여기저기를 다니며 비가 온 후 그 양을 측정했다. 세자의 지시에 젖은 땅의 깊이를 재왔던 하인은 그 이유가 궁금했다.

"세자 저하, 이렇게 젖은 땅의 깊이를 재는 이유가 무엇인지 궁금합니다." 하인의 질문에 세자는 웃으며 대답했다.

"우리나라는 절기마다 비가 오지만, 비의 양은 해마다 지역마다 다르다. 어느 해는 비가 많이 와서 홍수가 나고, 어떤 해는 비가 적어 가뭄이 들곤 하지. 비의 양이 고르지 못하니 농사를 열심히 지어도 산출량이 매해 다를 수밖에 없다. 나라는 농부가 생산한 곡식 산출량을 기준으로 세금을 거두고 있으니 하늘에서 내리는 비의 양에 따라 나라 살림이 좌지우지되는 게 아니냐.

사람이 하늘에서 내리는 비의 양을 조절할 수는 없다. 하지만 비가 온 양을 매번 측정하여 시기별 장소별로 기록해 둔다면 언젠가는 그 자료를 기반으로 다음에 내릴 비의 양을 예측할 수 있지 않겠느냐? 그리된다면 비가 언제 얼마만큼 내릴지 알게 될 것이고 이는 농사에 많은 도움이 될 것이다. 그래서 이렇게 비가 온 양을 측정하는 것이다. 헌데 이를 어쩐다? 비가 온 양을 정확히 측정할 방법이 떠오르지 않는구나." 세자는 또다시 깊은 고민에 빠졌다.

조선 시대에 비가 온 양을 재는 방식을 우택법雨澤法이라고 한다. 이것은 호미로 땅을 파서 젖은 땅의 깊이를 재는 방식이었다. 세자는 우택법으로 비가 온 양을 측정하는 것은 의미가 없다는 사실을 경험으로 알고 있었다. 한 지역에 내리는 비의 양은 일정하지만, 땅에 스며드는 비의 양은 토질에 따라 차이가 있고 측정하는 시기와 장소, 날씨(온도와 바람 등)에 영향을 받았다.

세자는 비가 땅에 닿기 전에 측정할 방법이 필요하다는 것을 깨달았다. 그래서 비가 땅에 닿기 전에 빗물을 모으는 방법을 연구했다. 먼저 밥공기, 국그릇, 대접 등 각종 그릇을 동원하여 내리는 비를 받아 보았다. 하지만 모아진 빗물은 그릇의 모양과 크기에 따라 양이 달랐다. 그릇 입구가 넓으면 빗물이 많이 모였지만, 입구가 좁으면 빗물의 양이 적었다. 또한 입구가 좁은 그릇은 입구에서 빗물이 튕기기도 했고 높이가 낮은 그릇은 빗물이 넘치기도 해서 빗물의 양에 변화가 많으며 일률적이지 않았다. 세자는 많은 시도를 했으나, 빗물의 양을 측정할 적당한 그릇을 찾지 못했다.

"빗물을 어디서나 똑같이 담을 수 있는 그릇의 모양과 높이, 넓이와 폭은 얼마여야 할까?" 세자의 고민은 나날이 깊어졌다.

그러던 어느 날, 세자는 왕을 만나러 집현전으로 갔다. 그동안 연구한 강우량 측정 방법을 왕에게 알리고 협조를 구하기 위해서였다.

"아바마마, 지금까지 시행한 우택법으로는 비가 온 양을 정확히 측정하는 것이 불가능합니다." 세자는 왕을 만나자마자 바로 비 이야기를 꺼냈다.

"세자, 그러면 어찌하는 게 좋겠느냐. 다른 방법이 있는 것이냐?" 왕은 세자의 생각을 물었다.

"예. 있사옵니다. 비가 온 양을 정확하게 측정하기 위해 기존의 우택법 대신 빗물을 담을 그릇을 이용해 보았습니다. 지금까지 실험한 결과 그릇의 재질은 구리가 좋았고, 크기는 지름이 8촌, 깊이가 1척 5촌이 되는 둥근 통 모양이 가장 적당하였습니다." 세자는 자신이 그동안 시도한 결과에 따라 확정한 그릇의 너비와 깊이를 말하며 고민했던 내용도 같이 이야기했다. 이런 말까지 한 것은 세자 자신의 의지를 실천하려면 왕의 도움이 절실하게 필요했기 때문이다. 왕은 따로 이야기하지 않았지만, 그간 세자의 행보를 익히 들어 알고 있었기에 이를 즉각 승낙했다.

세자는 공작소로 가서 왕에게 고한 내용대로 그릇을 만들고 이름을 측우기測雨器로 지었다. 측우기가 만들어지자 이를 궁궐 곳곳에 설치했다. 측우기는 빗물을 받는 둥근 통인 측우기, 측우기 안의 빗물의 높이를 측정하는 주척周尺, 측우기를 올려 두는 측우대(測雨臺, 물이 튀어 측우기에 들어가는 것을 방지하는 목적으로 만들어진 대) 총 세 부분으로 구성된 장치였다.

세자는 비가 그친 다음에 궁궐 여기저기에 설치된 측우기에서 빗물의 양을 측정했다. 측정한 결과는 조금씩 차이가 있었다. 세자는 이 차이가 왜 생기는지 궁금했다.

"기록을 보니 이곳에서 측정한 깊이는 7촌인데, 저기 담 너머는 7.1촌이 나왔다. 왜 이러한 것인가?" 세자는 같은 크기의 측우기를 설치했는데 빗물의 양이 다른 것이 궁금했다. 그는 궁금증을 해소하고자 더 많은 곳에 측우기를 설치했다. 그리고 장소에 따라 측정된 빗물의 양을 보고 그 원인을 알게 되었다.

"오, 이제 알았도다. 여기를 봐라. 햇빛이 잘 드는 지역과 그렇지 않은 지역, 측정하러 가기에 가까운 곳과 먼 곳에 따라 그 양이 다르게 나타나고 있다. 이는 햇빛이 잘 드는 곳의 젖은 땅이 빨리 마르는 것과 같은 이치구로나." 세자는 결과에 무척 기뻐하며 측우기의 확대 설치를 건의하기 위해 왕에게 갔다.

"세자, 오늘은 어쩐 일이냐? 그래, 빗물을 측정하는 일은 잘되고 있느냐?" 왕은 세자의 얼굴을 보며 얼굴에 미소를 지었다. 세자가 궁궐 이곳저곳에 측우기를 설치하고 빗물의 양을 측정하고 다니는 것을 상선(尙膳, 내시부의 우두머리)에게 들었기 때문이다.

"예, 아바마마. 그동안 측우기로 관찰한 내용을 아뢰겠습니다. 측우기는 궁궐 안의 스물 다섯 군데에 설치했습니다. 몇 번에 걸쳐 빗물의 양을 측정했는데 조금씩 차이가 있었습니다. 원인은 햇빛에 있었습니다. 햇빛이 잘 드는 곳은 빗물의 양이 적고 그늘진 곳은 많았습니다. 차이는 크지 않지만, 정확도를 위해 동일한 조건에서 정기적으로 측정이 이루어져야 함을 알았습니다.

이제 이 측우기를 전국 방방곡곡에 설치한다면 내린 비의 양을 정확히 알 수 있을 것입니다. 이후 측정한 자료가 누적되면 장마나 가뭄 등 비로 인한 재해를 예측할 수 있을 것입니다. 측우기의 전국 설치를 주청드립니다." 세자는 왕에게 머리를 숙이며 측우기의 전국 설치를 요청했다. 세자의 보고를 들은 왕은 만족하며 이를 허락했다.

이 세자가 바로 훗날의 문종이다. 측우기는 세자의 건의에 따라 전국 330군데에 설치되었다. 설치된 측우기의 옆면에는 담당 관리의 이름을 넣어 책임감을 부여했고, 측우기의 지름은 8촌에서 7촌으로 조정되었다. 조정된 수치는 문종의 지속적인 관찰 결과로서 미터법의 14.5cm에 해당하며, 국제기상기구에서 권장하는 지름 13~20cm의 범위 안에 들어간다. 15세기에 만들어졌지만 굉장히 정밀한 측정 도구임을 알 수 있다.

측우기의 기록으로 알 수 있는 내용

측우기는 조선 세종 재위 시절에 만들어진 강우량 측정 도구로, 세계 최초로 제작되었다. 1441년(세종 23년) 9월에 시험 관측이 이루어졌고 1442년(세종 24년) 6월에 해당 기기의 규격과 관측 규정이 정립되어 전국적인 관측망을 형성했다.

세종 때 전국 330곳에 설치되었던 측우기 중 현재 남아 있는 것은 1개뿐이다. 이 측우기(금영측우기, 錦營測雨器, 보물 561호)는 기상청에서 보관하고 있다. 세종 때부터 기록된 강우량 측정 데이터는 임진왜란 등의 전란으로 다 소실되었고, 영조(1694년~1776년)부터 고종(1852년~1919년)까지 측정된 데이터(1770년~1907년 기록)만이 승정원일기를 통해 지금까지 전해지고 있다. 승정원일기에 적혀 있는 강우량 데이터를 분석한 내용에 따르면 우리나라는 1653년, 1777년, 1901년 등 124년을 주기로 큰 가뭄이 왔다고 한다. 이 기록 덕분에 우리는 가뭄 주기를 알게 되었으니 큰 가뭄이 오기 전 미리 대비할 수 있는 시간을 얻었다. 선조들의 기록 정신 덕분에 우리 시대에 이득을 보게 된 것이다. 어디선가 기록되고 있을 한 줄의 데이터는 승정원일기의 강우량 기록으로 가뭄의 주기를 파악한 것처럼 오랜 시간이 지난 후 누군가에게는 좋은 정보가 될 것이다.

▲ 승정원일기. 출처: http://sjw.history.go.kr

데이터는 살아 있는 정보다. 승정원일기에는 당시에 내린 비의 양이 생생히 기록되어 있다. 이 데이터가 138년간 기록된 덕분에 가뭄

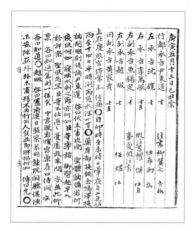

▲ 승정원일기, 서울의 강수량 측정 기록이 나와 있는 부분(1770년 5월 13일). 출처: 국사편찬위원회

주기와 시기별 강우량 분포를 알 수 있다. 측우기 담당자는 매일 자신의 이름이 새겨진 장비로 가서 비 온 양을 측정했다. 측정된 비의 양은 장부에 적혔고 그 장부는 정기적으로 상부에 보고되었다. 예상을 할 수 있다는 것은 미리 대비할 시간이 있음을 의미한다. 대비하고 있다면 어떤 상황이 벌어져도 당황하지 않고 대응할 수 있다.

측정은 정확해야 하고 일관성이 있어야 한다. 전국에서 같은 시간에 측정해야 다른 지역과도 비교할 수 있고 비가 내린 양의 추세를 파악할 수 있다. 현대의 일기예보에서는 "현재 시각, 비는 중부 지방에서는 소강상태를 보이며 남부 지방은 점점 구름의 양이 많아지고 있습니다."와 같은 내용이 나온다. 이 일기예보를 보면 비를 품은 먹구름이 남쪽으로 이동하는 것을 알 수 있다. 당시는 지금처럼 실시간으로 비가 내린 양을 파악할 수 없었지만, 기록된 강우량 데이터(시간까지 기록된)를 통해 비의 이동 경로를 알 수 있었다. 정조실록에 측우기의 측정 규칙에 대한 기록이 나와 있다.

▲ 금영측우기. 출처: 한국민족문화대백과사전

"측우기의 수심 수치를 써서 올릴 때 그 깊이가 매번 서로 다르고 시한도 역시 일정하지 않다. 앞으로는 이른 새벽부터 오시午時 초삼각初三刻까지, 오정午正 초각부터 인정人定까지, 인정부터 다음날 이른 새벽 이전까지 세 차례로 나누어 써서 올리라."

— 정조실록 32권, 정조 15년 4월 23일

예로부터 우리나라는 농업을 기반으로 하는 사회였다. 농업은 비에 아주 민감하다. 비가 너무 많이 오거나 너무 적게 오면 곡식이 자라는 데 영향을 미친다. 너무 가물어 흉년이 되면 백성들은 굶주리고 나라의 살림도 궁핍해지기 마련이다. 비가 안 오면 임금은 자신의 불찰이라고 자책하며 하늘에 비는 기우제를 지내야 했다. 세종 때도 마찬가지였다.

1419년 기해년(세종 1년)은 가뭄이 몹시 심했다. 세종은 백방으로 신하를 보내어 기우제를 지냈지만, 소용이 없었다. 심지어 도롱뇽에게까지 기우제를 지냈다. 그래도 비가 오지 않아서 호랑이를 잡아 그 머리를 개성의 박연폭포에 담그는 행사도 하였다. 실제로 이런다고 비가 오는 것은 아니었지만, 임금은 백성을 달래야 했기에 가능한 모든 방법이 동원되었다. 그런데 신기하게도 도롱뇽에게 기우제를 지낸 그날 밤에 정말 비가 내렸다. 기록에는 하늘이 감명받아 비를 내렸다고 적혀 있지만, 마른 날이 오래되어 비가 오는 시기가 되었을 것으로 보인다. 이 정도로 비는 나라 살림과 농사에 중요한 것이어서 조선 시대에 강우량을 측정하고 관리하는 일은 매우 중요한 업무였다.

강우량 수집에서 한 걸음 더

데이터 수집에는 일관성과 정확성이 필요하다. 330군데에 측우기를 배포하면서 측정 규칙(기준과 방법)도 같이 전달했다. 사람이나 지역에 따라 측정 방법으로 발생하는 편차를 줄이기 위해서다. 담당자는 측정 규칙에 따라 측정하고 결과를 중앙에 보고했을 것이다. 그 기록이 남아 있다면 우리나라의 강우량의 변화를 긴 시간으로 분석할 수 있었을 것이다. 아쉽게도 당시 측정 내용은 대부분 전쟁으로 소실되고 현재는 승정원일기에만 남아 있을 뿐이다.

승정원일기에 남은 기록이 몇 월 며칠에 비가 얼마 내렸다는 기록 정도라는 사실도 아쉽다. 강우량일지(강우량만 따로 적는 일지)가 있었다면 비가 몇 년 주기로 많이 내리고 적게 내리는지 파악할 수 있었을 것이다. 제대로 된 자료가 있었다면 일목요연하게 표로 정리해서 변화를 인지할 수도 있었을 것이다. 그런 아쉬움에 가상으로 상황을 편성하여 강우량이 수집된 이후 진행되었을 작업을 살펴보고자 한다.

당시 조정은 농사에 직접적인 영향을 주는 비와 가뭄을 관리하기 위해 측우부(가상)를 두고 강우량을 담당하게 했다. 왕은 측우부를 조직하면서 그 부서를 신설한 목적을 다음과 같이 정의했다.

"강우량의 관리 목적은 날짜별로 내린 비의 양을 측정하여, 변화를 분석하여 장래에 발생할 가뭄이나 폭우를 예측해서 백성의 피해를 예방하고 대비하기 위함이다."

측우부는 임무를 시작면서 측정 대상 지역을 선정하고 측정 도구가 얼마나 필요한지 파악했다. 이어서 측우기 제작과 측정 방법이 담긴 규정집 준비를 진행했다. 측우기는 표준 규격(지름 7촌, 높이 1척 5촌)에 맞춰 330개(배포 대상 지역)를 만들기 시작했고, 사용법을 명시한 책자를 차근차근 준비했다. 몇 달 후 제작된 측우기와 규정집을 전국에 배포하고 설치 결과를 보고 받았다. 비가 오는 날이면 측우부는 경기도 화성과 안성으로 가서 담당자의 측정 활동을 관찰했다. 해당 지역 담당자는 규정대로 정해진 시간에 측우기에 주척周尺을 넣어 강우량을 측정하였고, 그 수치를 장부에 기록했고 중앙에도 보냈다.

측우부에는 각 지역에서 강우량이 적힌 서신이 매일 도착했다. 측우부 수집 담당자는 접수 내용을 일지에 기록했고, 지역별 측우 일지에도 비의 양을 기록했다. 접수된 내용을 기준으로 매일 지역별 강우량 평균을 산출했다. 또한 전국적 평균은 5일마다 산출했다. 계산 시간도 오래 걸리고 지방에서 문서가 올라오는 시간도 있기 때문이었다.

몇 달 후 왕은 비가 어떻게 움직이는지를 알아보라는 지시를 내렸다. 측우부는 일자와 지역별로 표를 만들고 지역은 고을 단위로 세부화했다. 표의 상단에는 북쪽에 위치한 고을을 적고 하단에는 남쪽에 위치한 고을을 배치했다. 그런 다음 일자별 강우량을 각 칸에 기록했다. 일자별로 기록해 놓고 보니 남쪽에서 시작해서 북쪽으로 강우량이 변화하고 있었다. 즉, 경상남도 통영 지역의 강우량이 이틀 전에 100이었다면 어제는 90으로 줄었고, 대신 그 위 지역인 진주의 강우량이 80에서 100으로 늘어 있었다. 그 다음날은 함양 지역이 90에서 100으로 늘었고 통영 지역은 30에서 10으로, 진주는 90에서 70으로 줄었다. 이처럼 비가 남동쪽에서 북서쪽으로 이동하는 모습을 보였고, 기간이 7일 정도 지나자 비의 흐름이 중단되었다. 강한 비구름이 사라졌다는 의미였다.

측우부는 그 내용을 왕에게 보고했다. 왕은 그 사실을 재차 확인하며 생각에 잠겼다. 잠시 후 왕은 새로운 지시를 내렸다. 비가 오는 주기가 며칠이고, 양은 얼마인지, 가뭄은 언제 오며 그 기간은 어느 정도인지를 파악하라는 내용이었다. 하지만 측우부는 그 주기와 기간을 파악하기 위해서는 몇 년 또는 몇십 년의 기록이 필요하다고 말했다. 왕도 기록의 축적이 필요함을 이해하고 지속적인 관찰과 분석 그리고 정기적으로 보고를 명령했다. 측우부는 매일 각 지역에서 올라온 강우량 수치를 기록하고, 분석하기 바빴다. 가뭄이 언제 올지, 폭우가 언제 발생할지, 홍수는 언제쯤 일어날지 몰랐다. 기상과의 싸움은 계속되었다.

이 이야기는 가상이지만, 실제로 승정원일기의 강우량을 분석한 기사가 있다. 서울대 전종갑 명예교수(기상학 박사)는 문화일보 기자의 "조선 시대와 현재의 날씨가 다른 부분이 있나요?"라는 질문에 아래처럼 대답했다. 우기의 유형이나 과거와 지금의 비가 가장 많이 내린 시기의 변화를 분석한 것으로, 이는 우리나라의 비의 특징과 기후의 변화를 볼 수 있는 것이다.

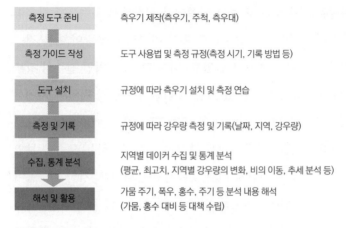

측정 도구 준비	측우기 제작(측우기, 주척, 측우대)
측정 가이드 작성	도구 사용법 및 측정 규정(측정 시기, 기록 방법 등)
도구 설치	규정에 따라 측우기 설치 및 측정 연습
측정 및 기록	규정에 따라 강우량 측정 및 기록(날짜, 지역, 강우량)
수집, 통계 분석	지역별 데이커 수집 및 통계 분석 (평균, 최고치, 지역별 강우량의 변화, 비의 이동, 추세 분석 등)
해석 및 활용	가뭄 주기, 폭우, 홍수, 주기 등 분석 내용 해석 (가뭄, 홍수 대비 등 대책 수립)

▲ 측정을 통한 데이터 수집 과정

"조선 시대와 현재의 날씨가 다른 부분이 있나요?"

"(그림으로 표시된 연구성과를 내보이며) 우선 6, 7, 8, 9월 4개월 동안 강수량을 보면, 우리나라 우기가 일찍 시작되면 늦게 끝나고, 우기가 늦게 시작되면 일찍 끝나는 '장구' 형태로 되어 있어요. 또 가장 많은 비가 내린 시기가 예전에는 6월 30일부터 7월 4일 사이였는데 지금 은 8월 4일, 8월 8일 이때가 가장 많이 내립니다. 기후가 엄청나게 '딜 레이(지연) 됐다'는 것을 보여주고 있어요."

— 문화일보, 2013년 1월

현대의 기상 관측은 조선의 강우량 측정 기록이 끊어진 1908년부터 시작되었다. 일제 지배 아래에 새로운 관측 장비가 들어왔고, 이것은 승정원의 역할을 축소시켰다. 강우량 측정은 전자 방식으로 자동화되 면서 컴퓨터에 실시간으로 보관되고 있다. 우리가 보는 강우량의 수치도 여기서 나온다. 이제 각 지역별 강우량의 수치는 기상청 사이트에서 쉽게 확인할 수 있다. 예전에는 담당자 이름을 측우기 옆에 적어두면서까지 책임감을 부여했다. 문종이 지금의 장치를 보았다면 무릎을 치며 "바로 이거야!"라고 했을 것이다.

분석과 예측에서 데이터 수집은 정말 중요하다. 데이터를 필요로 하는 부서의 담당자는 다른 부서의 데이터를 얻기 위한 사전 준비를 한다. 수차례에 걸친 업무 협조 요청과 회의, 필요한 문서의 준비 등의 사전 업무 협의가 종결돼야 데이터를 수집할 수 있는 환경이 마련된다. 환경이 마련되면 테스트 작업을 한다. 샘플로 한 달 또는 100건 정도의 데이터를 먼저 가져와 환경에 문제가 없는지 점검한다. 환경이 문제가 없으면 데이터를 점검한다.

데이터는 일반적으로 잘 정리가 되어 있지만 오류가 그래도 남아있는 경우가 있다. 예를 들어, 강우량 데이터가 '-10mm'로 되어 있다면 오류다. 내린 비의 양이 마이너스일 수는 없기 때문이다. 이럴 때는 해당 데이터는 의미가 없으므로 무시해야 한다. 다른 예로, '강우량 9시 61분, 20mm'라는 데이터가 수집되었다면 '61분'이 오류임을 알 수 있다. 이때는 데이터를 삭제하기보다는 '9시 61분'을 대표값인 '9시 30분'으로 변경하는 것이 좋다. 대표값 지정은 상황에 따라 정하면 된다. 시간의 경우 30분이라는 중간값을 취하거나, 전체 데이터 중에 가장 자주 나온 값인 '25분'을 사용하거나, 아니면 무시하는 방안을 취하면 된다.

요즘은 센서나 기계에서 데이터를 직접 수집하는 방향으로 전환되고 있지만, 이전에는 사람이 수기로 데이터를 기록했다. 사람이 개입되면 오류 발생을 내포하게 된다. 따라서 오류가 있는 데이터는 걸러

내거나 대표값으로 변경하는 작업이 필요하다. 이런 작업을 데이터 전처리 또는 정제^{Cleansing}라고 한다. 데이터가 잘 정제되어 있어야 통계나 분석 결과에 의미 있는 내용이 나온다. 어렵게 수집한 데이터이므로 정제가 가능한 항목은 정제해서 사용할 필요가 있다.

데이터는 현재 상태에 대한 정보다. 측우기는 전국 어디서나 통일된 기준으로 강우량을 측정할 수 있게 했다. 강우량에 대한 기록은 승정원일기에만 남아 있지만, 이를 이용하여 비와 가뭄을 예측하여 농민을 살피고자 하는 애민정신은 데이터(수집, 분석)가 어디를 향해야 하는지 생각하게 해 준다.

참고자료

1. 설민석의 조선왕조실록 (세계사, 2016), 설민석 지음

2. 박시백의 조선왕조실록 04 (휴머니스트, 2005), 박시백 지음

3. 측우기 (위키백과)

   https://ko.wikipedia.org/wiki/측우기

4. 조선시대 측우기 등장과 강우량 관측망에 대한 역사적 고찰 (2015년 한국기상학회 가을학술대회 초록집, 2015)

   http://j-komes.or.kr/xml/05648/05648.pdf

5. 38년·124년 주기 가뭄 둘이 겹쳐 올핸 몸풀기 수준, 2015년이 진짜 (중앙선데이, 2012. 06. 24)

   http://news.joins.com/article/8552528

6. 「승정원일기」에 담긴 측우기 자료의 현황 (2015년 한국기상학회 가을학술대회 논문집, 2015)

7. 물관리, '세계 최고 강수량 측정기록' 썩힌다 (한겨레, 2008. 11. 03)

http://www.hani.co.kr/arti/PRINT/319576.html

8. 측우기의 수심 수치를 측량하는 법식을 정하다(조선왕조실록 정조실록 32권, 정조 15년 4월 23일 정묘 1번째 기사)

http://sillok.history.go.kr/id/kva_11504023_001

9. 우리역사넷

https://bit.ly/2Ereg2m

10. CO_2 계속 늘 땐 엄청난 비·태풍 100년뒤 한반도 기후 끔찍(문화일보, 2013. 01. 09)

https://bit.ly/2OuAuVS

11. 한국의 도량형 길이관-조선시대(문화콘텐츠닷컴)

https://bit.ly/2pVXo9V

저들이 알고 있는 바다생물에 대한 지식을 어떻게 담지?

하늘은 푸르다 못해 시렸다. 바람에 실려 오는 바다 내음에는 차가움이 섞여 있었지만, 열린 문틈으로 들어온 햇볕은 따뜻했다. 따뜻한 햇볕을 즐기려 집을 나서니 가벼운 옷차림이 후회되었다. 차가운 바람이 얇은 도포 속으로 파고 들어왔기 때문이다.

매일 오가는 고갯마루였지만 오늘따라 바다 내음이 물씬 풍겼다. 드넓은 바다에는 고깃배가 드문드문 떠 있고, 하늘에는 조각 구름만 여기 저기 보였다. 항구 가까이 갈매기들이 낮게 날고 있었다. 출항한 배들이 항구로 들어오고 있는 듯했다. 어부들은 갓 잡은 생선을 빠르게 내렸고 작은 물고기와 생선 조각들은 바다에 던졌다. 포구에 많은 사람이 몰려들면서 왁자지껄한 소리를 이곳 고갯마루까지 올려보냈다. 그들의 소리에는 즐거움과 반가움이 배어 있었다. 포구에는 싱싱한 생선이 가득했고, 그것을 손질하는 아낙의 손길은 바빴다.

정약전이 흑산도에 유배 온 지도 벌써 여러 달이 지났다. 바깥 소식에 귀 닫고, 흑산도에 몸 기대어 살다 보니 섬사람이 되어가는 자신을 느끼고 있었다. 어느덧 삶은 조용해졌고 세상은 어제와 똑같은 오늘로 이어졌다. 자연을 벗 삼고 바다와 동무하며 사는 섬 주민의 삶이 몸에 익숙해진 것이다.

"창대야, 저기 뱃사람들이 잡아 오는 물고기가 무엇인지 아느냐?" 정약전은 옆에 있던 청년에게 물었다.

"아, 저거 말이죠. 등은 검고, 배는 흰 것. 저 물고기는 홍어라고 합니다. 이야, 많이도 잡았네." 창대는 정약전의 물음에 답하면서 배에 가득한 물고기를 보고는 탄성을 질렀다.

창대의 설명을 들은 정약전은 걸음을 재촉했다. 어부들의 손놀림이 더욱 빨라졌기 때문이다. 그에게는 배에서 내리는 물고기 하나하나가 마냥 신기했다. 육지에서만 살다 보니 매일 보는 바닷가 풍경이지만 신기하게 다가왔다. 창대는 정약전의 뒤를 쫄쫄 쫓아갔다.

"이보게, 그 홍어 내가 자세히 좀 살펴볼 수 있겠는가?" 정약전은 홍어를 가리키며 물었다.

"아이고, 훈장님 아니십니까! 홍어, 여기 많으니까 천천히 살펴보십시오." 어부는 홍어 더미에서 실한 놈을 한 마리 집어 올렸다. 정약전은 창대가 그것을 받아 바닥에 내려놓자마자 자세히 살펴보기 시작했다.

"음, 이 놈 생긴 게 꼭 연잎 같구나. 코는 머리 쪽에 있고, 입은 머리와 배 사이에 있는데 일자 모양으로 길게 찢어져 있는 게 여느 물고기와는 다르게 생겼군. 음! 꼬리는 어떤지 볼까? 돼지 꼬리랑 비슷하구나. 허, 중간에 가시가 있네. 자기들끼리 싸울 때는 무기로 사용할 수도 있겠어." 정약전은 홍어를 들었다 놓기를 반복하며 이리저리 살폈다.

정약전의 중얼거림을 들은 창대는 그에게 바짝 다가앉으며 홍어와 관련된 이야기를 시작했다. "훈장님. 홍어는 암컷과 수컷의 크기가 다릅니다. 암컷이 수컷보다 크죠. 그쪽 날개 밑을 보시면 작은 가시가 보입니다. 이놈들은 교미할 때 그 가시를 꽉 박아서 합니다. 그래서인지 낚시하다 보면 암놈이 낚일 때 가끔 수놈도 같이 딸려 나옵니다." 창대는 바다 생물을 잘 모르는 정약전을 위해 홍어에 관한 이야기를 해주었다.

"음! 암놈은 먹이 때문에 죽고, 수놈은 교미 때문에 죽는구나. 음을 탐하는 자의 본보기가 될 만한 이야기가 되겠어." 정약전은 바닥에 놓인 홍어를 뒤집어보고는 창대에게 물었다.

"대략 크기가 6~7자(약 180cm~210cm) 정도 되는구나. 근데, 이 홍어는 항상 잡히는 것이냐, 아니면 잡는 시기가 따로 있는 것이냐?"

"홍어는 동지를 지나면 잡기 시작하지만, 맛은 입춘 전후가 제일 좋습니다. 그때가 살이 가장 토실토실하기 때문이죠. 그때를 놓치면 몸이 약해져서 맛이 없습니다. 아마도 산란이 끝나서 그런 것 같습니다." 창대는 정약전에게 홍어에 대해 이것저것 알려주었다. 이 모습을 보고 있던 어부가 말을 걸었다.

"훈장님. 저기 저놈이 암놈인데, 살이 제대로 올랐습니다. 한 마리 가져가서 드세요. 창대야, 훈장님 몸보신하시게 푹 삶아 드려라." 창대는 어부가 가리키는 홍어를 번쩍 들었다. 드는 자세를 보니 꽤 무거워 보였다.

"어허, 이렇게 고마울 데가 있나. 잘 먹겠소. 그럼 수고하시게." 정약전은 어부에게 고마움을 표하며 인사했다. 정약전이 포구를 벗어나 집으로 향하는 동안 창대는 뭔가 더 할 말이 있는지 그의 눈치를 살폈다.

"훈장님! 뱀은 홍어 비린내를 무척 싫어합니다. 그래서인지 홍어 삶은 비린 물을 문밖에 버리면 뱀이 가까이 안 옵니다. 그리고 뱀한테 물린 자리에 이 홍어 껍질을 붙이면 아주 잘 낫습니다. 뱀이 왜 그리 홍어 비린내를 싫어하는지는 모르지만요. 참, 복결병(腹結病, 배 안에 단단한 멍울이 생기며 고열을 동반하는 병. 『자산어보』에는 홍어가 복결병에 좋다고 기록돼 있다.) 아시죠, 주로 애들 뱃속에 덩어리가 생기는. 그 병에 걸렸을 때 이 삭힌 홍어 국물을 먹으면 그 덩어리가 가라앉는다고 합니다. 그리고 또 있습니다. 술 먹은 다음 날 술독을 없애는 데는 이만한 게 없습죠."

창대는 그에게 하나라도 더 알려 주려는 듯이 이런저런 이야기를 했고, 정약전은 뉘엿뉘엿 넘어가는 해를 바라보며 걸음을 빨리했다.

'창대는 자신이 알고 있는 것이 얼마나 유익한 지식인지 모를 것이다. 저 녀석의 삶 속에 담겨 있는 지식이 녀석에게는 평범하겠지만, 다른 사람에게는 귀한 것이 될 것이다. 음, 어떻게 하면 좋을까?' 낙조를 바라보며 정약전은 이곳 흑산도가 가지고 있는 바다 지식을 책에 담기로 마음먹었다.

주민들이 알고 있는 것을 조사해서 이를 어떻게든 정리할 것이다. 창대가 이야기하는 홍어에 대한 것뿐만 아니라, 이곳 어민들의 삶에 담겨 있는 내용도 담을 것이다. 그들의 지식이 사장되지 않고 영원히 남도록 할 것이다. 그들의 지식은 아주 유익하기 때문이다. 앞으로 해야 할 일이 정해지자 그의 발걸음이 가벼워졌다.

자료의 수집과 데이터로의 전환

정약전(1758년~1816년, 조선 후기 학자. 정약용의 형)은 정조 때 문과에 급제하여 병조 좌랑 등을 지냈으나 1801년 신유박해 때 그의 동생 정약용과 유배를 떠나게 되었다. 정약용은 전남 강진으로 정약전은 흑산도에 보내졌다.

정약전은 흑산도로 귀향 온 날 마을 이장의 간곡한 요청으로 서당 복성제復性齋를 열었다. 덕망 있는 한양 선비가 훈장이란 소문에 섬사람들은 자식을 맡겼고, 덕분에 적적할 수 있는 유배 생활에 활력이 생겼다. 섬사람들은 그를 '훈장님'으로 부르며 따랐고 점점 그에 대한 신임도 두터워졌다. 이때 모인 학생 중 한 명이 창대였다. 집이 먼 창대는 복성제에 기거하며 정약전을 도와주고 글공부를 했다. 그는 정약전의 바다 탐구생활의 조수로서 물고기 해부도 같이 하고 전해진 이야기도 해주며 충실한 조력자의 역할을 했다.

정약전은 수업이 끝난 후 포구와 갯바위뿐만 아니라 모래사장 등 섬 여기저기를 돌아다녔다. 한양 생활에 익숙하다 보니 낯선 섬 생활과 흑산도의 자연환경은 그에게 좋은 관찰 대상이 되었다. 정약전은 섬 곳곳을 돌아다닐 때 항상 창대를 데리고 다니며 물고기와 해초 등 다양한 바다생물에 대한 표본과 자료를 수집했다. 그는 물고기의 움직임을 관찰하기 위해 머리를 물속에 넣거나 물고기 내부를 알기 위해 해부를 해서 뼈를 맞춰 보기도 했다. 현대의 생물학자처럼 연구와 관찰을 한 것이다. 이러한 관찰과 해부 작업은 비슷한 모양의 물고기이지만 차이점이 무엇인지 확실히 알게 해 주는 과정이었다

그는 훈장을 하면서 흑산도 주민과 친해졌고 그들의 삶과 생업 현장

도 가까이 할 수 있었다. 섬 사람들은 조선 끝 외진 곳에 사는 백성이지만 그들의 삶에는 바다와 어우러진 이야기가 있었다. 정약전은 이런 그들의 이야기를 수집했다. 어부를 만나면 물고기의 형태나 습성을 물었고, 해녀에게는 그녀들이 잡는 해삼, 멍게에 관해 물었다. 이렇게 수집한 바다 생물에 대한 자료를 하나하나 모아 정리해 나갔다.

이렇게 정리해 만든 책이 『자산어보玆山魚譜』다. 이 책에는 바다생물의 모양과 크기 같은 겉모습에 대한 데이터뿐만 아니라 습성과 맛, 쓰임새, 분포에 대한 내용까지 기록되어 있다. 책 내용을 보면 정약전은 한쪽으로 치우치지 않고 다양한 대상을 관찰하여 정리했음을 알 수 있다.

데이터의 분류 방식과 내용 구성

『자산어보』는 조선 최초의 해양 생물학 사전이다. 전문 지식과 경험이 없었던 정약전은 수집한 바다생물을 먼저 분류했다. 전체를 대분류와 중분류로 나눈 후 중분류 아래에 실제 바다생물에 대한 내용을 적었다.

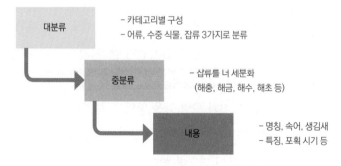

▲ 『자산어보』의 해양 생물 분류 방식

정약전이 수집한 바다생물은 총 155종으로, 그는 이를 어류와 수중식물, 잡류로 나누었다. 어류는 인류(鱗類, 비늘 있음)와 무린류(無鱗類, 비늘 없음)로, 수중식물은 개류(介類, 딱딱한 껍질을 가짐)와 잡류(雜類, 물고기는 아니지만 물에 사는 생물)로 분류했다. 잡류에서 바다 벌레는 해충海蟲으로, 바닷새는 해금海禽으로, 바다풀은 해초海草로, 고래와 같은 바다짐승은 해수海獸로 다시 분류했다:

권	대분류	중분류	종수	내용
1권	어류-인류		73	석수어(石首魚), 치어(鯔魚), 노어(鱸魚) 등
2권	어류-무린류		43	분어(鱝魚), 해만려(海鰻鱺), 해점어(海鮎魚) 등
	수중식물-개류			해구(海龜), 해(蟹), 복(鰒), 합(蛤) 등
3권	수중식물-잡류	해충	4	선두충, 해주제
		해금, 해수	1	올눌수
		해초	35	해조, 해대, 가해대 등

※ 자산어보에는 155종에 대한 분류라고 되어 있으나 분류된 종의 합은 156종임

▲ 『자산어보』 권별 내용

『자산어보』는 내용을 적을 때는 흑산도 외 다른 지역에서도 활용할수 있게 물고기 명칭에도 신경을 썼다. 물고기 이름을 지을 때는 한자 풀이로 특징을 알 수 있도록 배려했고, 이름 옆에는 속어도 같이 기록했다. 어디서나 이 책만 있으며 어떤 물고기인지 알 수 있도록 내용을 통일했다. 또한 바다생물별로 생김새와 특징, 어민을 위한 정보도 넣었다. 생김새를 적을 때는 크기와 모양 등을 넣었고, 특징을 적을 때는 물고기의 성질, 맛 등을 넣었다. 또한 언제 그 물고기가 잘 잡히는지도 적어서 어민들의 생업에 도움이 되도록 했다.

그렇다면 실제 『자산어보』에는 바다생물에 대해 어떻게 기록되어

있을까? 이태원 저자의 『현산어보를 찾아서 1』에 나온 '숭어와 가숭어'를 찾아 보았다. 숭어는 옛날에 치어 또는 수어라고 불렸고 이 책에는 치어로 기록되어 있음을 확인했다.

치어鯔魚, 속명 수어秀魚

큰 놈은 길이가 5~6자 정도이다. 머리는 편평하고 몸은 둥글다. 검은색을 띠고 있지만 배는 희다. 눈은 작고 노란색이다. 성질은 의심이 많고 위험을 피하는 데 민첩하다. …… (중략) …… 고기 맛은 달고 깊어서 물고기 중에서 최고이다. 잡는 데 특별히 정해 진 시기는 없지만, 음력 3~4월에 알을 낳기 때문에 이때에 그물로 잡는 경우가 많다. (생략)

가치어假鯔魚, 속명 사릉斯陵

모양은 숭어와 같다. 다만 머리가 약간 크며, 눈도 크고 검은색이라는 것이 다른 점이다. 동작이 매우 날래다. 흑산도에서는 이 종류만 잡힌다. 어린 놈은 몽어夢魚라고 부른다. (생략)

이 내용처럼 『자산어보』는 서술형으로 기록되어 있다. 서술형으로 된 자료일 때 3~4종까지는 눈으로 비교가 가능하겠지만, 이보다 많으면 서로 비교하기가 쉽지 않다. 비교를 위해서는 데이터로 변환하는 작업이 따로 필요하고 작업 결과는 데이터 형식인 '표'로 만들어야 한다.

서술형을 표로 변경하는 것은 어렵지 않다. 먼저 서술형 자료에서 항목을 추출한다. 『자산어보』에서 항목으로 분류할 수 있는 '어류, 명칭, 속명, 길이, 모습, 성격' 등은 유지하고, 어느 항목에도 속하지 않는 내용을 '기타' 항목으로 둔다. 수치로 분류된 항목(여기서는 '길이')은 무게인지 길이인지 부피인지 정하고, 단위는 10단위인지 100단위인지 정의하여 동일한 기준으로 수치를 다룬다. 다음은 이를 기준으로 『자산어보』의 내용 일부를 표로 정리한 것이다.

어류	명칭	속명	길이	모습	성격	맛	포획 시기	기타
숭어	치어	수어	5자 ~ 6자	머리는 평평하다. 몸은 둥글다. 비늘은 검지만 배는 희다. 눈은 작고 노란색이다.	헤엄을 잘 치고 수면 위로 뛰어오른다. 물이 맑은 곳에서는 절대로 낚시를 물지 않는다.	달고 깊다. 물고기 중에서는 맛이 최고다.	정해진 시기가 없다. 음력 3~4월에 알을 낳는다.	새끼: 등기리
농어	노어	노어	1장 (丈)	몸이 둥글고 길다, 아가미는 두 겹이다, 등은 검푸르다.	민물을 좋아해서 바닷물과 민물이 만나는 곳에 산다.	달고 산뜻하다.	음력 4~5월. 동지 이후 사라진다.	새끼: 보로어
노래미	이어	노남어	2자 ~ 3자	몸이 둥글고 길다. 비늘이 작다. 빛깔은 황색과 황흑색이다. 머리에는 귀가 두 개 있다.	돌 사이에 숨어 있다, 가을에 산란한다.	담백하다.	-	-
쥐노래미	서어	주노남	-	노래미를 닮았다. 머리가 약간 뾰족하다, 비늘에 붉은색과 검은색이 섞여 있다. 머리에 귀가 있다.	가을에 산란한다.	매우 담백하다.	-	비린내가 심하다.
뱀장어	해만리	장어	1장 (丈)	뱀을 닮았다. 덩치는 크지만 몸이 작달막하다. 빛깔은 거무스름하다.	물 밖에서도 잘 달린다. 머리를 자르지 않으면 제대로 다룰 수 없다.	달고 진하다. 사람에게 이롭다.	-	설사가 심할 때 죽으로 끓여 먹으면 좋다.

▲ 자산어보 일부 내용을 표 형식으로 재정리

표로 정리하면 서술 형식으로 볼 때와는 많이 다르다. 표로 정리하면 어종 간의 길이, 모습, 성질, 맛 등을 비교하기 쉽다. 또한 물고기들의 차이점과 공통점을 파악하기도 쉽다. 『자산어보』에는 이런 항목에 대한 내용이 잘 기술되어 있다. 이는 대학자로서의 정약전의 역량이 느껴지는 부분이다.

이처럼 표로 정리하기 위해서는 초기에 항목을 정하는 것이 필요하다. 그래야 내용에 일관성이 생기고 재조사하는 불편을 방지할 수 있기 때문이다. 하지만 초기부터 필요한 항목을 전부 정의하기는 쉽지 않다. 경험이 많은 사람도 놓치는 부분이 있기 때문이다.

우리나라는 5년마다 통계청 주관으로 인구주택 총 조사를 진행하는데, 많은 시간과 조직, 인력이 있기에 가능하다. 정약전에게도 이런 후원이 있었다면 더 정밀하고 다양한 조사가 가능했을 것이다. 그는 유배 온 상황이지만 소명의식을 가지고 진행했기에 좋은 결과를 얻게 되었다. 정약전은 학자다. 학자의 소양으로 수집된 자료를 분류하고 편성하여 정리하는 것이 가능했을 것이다. 첫술에 배부를 수 없듯이, 정리와 재분류 작업을 반복하는 것은 그의 일상이었을 것이다. 지루하고 힘든 작업이었겠지만, 『자산어보』를 더욱 충실하고 깔끔하게 만드는 기반이 되었다. 이런 반복 과정이 데이터의 충실도를 높였고 그덕분에 항목 간 차이점과 공통점을 쉽게 알 수 있는 자료가 만들어진 것이다.

『자산어보』가 기록된 시기는 19세기(1814년)다. 당시에 기초 지식은 부족했고 관련된 기술과 장비는 미약했지만 결과는 훌륭했다. 그로부터 200년이 지난 현재는 바다생물을 어떻게 분류하고 있을까?

정약전 시대에 비한다면 과학 기술도 발전했고, 해외와의 학술적

교류도 왕성하다. 현재의 생물 분류법은 생물학의 한 분야인 '분류학 (分類學, taxonomy)'을 기준으로 하고 있다. 분류학은 지구상에 살고 있는 생물의 계통과 종속을 특정 기준에 따라 나누고 정리하는 학문이다. 이것은 지구상에 현존하는 모든 생물체를 대상으로 하고 있고, 각 생물에 대한 정보 수집으로 그들의 역사를 재구성하여 진화과정과 그 원인을 추적하는 데 목적이 있다. 200년 전과 비교하면 놀라운 학문적 진보라 하겠다. 과거에 겉 모습만으로 분류하던 상황에서 벗어나 그 생물의 과거까지 탐구해 들어가고 있으니 말이다.

지금까지 정약전의 『자산어보』에 수록된 내용을 기반으로 데이터가 무엇인지 살펴보았다. 정약전은 바다생물에 대한 관찰과 실험(또는 해부) 그리고 전해져 오는 이야기를 통해 수집한 자료를 바탕으로 분류하고 정리한 책을 만들었다. 책 내용은 서술 형식이지만, 표로 정리하는 것은 어렵지 않다. 단지 표로 변환하기 위한 시간이 필요할 뿐이다.

관찰을 통한 기록은 구전되어 내려오는 이야기의 사실 관계를 확인시켜 준다. 『자산어보』에는 뼈 개수의 차이로 물고기가 사는 지역을 식별하는 내용이 있다. "영남산 청어는 척추골 수가 74마디이고, 호남산 청어는 척추골 수가 53마디다." 사는 지역에 따라 청어의 척추뼈 개수가 다름을 확인하기 위해 정약전은 직접 물고기 해부를 했다. 과학자는 관찰과 실험을 통해 많은 업적을 남긴다. 그 업적에는 연구 과정과 결과에 대한 데이터도 포함된다. 이런 것이 살아 숨쉬는 현장의 데이터가 된다. 자산어보도 끊임없는 관찰과 기록을 적은 데이터의 모음이다. 데이터가 현재를 살아가는 우리에게 새로운 원유이다. 이 원유를 어떻게 활용할 것인가는 현재의 시대적 고민과 과거로부터 누적된 정보에서 찾아보는 노력을 해 보는 것은 어떨까 생각해 본다.

▲ 관찰과 기록. 연구 과정은 데이터를 중심으로 반복적으로 진행된다.

자산어보의 필사본

『자산어보』는 현재 진본이 없고 필사본만 전해지고 있다. 이와 관련된 자세한 이야기는 알 수 없지만 『소설 목민심서』는 이 상황을 다음과 같이 묘사했다. 정약전의 동생인 정약용의 우애가 잘 드러나있다.

다산 정약용은 형인 정약전의 사망 소식을 듣고는 형의 유적을 찾기 위해 흑산도로 향했다. 어느 날, 날은 어두워지고 갈 길은 멀어 민가에 머물기로 하였다. 그들은 어느 민가 주인의 도움으로 하룻밤을 묵을 수 있었다. 아침이 되어 출발하려는데 벽에 많이 보던 필체가 보였다. 적힌 글자를 자세히 보니 형과 편지로만 주고받던 『자산어보』의 내용이었다. 정약용 일행은 급히 벽에 붙은 송이를 한 장씩 한 장씩 조심스럽게 떼어 놓고 필사를 했다. 이 작업을 같이 하던 '이청'이라는 정약용의 제자가 있었다. 그는 『자산어보』를 필사한 후 『본초강목本草綱目』, 『마지馬志』, 『삼국지주三國志註』 등을 참조하여 내용을 강화하였다. 지금 우리가 보는 『자산어보』는 바로 이때 베껴 적은 필사본이다.

참고자료

1. 현산어보를 찾아서1 (청어람미디어, 2002), 이태원 지음

2. 정약용과 그의 형제들. 1, 2 (다산초당, 2012), 이덕일 지음

3. 소설 목민심서 (랜덤하우스코리아, 2007), 황인경 지음

4. 한국의 아리스토텔레스 정약전의 해양생물학 (동아사이언스 2003년 3호),

   http://bit.ly/2AR1ohW

5. 자산어보 (위키백과, 나무위키)

   https://ko.wikipedia.org/wiki/자산어보

   https://namu.wiki/w/자산어보

6. 분류학 (위키백과)

   https://ko.wikipedia.org/wiki/분류학

7. 데이터는 21세기의 원유…정보활용에 성패 (디지털타임스, 2012. 03. 27)

   http://bit.ly/2AQjCQQ

새로운 나라, 조선을 위한 자금은
어떻게 마련해야 하는가

고려 말, 450년을 이어온 왕조는 권문세족의 약탈과 조정의 우둔함으로 인해 국가로서의 존재감을 조금씩 잃고 있었다. 고려에 염증을 느낀 사람들이 조금씩 늘어났고, 그들은 고려를 교체할 새로운 나라를 만들어야 한다는 분위기를 은연 중에 만들어가고 있었다. 중국을 지배하던 칭기스 칸(?1167년~1227년)이 세운 몽고 제국의 원나라(元, 1271년~1368년)는 100년이 지나면서 급격히 세력이 줄어들었고, 급기야 북쪽으로 쫓겨나는 신세가 되었다. 뒤를 이어 주원장(1328년~1398년)이 이끄는 명나라(明, 1368년~1644년)가 중원을 장악하며 중국의 새로운 맹주가 됐다. 고려를 둘러싼 시대적 상황이 급변하고 있었다.

　고려의 지배층은 왕실 가족과 원나라를 등에 업은 친원파(고려시대 친 몽골세력) 귀족들로 이루어져 있었다. 이들은 나라보다는 개인의 사리사욕을 챙기기 바빴고 백성의 고통에는 눈길조차 주지 않았다. 친원파 귀족의 물욕은 백성의 토지를 강탈하는 단계를 넘어 신흥사대부(고려 후기에 등장하여 조선을 건국한 사회세력)에게도 마수를 뻗었다. 지식인이면서 유학자 계층이었던 신흥사대부는 이러한 친원파 귀족의 행태에 서서히 반발하기 시작했다. 당시 귀족들의 행패가 만연했던 것은 고려 왕조와 제도 등 사회 구조적으로 문제가 컸기 때문이었다. 신흥사대부는 이러한 문제점을 인식하기 시작했고, 현 체제에 도전장을 내밀며 세력을 서서히 넓혀 가고 있었다. 새로운 시대를 위한 혁명의 기운이 태동하고 있었다.

"이보게, 요즈음 분위기가 이상하군."

"그래, 나도 느꼈네. 신흥사대부들이 모이는 횟수가 늘고 있어. 뭔가 은밀한 움직임이 있는 듯해."

"조심해야겠어. 본보기로 누구 하나를 먼저 치는 게 좋겠는데."

구세력의 수군거림도 점차 많아졌다. 구세력은 신흥사대부들의 움직임에서 이상한 기운을 눈치챘다. 그들은 자신들의 입장을 공고히 하기 위한 작전을 준비했다. 마침 신흥사대부의 주요 인물인 정도전(1342년~1398년, 고려 말 조선 초의 문신이자 유학자이며 혁명가)이 명나라 쪽으로 기울자 구세력은 그에게 원나라 사신 접대 임무를 부여했다. 정도전을 중앙 무대에서 제거할 목적이었다. 정도전이 사신 접대를 거부하자 그들은 기다렸다는 듯이 그를 유배지로 보냈다. 정도전의 유배지는 전라도 나주였다. 그는 이곳을 시작으로 9년간 유랑하며 지냈다. 이 기간 동안 그는 백성들의 고단한 삶을 보았고, 백성의 시각으로 세상을 보는 새로운 혜안을 가지게 되었다. 그는 자신이 꿈꾸는 나라에 대해 질문과 답을 하나씩 만들어가고 있었다.

"아니, 백성들의 삶이 이렇게까지 어렵다는 말인가?"

"지금까지 조정에서 한 일들이 누구를 위한 것이란 말인가?"

"백성을 위한 정치, 백성을 위한 행정, 백성을 위한 제도, 이것이 다 의미가 없었다는 말인가?"

백성의 삶과 귀족의 행태를 보며 정도전은 새 왕조를 위한 밑그림을 하나씩 그렸다. 그리고 큰 그림을 함께 그릴 인물이 필요함을 깨달았다. '그는 누구이며 어디에 있는가?' 정도전이 그린 새 왕조의 전체 설계도는 마지막 한 점만을 남겨두고 있었다. 새로운 나라를 이끌 리더의 자리였다.

오랜 기다림 끝에 드디어 그를 찾았다. 정도전은 그 사람이 새 시대를 이끌 사람이 맞는지 확인하기 위해 함길도 함양으로 향했다. 그는 동북면도 지휘사로 있는 이성계(1335년~1408년, 1392년~1398년 재위)를 찾아갔다. 그날은 이성계가 위화도 회군(고려 말인 1388년(우왕 14) 음력 5월, 요동 정벌차 군사를 이끌고 압록강 하류의 위화도까지 다다른 이성계가 개경 開京으로 회군回軍한 사건)을 하기 4년 전이었다.

"어서 오시오. 이야기는 들었소. 이리 올라와 술 한잔하며 이야기를 나눕시다."

이성계는 정도전을 그의 방으로 불러들였다. 밤이 깊도록 그들의 이야기는 계속되었다. 그들이 나누던 담소는 새 왕조의 추진 방향이 되었고 그들이 부딪친 술잔 속에는 전략과 전술의 밑그림이 그려졌다. 정도전의 계획은 이성계를 자극했고, 이성계의 야심과 배짱은 정도전의 가슴에 불을 집혔다. 정도전은 그가 만들고자 하는 새로운 국가를 이끌어 나갈 유방(기원전 247년~기원전 195년, 한나라의 초대 황제)과 같은 인물을 드디어 만났다.

"정도전, 그대의 귀양지의 상황은 어떤가?" 이성계는 정도전에게 술잔을 건네며 허물없는 대화를 이어 나갔다.

"장군님. 제가 귀양살이를 한 지도 7년입니다. 해를 거듭할수록 백성들의 생활은 점점 궁핍해집니다. 반면 귀족들의 재산은 늘어만 가고 있었습니다. 어찌된 상황인지 하도 궁금하여 관아에 있는 벼슬아치에게 속 사정을 물어보았습니다. 그런데 돌아온 대답이 가관이었습니다." 정도전은 앞에 놓인 잔의 술을 입에 털어 넣었다. 답답한 이성계는 그의 술잔을 채우며 이야기를 재촉했다.

"이 사람아, 어떤 내용이길래 그러는가? 이야기해 보시게."

"백성들은 세금, 부역, 공역의 의무가 있지만, 권문세족에게는 예외입니다. 제가 있었던 마을에서 있었던 일입니다. 그 마을 끝에는 대대로 농사를 짓던 조씨 가족이 살고 있었습니다. 그런데 어느 날, 조씨는 가족 모두를 데리고 갑자기 그 지방 토호세력의 집에 머슴으로 들어갔습니다. 어찌된 일인지 마을 사람에게 물었습니다. 조씨가 나라에 세금을 낼 수가 없어서 그 집안의 머슴으로 들어갔다고 합니다. 세금이 얼마나 많길래 머슴으로 갈 수밖에 없었는지 재차 물어보고서야 깨달았습니다.

조씨는 대대로 소작농이었습니다. 조씨가 농사짓던 땅은 나라의 것으로 매년 작물의 1할을 세금으로 내고 있었습니다. 문제는 그 세금을 받던 벼슬아치가 임기가 다 된 후에도 그에게서 세금을 거둔 것입니다. 임기가 끝나면 나라의 녹을 먹는 것도 그만두어야 하는데 그렇지 않았던 것입니다.

그런 상황이 계속 이어져 왔었습니다. 예전 벼슬아치가 1할, 새로 부임한 벼슬아치가 1할 이렇게 세금으로 떼면 2할이 세금으로 사라지게 됩니다. 이런 구조가 대를 이어 지속되다 보니 백성의 소작에서 세금을 뺏어가는 벼슬아치와 후손이 늘어난 것입니다. 조씨 때에는 그게 8할이나 되었습니다. 세금으로 8할을 떼고 남은 2할로 가족을 부양하고, 나라에 부역을 하다 보니 살 수가 없었던 것입니다. 그래서 그는 소작하던 토지를 놔두고 그 곳 권문세족에게 노비로 들어간 것입니다." 정도전은 한숨을 내쉬었다.

"아니, 그럼 관아에서는 그것을 보고만 있었단 말인가?" 마주 앉은 이성계도 현 제도의 못마땅함에 울분을 토했다.

"한 배를 탄 것입니다. 서로 그렇게 백성의 피만 빨아 댄 것이죠. 세금은 백성에게서 나오는데, 그 백성은 세금 때문에 권문세족의 노비가 된 것입니다. 세금을 낼 백성이 줄어들다 보니 거둘 세금도 점차 줄어든 것입니다. 백성이 가난해진 만큼 나라도 가난해지고 있습니다. 이러한 이유로 나라의 재정이 줄어들고 있으니 새롭게 관직을 얻은 신입 관료에게 배정할 땅이 없게 된 것입니다. 관료가 되어도 봉급을 정해진 만큼 받지 못하고 있습니다. 더 심각한 것은 장군님과 같은 군인에게 지급되는 군인전도 지급을 다 못하고 있다는 겁니다."

심각했다. 백성은 백성대로 신입 관료는 관료대로 세금의 울타리에 갇힌 것이었다. 백성의 세금으로 운영되는 것이 나라인데, 백성이 세금을 못 내다보니 관료의 봉급 지급 또한 지연될 수 없었다. 특히, 무관인 이성계와 같은 군인에게도 봉급이 나오지 않고 있었다.

"그럼, 방안이 있는가?" 사태의 심각성을 깊이 깨달은 이성계는 몸을 고쳐 앉으며, 방안을 고민하게 되었다. '방안', 그것이 있단 말인가? 있다면 쉽게 할 수 있는 것일까? 민심이 천심이라고 했다. 민심인 백성의 고단함이 한도를 넘고 있었다.

"지금의 제도와 환경으로는 바꿀 수 없습니다. 새롭게 시작해야 합니다. 역성혁명(易姓革命, 세습왕조가 다른 가문으로 바뀌는 것) 즉, 고려 왕조는 여기서 정리하고 새로운 왕조를 만드는 것입니다. 새로운 왕조는 백성을 위한 정치를 해야 합니다. 그 근간에는 백성을 위한 토지제도 개혁이 필수입니다."

"역성혁명이라, 그 근간은 토지개혁이란 말이지. 음. 구체적으로 이야기해 보게."

"그것은 이렇습니다. 고려는 20년마다 토지조사를 새롭게 한 후, 그 결과를 근간으로 세금을 부과하고 있습니다. 토지 조사가 근간이 되다 보니 귀족들은 새로 개간한 땅이나 백성에게서 뺏은 땅을 일부러 조사에서 누락하고 있습니다. 그러다 보니 세금을 부과할 땅은 줄고, 권문세족의 배는 불러만 가고 있습니다.

새 왕조가 백성에게 다가갈 시작점이 바로 여기에 있습니다. 토지조사를 다시 하는 것입니다. 그러면 그동안 숨겨둔 많은 토지가 나타날 것입니다. 이 토지에서 나올 세금을 새 왕조의 밑거름으로 사용하면 됩니다. 이 세금으로 관리와 군인에게 봉급을 지급하고, 왕실과 나라의 운영자금을 충당하는 것입니다."

"음!" 이성계는 정도전의 이야기를 들으며 자신이 무엇을 해야 할지 점점 명확하게 그려 나갔다. 정도전은 술을 한 모금 마신 후 이야기를 이어 나갔다.

"또 있습니다. 관청이나 개인이 소유한 토지 문서를 보관하는 '공사전적(公私田籍, 토지문서)'이란 곳이 있습니다. 귀족들은 자신이 소유한 토지에 대한 당위성을 여기에 보관된 문서를 근거로 주장하고 있습니다. 이 공사전적을 태워버리는 것입니다. 그리 되면 저희가 나누어 줄 토지에 사람들이 몰릴 것이고, 저희는 더 큰 힘을 가질 수 있습니다."

정도전은 이야기를 잠시 멈춘 후 이성계의 얼굴을 보았다. 이성계도 골똘히 생각하던 것을 멈추고 정도전을 바라보았다. 둘은 새 왕조의 경제적 기반이 어디서 출발하면 될지를 서로의 눈빛을 통해서 이해했다. 이성계는 칼을 뽑을 시기가 되었음을 알았다. 그로부터 4년 후, 이성계는 움직였다.

고려 우왕(禑王, 1365년~1389년, 고려 제32대 왕, 재위 1374년~1388년) 14년(1388년), 이성계는 위화도 회군을 거행했다. 이제 권력은 고려 왕조에서 이성계의 손으로 옮겨졌다. 정도전의 계획에 따라 우왕은 폐위되고 아들 창왕(昌王, 1380년~1389년, 고려 제33대 왕, 재위 1388년~1389년)이 8살의 나이로 보위에 올랐다. 하지만 18개월의 짧은 왕위를 마친 창왕은 고려의 마지막 왕인 공양왕(恭讓王, 1345년~1394년, 고려의 제34대 왕이자 마지막 왕, 재위 1389년~1392년)에게 자리를 넘겼다.

정도전은 새 왕조를 위한 계획을 차곡차곡 진행했다. 대사헌(大司憲, 조선의 관직으로 중앙과 지방행정의 감찰과 고발을 담당하는 사헌부의 수장)인 조준(1346년~405년, 고려 말기와 조선 초기의 문신, 시인, 무신, 정치가)이 토지개혁 상소를 올렸고 공양왕은 이를 통과시켰다. 토지 재조사가 시행된 것이다. 조사 과정에서 새로운 토지 50만 결(結, 농토의 넓이를 나타내기 위한 단위, 단위의 면적은 사대를 거치며 변경되어 옴, 세종 26년에 1등전 1결의 넓이가 9,859.7m² 였음)이 나타났다. 새로이 나타난 50만 결에서 나라의 운영비로 10만 결을 사용하고 관리의 봉급으로 10만 결, 관리를 위한 과전(科田, 관리에게 토지에서 세금을 걷을 권리를 주던 제도가 과전법인데 이에 해당하는 토지를 의미)으로 10만 결을 배정했다. 남은 20만 결은 황실 비용으로 3만 결, 지방관아 운영비로 17만 결을 따로 할당했다.

'과전법科田法'은 관리들에게 토지를 나누어 주는 제도로, 땅의 소유

권을 주는 것이 아니라 관리가 살아 있는 동안 그 땅에서 나는 소출의 일정 부분을 세금으로 거두어 쓸 수 있는 권리를 주는 제도이다. 공양왕 2년 9월, 기존 토지문서인 '공사전적'을 개경 시내에 모아두고 불을 질렀다. 이 기세로 공양왕 3년에는 새로운 토지법인 과전법을 공표하였다.

다음 해인 1392년, 태조 이성계를 시조로 하는 조선 왕조가 드디어 들어섰다. 새 왕조인 조선은 경제적 기반을 토지에 찾았다. 공사전적을 불태워 귀족의 기반을 약화시켰고, 토지 재조사를 통해 새로운 땅을 찾았다. 이런 과정에서 나라 운영의 경제적 기반을 잡았다. 정도전의 큰 그림에 대한 근간은 토지 제도에서 찾아볼 수 있다. 서류에는 없지만, 실존하던 토지를 조사를 통해 물 위로 끌어 올렸다. 이러한 토지개혁이 조선의 경제적 기반을 가져왔다.

고려 말, 토지 현황의 문제점은 무엇이었을까?

조선 시대 문신이자 성리학자인 율곡 이이(李珥, 1537년~1584년)는 "임금의 하늘은 백성이고, 백성의 하늘은 밥이다."라고 했다. 고려 말, 백성들은 권력층에 등을 돌렸다. 삶이 너무 힘들고 피곤했기 때문이다. 모든 민란과 혁명의 중심에는 백성의 아우성이 있었다. 정도전의 시대도 예외는 아니었다. 정도전 계획의 핵심은 토지개혁이었고, 그 내밀함에는 백성을 생각하는 애민정신(愛民 精神, 백성을 사랑하는 마음)이 있었다.

토지제도는 귀족과 사대부에게 먹고 살수 있는 기반을 제공해 주었다. 문제는 세월이 흐를수록 귀족과 사대부는 늘어났지만 토지는 늘지 않는다는 점이었다. 가장 큰 문제는 세습이었다. 귀족 집안에서 귀족이 나고, 사대부 집안에 사대부가 나면서 그들은 더 많은 토지가 필요했다. 아마 필요보다는 욕심이 앞섰기 때문일 것이다. 결국 귀족은 점점 더 부유해졌고 백성과 나라는 점점 더 가난해질 수밖에 없는 구조였다.

조선이 탄생하게 된 배경에는 토지제도의 운영 방식과 부정부패를 용인하는 사회 구조의 잘못도 있었다. 토지제도는 개혁이 필요했지만, 기득권의 반발 또한 만만치 않았다. 제도를 정비하면 귀족들이 재산을 내놓아야 했기 때문이다. 받았던 것을 다시 돌려주기는 힘든 법이다. 사대부보다 힘이 강한 귀족들은 더 많은 토지를 확보하기 위해 사대부의 토지까지 손을 뻗었다. 사대부들은 가만히 있지 않았다. 정도전은 이 흐름을 파악하고 새로운 국가인 '조선'의 생명줄이 될 토지제도를 새로 정비하였다. 이는 기존 제도의 가장 큰 문제였던 세습을 완전히 재조정하는 제도였다.

정도전은 토지 현황을 새롭게 조사했다. 기존 자료가 틀렸기 때문이다. 데이터는 현실을 그대로 반영해야 하는데, 귀족들의 사리사욕과 부정부패가 포함된 데이터는 가짜였다. 귀족들은 새롭게 개간한 땅이나 편입된 토지 등을 조사에서 누락하는 방법으로 세금을 내지 않았다. 이를 조사하는 관리 또한 이를 방조하거나 어쩔 수 없이 넘어갔다. 재조사 결과 새로운 토지 50만 결이 나타났다. 이것은 부패한 귀족과 관리의 뒷주머니가 되었다. 새롭게 나타난 토지는 나라 운영비와 관리들의 봉급으로 사용할 수 있게 되었다.

새로운 왕조는 과거의 이러한 잘못을 바로잡아야 했다. 행정 처리가 공정하고 세금징수가 원칙적이면 백성이 잘 따른다. 공정함과 원칙을 유지하기 위해서는 현실에 대한 분석과 정리가 필요했다. 현실을 정리하는 과정에서 많은 데이터와 문서가 만들어진다. 정도전은 경기지역의 토지 재조사 만으로 50만 결을 확보했다. 이후 지역별로 조사하여 새로운 토지에 대한 데이터를 만들었다. 토지는 점점 많이 확보되었고, 확보된 토지를 나누기 위한 기준이 필요했다. 그 기준을 담은 것이 과전법이다. 과전법은 직급별 기준을 두어 공평하게 토지가 지급되도록 하였다. 분배 기준은 공정함을 위한 것이지만, 토지의 균등 분할과 전체적인 규모를 관리하는 측면에서도 요긴하다. 직급별 관리의 숫자와 지급할 과전의 규모를 계산하면 해마다 지급할 토지 규모가 나오기 때문이다.

정도전은 어떤 기준으로 세금을 걷고 토지를 나누어 주었을까? 토지 조사의 기준은 무엇일까?

공정한 세금 부과를 위한 기준

데이터 정리의 목적은 수집을 넘어 활용에 있다. 데이터를 잘 활용하려면 필요 항목과 기준을 정하고 조사를 해야 한다. 정도전이 시행한 토지 재조사의 목적은 단순 조사가 아니었다. 숨겨진 토지를 찾는 것이고, 찾은 토지를 운영비와 과전으로 활용하려는 것이었다.

토지는 특징이 있다. 같은 1결이라도 토질에 따라 산출량이 다르다. 토지의 모양은 어떠한가? 요즘처럼 바둑판 형태는 아니었을 것이다. 각기 다른 모양을 하고 있기에 1결에 대한 규모에 맞는 규정이 있어야 했다.

정도전은 토지 1결에 대한 기준을 곡식 300가마니가 생산되는 면적으로 정했다. 토지는 땅의 품질에 따라 생산량이 다르므로 땅에 대한 등급을 정했다. 1등급은 쌀이 50가마니 이상 나오는 땅, 2등급은 40~50가마니가 나오는 땅 등으로 정했다. 이런 기준은 조사 결과에 대한 신뢰성과 객관성을 높였다.

토지를 담당하는 중앙부서에서는 '토지 등급별 면적'에 대한 기준표를 만들어 배포했다. 이 기준표를 바탕으로 측량관이 측정을 했다. 측정 결과 결정된 토지별 최종 결수는 중앙부서로 모였다. 중앙부서는 이 데이터를 근거로 그 해 거둘 수 있는 총 세금을 결정할 수 있었다. 이렇게 국가 운영을 위한 자금이 결정되었다. '토지 등급별 면적'은 조선 초기에 상중하 3단계로 구분하다가 세종 때 6등급으로 더욱 세분화되었다.

예를 들어, 경기도 지역의 소유자별 토지 조사 결과는 다음 표와 같

▲ 토지별 납부량 결정 순서

이 만들어졌다. 중앙부서에서 선임한 측량관은 '홍길동'이 소유한 토지를 '2등급'으로 결정했다. 토지의 크기는 '815척'으로 나타났고, 3결로 결정되었다. 즉, 한 해동안 900가마니가 생산될 수 있다고 보았다(결당 300가마니 산출 기준).

이 기준표에 따라 나라는 홍길동에게 900가마니의 10%인 90가마니로 세금을 결정했다(세금은 생산량의 1할). 측량관은 이렇게 조사한 데이터를 중앙정부로 보냈다. 이에 대한 결과로 경기도에는 총 73만 5천 가마니의 세금이 배정되었다.

지역	위치	소유자	등급	기준 주척수	규모 (척)	결수 (결)	세금 (가마)
	수원	홍길동	2	268	815	3.0	90
경기도	안성	김도원	1	228	1200	5.2	156
	......	......	......	......	......	......	......
경기도 합계						24,500	735,000

▲ 경기도 지역 토지 소유자별 세금 부과 내역

세금을 거두었으니 이제 배정 작업을 할 차례다. 토지 배부 작업도 세금을 거두는 것과 같은 기준이 필요하다. 이것이 '직급별 토지 지급 기준'이다. 직급은 1품부터 9품까지를 18개 과로 구분하여 각각 다르게 편성되었다. 지급할 토지 또한 6등급으로 나누었다. 등급별 1결씩 지급 면적을 다르게 했다. 기름진 옥토에서는 생산되는 곡식의 양이 많기 때문에 척박한 6등급 땅은 기름진 1등급보다 1결의 면적이 4.1배 넘게 편성되었다. 토지는 다음 표를 기준으로 배정했다.

과등	대상	지급 액수(결)
제1과	재내대군(在內大君)에서 문하시중(門下侍中)까지	150
제2과	재내부원군(在內府院君)에서 검교시중(檢校侍中)까지	130
제3과	찬성사(贊成事)	125
제4과	재내제군(在內諸君)에서 지문하(知門下)까지	115
제5과	판밀직(判密直)에서 동지밀직(同知密直)까지	105

제6과	밀직부사(密直副使)에서 제학(提學)까지	97
제7과	재내원윤(在內元尹)에서 좌우상시(左右常侍)까지	89
제8과	판통례문(判通禮門)에서 제시판사(諸寺判事)까지	81
제9과	좌우사의(左右司議)에서 전의정(典醫正)까지	73
제10과	육조총랑(六曹摠郎)에서 제부소윤(諸府少尹)까지	65
제11과	문하사인(門下舍人)에서 제시부정(諸寺副正)까지	57
제12과	육조정랑(六曹正郎)에서 화녕판관(和寧判官)까지	50
제13과	전의시승(典醫侍丞)에서 중랑장(中郎將)까지	43
제14과	육조좌랑(六曹佐郎)에서 낭장(郎將)까지	35
제15과	동서반 7품	25
제16과	동서반 8품	20
제17과	동서반 9품	15
제18과	권무 산직(權務散職)	10

▲ 직급별 지급 기준

등급	1결당 면적		
	주척수(周尺數)	평수(坪數)	무수(畝數)
1등전	228	2,758.88	38.0
2등전	268	3,245.47	44.7
3등전	325	3,935.14	54.2
4등전	414	5,008.66	69.0
5등전	570	6,897.30	95.0
6등전	912	11,035.50	152.0

▲ 세종 25년에 도입된 토지 등급별 1결당 면적 규모. 1무는 72.6평, 6주척에 해당함.
　출처: 토지주택연구원 '우리나라 토지제도 변천사'

조세의 원칙 중 제일은 '공평'이다. 세금은 공평하게 거두어야 하기 때문이다. 세금은 국가 살림을 위한 돈으로 국민이면 누구나 낸다. 이

때, 낼 돈이 공평하게 결정되어야 불만도 없고 정부의 납부 요청에 따를 것이다. 여기서 '공평'한 집행을 위해서는 어떻게 해야 할까? 방법은 누구나 인정할 수 있는 기준을 갖추는 것이다.

세금의 종류는 다양하다. 소득세, 소비세, 주민세, 국세, 지방세 등 각각의 부여 기준이 있다. 이 기준을 충족할 대상은 얼마나 되며, 그에 따른 세금은 얼마인지 등을 따지는 작업이 필요하다.

그 작업에서 꼭 필요한 것이 데이터이다. 예를 들어 주민세의 경우 해당 지역에 살고 있는 주민은 동일한 금액을 낸다. 단, 기초생활보장수급자는 면제된다. 해당 지역의 인구수에서 기초생활보장수급자의 수만큼 빼면 금액이 얼마인지 알 수 있다. 재산세의 경우는 지불능력이나 사람 수는 고려하지 않고 토지, 건축물, 주택, 항공기 및 선박에 대해서 과세한다. 이는 개인별 재산 현황 자료를 통해 계산 가능하다.

국가에 수집된 데이터는 세금을 얼마나 거둘 수 있는지 파악하는 데 활용된다. 과세 기준을 수립할 때도 활용되고 예상 세금을 계산할 때도 사용된다. 데이터가 많은 일을 한다. 공평성을 가질 수 있는 데이터의 확보는 국민에게 신뢰를 주고 결과에 대한 공정성과 형평성을 준다. 기초 데이터 수집은 노력한 만큼 얻어진다. 조선 시대의 토지별 조사 데이터도 마찬가지로 장시간에 걸쳐 이루어졌을 것이다. 데이터는 수집된 양뿐만 아니라 수집되는 기간에서도 가치를 가질 수 있다. 데이터 수집 기간이 오래되었다는 것은 수집을 위한 환경이 잘 이루어졌다는 것이고, 그만큼 믿을 수 있다는 의미이기도 하다. 믿을 수 있는 기초 데이터, 이는 객관성, 공정성, 형평성을 받쳐주는 기반이 된다.

참고자료

1. 이덕일의 고금통의 2 (김영사, 2014), 이덕일 지음

2. 칭기즈 칸 (위키백과)

   https://ko.wikipedia.org/wiki/징기즈_칸

3. 원나라 (위키백과)

   https://ko.wikipedia.org/wiki/원나라

4. 명나라 (위키백과)

   https://ko.wikipedia.org/wiki/명나라

5. 신흥사대부 (한국민족문화대백과사전)

   http://encykorea.aks.ac.kr/Contents/Index?contents_id=E0070787

6. 친원파 (위키백과)

   https://ko.wikipedia.org/wiki/친원파

7. 이성계 (위키백과)

   https://ko.wikipedia.org/wiki/조선_태조

8. 정도전 (위키백과)

   https://ko.wikipedia.org/wiki/정도전

9. 유방 (위키백과)

   https://ko.wikipedia.org/wiki/전한_고제

10. 역성혁명 (나무위키)

    https://namu.wiki/역성혁명

11. 고려 우왕 (위키백과)

    https://ko.wikipedia.org/wiki/고려_우왕

12. 고려 창왕 (위키백과)

    https://ko.wikipedia.org/wiki/고려_창왕

13. 고려 공양왕 (위키백과)

   https://ko.wikipedia.org/wiki/고려_공양왕

14. 결 (위키백과)

   https://ko.wikipedia.org/wiki/결_(넓이)

15. 과전법 (위키백과)

   https://ko.wikipedia.org/wiki/과전법

16. 조준 (위키백과)

   https://ko.wikipedia.org/wiki/조준

17. 대사헌 (위키백과)

   https://ko.wikipedia.org/wiki/대사헌

18. 조세의 원칙 (두산백과)

   https://bit.ly/2NLi91I

데이터 시각화, 다르게 보면 새로운 길이 보인다

데이터는 항목과 수치로 구성되어 있다. 내용이 적으면 각각의 수치가 한눈에 들어오지만, 많으면 쉽게 파악하기 어렵다. 어떤 면에서는 불가능에 가까울 정도다. 잡지, 신문, 방송 등 매체에서 데이터가 많이 활용되는 이유는 독자에게 가독성 및 객관성을 제공하기 위해서다. 이들은 주로 근간이 되는 데이터를 요약하거나 집계하여 독자에게 보여준다. 즉 합계나 평균, 최고값, 최대값, 편차, 중앙값 등으로 데이터를 설명한다.

이때 수치를 그대로 제공하면 독자는 그 수치에 대해 감을 잡지 못한다. 독자에게 수치를 가장 잘 인지시킬 수 있는 방법은 지도나 그래프 같은 이미지를 사용하는 것이다. 언론 매체는 수치를 그대로 전달하는 대신, 그림이나 그래프를 사용하여 뉴스에 대한 가독성과 이해력을 높이고 있다. 이는 보고서나 학술자료에도 많이 활용되는 방식이다. 이렇게 이미지를 사용해 데이터를 표현하는 것을 시각화Visualization라고 한다. 이는 데이터가 표의 테두리를 벗어나 다양한 모습으로 활용되는 시대가 왔음을 의미하는 것이다.

데이터 시각화에 그치지 않고 한발 더 나아가, 사람들은 시각화된 데이터에 함축적 정보를 담기 시작했다. 이것이 바로 정보를 뜻하는 '인포메이션Information'에 이미지를 뜻하는 '그래픽Graphic'을 합한 '인포그래픽Infographic'이다. 예를 들면, 돈의 액수를 달러 묶음을 겹겹이 쌓은 그림으로 표현하거나, 지역별 환자 발생

현황을 붕대를 두른 환자 그림으로 나타내는 것이다. 이런 방식을 사용하면 데이터에 담긴 현상(정보)을 직관적으로 이해할 수 있게 된다.

인간은 글자를 문자로 이해하기 전에 이미지로 인식했다. 즉, 우리는 예전부터 이미지로 정보를 인식하는 데 익숙했던 것이다. 학자들은 이런 인간의 특성을 반영해 수치를 이미지로 나타내는 방법을 고안했다. 대표적인 예가 그래프로, 최근에는 그 종류가 점점 많아지고 있다. 세상이 발전하고 복잡해진 만큼 정보전달 방법 또한 다양해지고 있는 것이다.

여기서는 수치 데이터를 지도와 그래프, 표 등의 시각화된 보조 수단을 활용하여 문제를 해결한 사례를 소개한다. 모두 데이터를 효과적으로 전달하기 위해 이러한 방법을 택한 것이다. 콜레라에 골머리를 앓았던 영국이 죽은 사람의 수를 파악할 때도, 나이팅게일이 전쟁에 투입된 병사가 불청결한 야전 병원에서 가장 많이 숙는다는 사실을 알렸던 때에노 이 방법이 쓰였다. 일반인노 이해할 수 있는 쉬운 언어로 데이터를 만들어 살충제의 피해를 알린 레이첼 카슨과, 백성의 공평한 세금 징수를 위해 표를 만든 정약용의 사례에서도 이러한 방법이 효과적으로 쓰였다.

각 에피소드를 통해서 데이터의 시각적인 정리가 어떤 효과를 나타내는지 살펴보자.

콜레라가 시작된 곳은 어디지?

1854년 9월, 영국 런던 소호 지구. 거리를 오가는 사람들의 표정이 좋지 않았다. 많은 사람들이 배를 움켜잡고 화장실을 찾아 다녔고, 일부는 병원을 찾아 종종걸음하고 있었다. 병원은 이미 대기 환자로 가득했고, 기다리는 사람들의 얼굴에는 통증으로 인한 고통이 묻어났다. 간호사는 진료실과 대기실을 오가며 환자를 호출했다. 그 덕에 대기 중인 환자는 줄었지만, 줄어든 만큼 새로운 환자가 계속 들어왔다.

"다음 분 들어오세요." 대기실 맨 앞자리에 앉아있던 한 중년 여성이 간호사의 호출에 천천히 몸을 일으키며 진료실로 들어갔다.

"여기 앉으세요. 표정을 보니 많이 안 좋으시군요. 아픈 곳이 어딘가요?" 의사는 들어오는 환자의 표정을 살피며 물었다.

"선생님, 왜 이러죠. 배가 너무 아파요." 그녀는 얼굴을 매우 찡그리며 배를 움켜쥐었다. 이마에서 식은땀이 흘렀다.

"아주머니, 어떻게 아프세요?" 의사인 존 스노(John Snow, 1813년 ~1858년, 빅토리아 여왕 시대 영국의 의사)는 환자의 얼굴을 바라보며 걱정스러운 표정을 지었다. 청진기를 귀에 꼽고 진찰을 위해 그녀에게 손짓했다.

"설사가 심하고 목이 너무 말라요. 어제는 저희 남편이 그러더니 오늘은 제가 그래요. 아이고, 배야. 선생님, 뭐가 잘못된 거죠?" 그녀는 금방이라도 울음을 쏟아 놓을 듯이 충혈된 눈으로 의사를 바라보았다. 의사는 환자의 배와 등에 청진기를 대고는 상태를 확인했다.

"아주머니, 일단 이 약을 드시고, 물 많이 마셔야 합니다. 그리고 오늘 하루는 집에서 푹 쉬세요." 스노는 난감했다. 2~3일 전부터 환자가 밀려 들었는데, 그들의 증상은 동일했다. 환자들에게는 얘기하지 않았지만 '콜레라(cholera, 수인성 전염병, 설사와 탈수증세를 보임)'가 분명했다. 이미 사망자도 나왔다. 발병 첫 주의 사망자는 93명이었는데, 열흘이 지나자 500명 이상으로 늘었다. 빠른 상승세였다. 스노는 옛날의 악몽이 떠올랐다. 5년 전인 1849년에 콜레라로 5만 명의 사상자가 나왔기 때문이다.

'음~! 이대로는 안되겠어. 원인을 찾아야 해.' 스노는 진료를 끝내고 나가는 환자를 보며 다짐했다.

당시에는 콜레라가 공기로 옮겨진다고 알려져 있었다. 하지만 현재의 환자 증상을 보면 '공기를 통한 전염'이라고 보기에는 도저히 설명이 되지 않았다. 공기를 통한 전염이라면 증상이 기관지 쪽이어야 하는데 지금은 내장에 가까웠기 때문이었다. 더군다나 환자들 대부분이 심한 설사를 동반하고 있었다. 환자들이 보이는 증상을 기반으로 원인을 찾아야 했다.

스노는 낮에는 진료를 하고 저녁이 되면 원인을 찾기 위해 연구에 몰두했다. 얼마 전, 의사 윌리엄 파(William Farr, 1807년~1883년, 영국 전염병 학자, 의료 통계 창시자 중 한 사람)가 사망자의 규모와 상황을 인터뷰한 기사가 신문에 나왔다. 스노는 윌리엄 파가 사용한 기초 데이터를 확보했다. 데이터는 감염에 따른 사망자 수와 주소가 전부였다. 스노는 단순히 사망자의 인적 사항과 인원수만 들어 있는 데이터를 보자 난감해졌다. 좀 더 원인에 접근할 만한 정보가 있을 것으로 생각했기 때문이다. 그는 책상에 놓인 데이터를 멍하니 바라보았다. 순간 주소가 눈에 들어왔다. 책장을 뒤져 런던 지도를 꺼냈다.

스노는 첫 번째 줄에 나와 있는 사망자의 주소를 지도에서 찾았다. 그러고 나서 주소 위에 검은 사각형을 표시했다. 이어서 두 번째 줄에 나와 있는 감염자의 주소를 찾고 검은색 사각형을 표시했다. 데이터에 나와 있는 순서대로 한 줄씩 한 줄씩 지도에 위치를 표시해 나갔다. 그 중에는 한 가족으로 보이는 숫자도 있었다. 2명 이상의 사망자가 있는 주소에는 그 수만큼의 검정 사각형을 표시했다. 그런 방식으로 데이터 전체를 지도에 표시했다.

스노는 사각형이 표시된 지도를 자세히 내려다 보았다. 표시된 검은 사각형은 특정 지역을 중심으로 몰려 있었다. 해당 지역은 지도 중심부에 있는 브로드 가Broad Street였고, 그 부근에 공용 펌프가 있었다. 공용 펌프는 시내 곳곳에 있었고, 지도에 표시된 검은 사각형은 이 펌프를 중심으로 퍼져 있었다.

"그래! 바로 이거야. 이곳이 콜레라가 발생된 최초 지역임이 틀림없어. 분명히 이 물이 오염되었을 거야. 이 물을 길어다 마신 사람들에게 복통과 설사가 일어난 거야." 스노는 지도에 표시한 사각형을 기준으로 관찰하여 콜레라가 발생한 지역을 찾을 수 있었다.

단지 데이터에 나와 있는 주소와 인원수만으로 그 위치를 추적한 것이어서 이것은 추측에 불과했다. 확실해 보였지만 그래도 확인은 해야 했다. 스노는 검은 사각형이 표시된 집들을 찾아갔다.

"혹시, 브로드 가에 있는 공용펌프에서 물을 길어 드시나요?" 이 질문에 모든 사람이 '맞다'는 대답을 했다. 콜레라의 원인이 공용 펌프에 있는 것이 확실해졌다. 이제 원인을 알았으니 대책을 세워야 했다. 사람들이 더는 공용펌프의 물을 마시지 못하게 해야 했다. 당시 공용 펌프는 시에서 관리하고 있었다. 스노는 콜레라 감염으로 사망한 사람이 있는 집을 표시한 지도와 윌리엄 파가 사용한 기초 데이터를 들고 시청 담당자를 만났다.

"안녕하세요! 감독관님. 여기 이 지도를 봐주세요." 스노는 지도를 탁자에 펼치며, 검은 사각형이 표시된 지역을 가리켰다.

"여기 이 검은 점은 무엇입니까?" 담당자는 스노가 보여준 지도에 표시된 검은 사각형에 대해서 물었다.

"이 사각형의 위치는 사망자가 나온 주소를 나타내고, 사각형의 개수는 사망자의 수입니다. 사망자 관련 데이터는 의사인 윌리엄 파로부터 구한 것입니다." 스노는 담당자에게 검은 사각형의 의미와 근거 데이터의 출처를 설명했다.

"음, 이 점들이 사망자의 수를 의미한다……." 시청 공무원은 콜레라 감염 지역이 표시된 지도를 한참 내려다보며 뭔가를 곰곰이 생각했다. 스노가 지도에 사각형을 표시한 후 취한 행동과 별반 다르지 않았다.

"이 점들이 브로드 가를 중심으로 퍼져 있군요. 가만있자, 이 거리가 콜레라의 중심지겠군요." 담당자는 지도를 보며 나름대로 추측을 이야기했다.

"맞습니다. 잘 보시면 브로드 가 중간에 공용 펌프가 하나 있습니다. 저는 검은 사각형이 표시된 집을 찾아다니며 물어보았습니다. 다들 이곳에서 물을 길어 먹었다고 합니다. 이번 콜레라의 발생 원인은 공용 펌프입니다. 분명 이곳의 물이 오염되었을 것입니다. 이곳을 폐쇄해야 합니다." 스노는 원인인 펌프를 가리키며 폐쇄해야 한다고 설득했다. 설명을 들은 담당자도 스노의 이야기에 수긍했다.

"당신의 말대로 펌프를 폐쇄해야겠군요. 그런데 폐쇄는 어떤 방법으로 해야 할까요?"

"간단합니다. 물을 긷는 데 사용하는 펌프의 손잡이를 제거하면 됩니다. 그러면 아무도 그 펌프에서 물을 받지 못할 테니까요."

"좋습니다. 그렇게 하겠습니다." 담당 공무원은 스노의 의견대로 펌프 손잡이 제거를 허가했다. 다음 날 브로드 가의 공용 펌프의 손잡이는 제거되었다. 이후 콜레라 환자도 급격히 줄어들었다.

런던 소호 지구를 오가는 사람들의 표정은 밝아졌고, 사람들의 발걸음도 가벼워졌다. 스노의 병원에 배를 움켜잡고 오는 환자는 거의 사라졌고 일반 환자가 그 자리를 채웠다.

브로드 가에 있는 이 펌프는 현재도 보존되고 있다.

▲ 영국 런던 브로드 가에 보존되어 있는 펌프.
출처: https://bit.ly/2ynWxDv

존 스노의 콜레라 지도

다음 지도를 보면 브로드 가를 중심으로 검은 점이 퍼져 있다. 거리의 중간에는 'PUMP'라고 적힌 동그란 점이 있다. 콜레라의 근원지인 이 펌프의 손잡이는 제거되었지만, 콜레라의 위험성을 잊지 말자는 의도로 이 펌프는 아직도 그 자리에 있다.

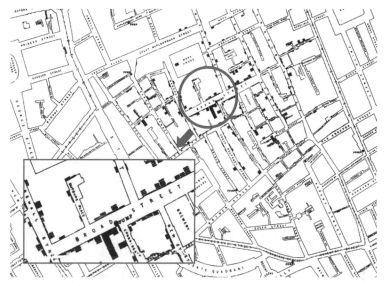

▲ 존 스노의 콜레라 지도. 콜레라 발생지를 검은색으로 강조. 출처: https://bit.ly/2Cq51fZ

이 지도를 '존 스노의 콜레라 지도'라고 부른다. 지도를 보면 몇 블록 떨어진 곳에 다른 펌프들이 있다. 그런데 왜 한 펌프에서 나온 물을 통해 콜레라에 감염된 것일까?

최초 감염자의 집에는 오래 되고 벽이 매우 낡은 정화조가 있었는데, 펌프의 저수시설과 이 정화조가 매우 가까웠다(0.9m). 최초 감염자의 병원균이 정화조에서 누출돼 펌프의 저수조로 흘러 들어간 것이었다. 저수조의 물은 점점 오염되어 갔고, 이 사실을 몰랐던 인근 주민들은 펌프의 물을 사용했다. 근처 주민들 상당수가 감염되었고 그 범위도 점점 확대됐다.

감염에 따른 사망자가 발생하였고 이에 관련 데이터가 수집되었지만, 데이터 분석 방향은 처음부터 잘못되었다. 존 스노가 살던 시대는 콜레라가 오염된 물이나 음식이 아닌 공기로 전파된다고 알고 있던 시절이라서 근본적인 원인을 추적하기 힘들었다. 당시 사망자 통계 자료를 만든 의사 윌리엄 파^{William Farr}는 이를 바탕으로 기온과 사망자수를 원 그래프 두 개로 정리한 '기온과 사망률의 관계 자료'를 발표했다. 그는 콜레라가 발생한 원인이 온도와 관련되어 있다고 추측했다. 하지만 이 자료로는 어떤 결과도 얻을 수 없었다. 그가 보고서를 발표한 이후에도 콜레라 사망자는 계속해서 나왔던 것이다.

▼ 윌리엄 파의 '영국의 콜레라 사망률에 대한 보고서'.
1852년 런던 온도와 사망률 간의 관계를 원 그래프로 정리. 출처: https://bit.ly/2J4bPBl

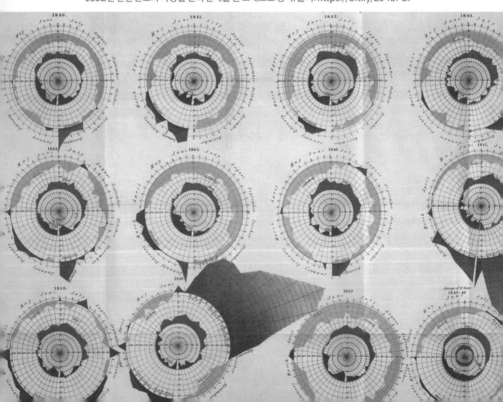

존 스노가 사망자 주소를 기반으로 전염병 발생 지역을 찾고 원인이 되는 펌프를 확인하기까지 이미 많은 시간이 걸렸다. 전염병은 초기 진단과 대처가 중요하다. 콜레라는 전염병이라서 원인 지역을 발견하는 것이 무엇보다 중요하다. 만약 초기 데이터에 사망 일자와 시간까지 있었다면 어떠했을까? 전염 경로가 그려졌을 것이다. 콜레라의 잠복 기간은 보통 2~3일에서 최대 5일 이내라서 확산 경로를 차단했다면 전염병을 빠른 시일에 잡을 수 있었을 것이다.

이는 같은 데이터를 가지고 있더라도 분석 방향에 따라 결과에 차이가 있음을 보여준다. 분석 방향을 올바르게 잡으려면 현상과 원인에 집중해야 한다. 스노는 감염자의 증상에서 출발했다. 감염자는 복통과 심한 설사를 호소했으니 이는 장의 문제였다. 장에 탈이 생기는 경우, 원인은 대부분 음식이나 물과 관련이 있다. 음식물은 상하거나 부패할 수 있고, 물은 오염될 수 있기 때문이다. 물과 음식물이라는 매개체를 찾은 다음에는 원인 지역이 어디인지 추적했다. 유일한 자료는 사망자의 수와 주소였다. 주소를 검은 사각형으로 지도에 표시했더니 사각형이 몰려 있는 지역이 보였고 근처에 매개체로 지정한 물을 기르는 펌프가 있었다.

여기까지는 추측이며 가설이었다. 스노는 이를 증명하기 위해 집집마다 탐문하며 가설을 검증했다.

"브로드 가에 있는 펌프에서 물을 받아왔나요?"

"예. 거기서 물을 길어다 먹었어요."

질문이 명확하니 답도 명확했다. 사망자 수와 주소만 있는 데이터로 발생 지역을 찾았다. 이제는 해결책을 제시할 차례였다. 방법은 간단했다. 펌프 손잡이를 없애는 것이다. 그 누구도 펌프를 사용할 수 없게 만들면 된다. 시청 담당자에게 폐쇄를 요청하고 허가를 받았다. 그렇게 스노는 콜레라가 더 번지는 것을 막았다. 시간이 지나면서 환자가 줄었고, 사망자도 거의 없어졌다. 스노의 노력이 많은 생명을 구할 수 있었다.

데이터를 지도에 표현해 보자

요즘은 위치를 나타내는 정보가 데이터에 자주 포함된다. 예를 들어 온라인 쇼핑몰에서 물건을 주문하면서 배송될 주소를 입력할 때, 주문자의 기기에 저장된 위치 정보가 포함되기도 한다. 스마트폰으로 주문했다면 GPS 정보가 담길 수 있고, 노트북이나 데스크톱으로 주문했다면 IP 정보가 담길 수 있다. IP 정보로 위치를 파악하는 기술은 이미 나와 있다(http://mylocation.co.kr/ 참조).

GIS(Geographic Information System, 지리 정보 체계)의 발달은 데이터의 위치 표현과 더불어 시간 흐름에 따른 지도상의 데이터 변화도 볼 수 있게 했다. 누군가 스마트폰의 GPS를 켜고 하루종일 쇼핑을 했다면 쇼핑한 장소와 머문 시간 등이 지도에 나타나게 된다. 마케팅 담당자들은 이런 데이터를 좋아한다. 고객의 위치와 동선, 선호하는(오래 머무는) 매장을 알 수 있기 때문이다.

데이터가 넘쳐 나는 세상이다. 이 데이터를 지도로 가져오면 무엇을 할 수 있을까?

서울시는 올빼미 버스를 운영 중이다. 올빼미 버스는 대중교통이 운행되지 않는 자정부터 새벽 5시까지의 시간대에 시민들의 편의를 위해 운행하는 버스의 별명이다. 이 버스에는 버스 번호 앞에 심야를 뜻하는 Night의 이니셜 'N'이 붙어 있다. 서울시가 심야 버스 운영을 고려하던 당시, 문제가 하나 있었다. '어느 경로로 운행할 것인가?' 서울시는 이 문제의 해결책으로 스마트폰 사용자의 위치 정보를 활용했다. 통신사의 심야 통화 데이터를 지도로 옮겨보니 강남과 종로에서 가장 통화량이 많았다. 이 분석 결과를 기반으로 올빼미 버스를 배치했고 그 결과 많은 시민이 만족했다.

여기서 주목할 사항은 스마트폰 위치 정보다. 시간대별 전화 통화 위치를 지도에 표시해보니 올빼미 버스의 운행 노선이 보였다. 이런 데이터 분석을 기반으로 버스를 배치하니 시민들의 만족도 또한 높았다. 제한된 자원(버스)으로 최대의 효과(시민 만족)를 얻은 것이다. 이렇듯 데이터의 지리 정보는 더욱 많은 곳에서 활용되고 있다.

스마트폰으로 촬영한 사진에는 GPS(Global Positioning System, 글로벌 위치 정보 시스템)가 만들어 낸 지도상의 위치 정보가 담긴다. 페이스북이나 인스타그램, 구글 포토는 업로드된 사진에 담긴 GPS를 기반으로 가장 많이 사진을 찍는 핫플레이스를 자동으로 찾아준다. 또한 SNS에 업로드된 일상이나 병에 대한 내용, 선거와 관련된 의사 표현 등에 위치와 시간 정보가 포함되면서 개인이나 집단의 동향까지도 파악할 수 있게 되었다. 이런 데이터를 사용한 정치 활동은 우리나라를 비롯한 미국 등 많은 나라에서 널리 사용하고 있다.

이제는 더는 서비스를 제공하지 않지만, 한때 구글의 독감 트렌드(Flu Trends, http://www.google.org/flutrends/about) 사이트가 유행이었다. 이 사이트는 독감과 관련된 단어를 추적하여 데이터를 시계열(시간 축을 기반으로 한 선 그래프)로 보여주고, 독감 발생 정도를 지도에 색

깔로 표시해 알려주었다.

지도를 활용해 분석된 데이터를 전달할 때는 사람의 오감 중 시각을 강하게 자극하는 데 효과적이다. 데이터 분석 결과를 시각에 중점을 두고 표현하면 말이나 글보다 이해가 쉽고 정보를 명확하고 효과적으로 전달할 수 있다. Google.org 프로젝트로 잘 알려진 공공 보건 전문가 래리 브릴리언트Larry Brilliant는 이렇게 말했다.

"나는 아프리카에 사는 한 아이가 길 아래쪽에서 콜레라가 발생했다는 것을 인터넷으로 찾는 상상을 합니다. 나는 캄보디아의 누군가가 길 건너편에 나병이 생겼음을 알게 되는 것을 상상합니다."

참고자료

1. 빅 데이터, 세상을 이해하는 새로운 방법 (RSG (레디셋고), 2013), 박순서 지음

2. 라이프 프로젝트 (와이즈베리, 2017), 헬렌 피어슨 지음, 이영아 번역

3. 바이러스 도시 (김영사, 2008), 스티븐 존슨 지음, 김명남 번역

4. 존 스노 (나무위키)

   https://namu.wiki/w/존%20스노우

5. 콜레라 (위키백과)

   https://ko.wikipedia.org/wiki/콜레라

6. 올빼미 버스 (나무위키)

   https://namu.wiki/w/심야버스(서울)

7. 구글 플루 트렌드 (Wired, 2015. 10. 01)

   http://bit.ly/2ARCkrh

8. 제대로 연결하라! – 빅데이터 기술을 도입하는 기업들이 알아야 하는 사실 (GE리포트코리아, 2015. 06. 15) http://bit.ly/2AQJZWU

장군님, 병사들이 병원에서 더 많이 죽고 있습니다

"믿을 수가 없군. 병사는 전쟁터에서 죽지, 병원에서 죽지 않아." 야전 군 사령관은 간호장교의 말을 믿으려 하지 않았다.

"사령관님. 제 말을 받아들이기 힘들다는 것을 잘 압니다. 하지만 여기 이 자료를 봐 주십시오. 야전 병원에 들어와서 사망한 병사의 수를 정리한 것입니다." 간호장교는 자료를 펼쳐 사령관 앞에 놓았다. 사령관은 미심쩍은 표정으로 자료를 내려다보았다. 간호장교는 몇 장을 더 넘겨 그래프가 그려진 페이지를 펼쳤다. 그리고 그래프를 손으로 가리켰다. 그래프를 본 사령관은 이해하지 못하겠다는 듯 머리를 흔들었다.

"최근에 영국군 병사가 약 4,000명 죽었습니다. 그들은 도착했을 때 머리가 깨지거나 팔다리가 잘려나간 상태였습니다. 저희는 부상병이 도착하면 응급처치를 하거나 수술을 하고, 환자 대부분은 호전되어 병실로 옮겨집니다. 문제는 거기서 발생했습니다. 병실에 옮겨진 환자에게 외상이 아닌 다른 병이 생긴 것입니다." 간호장교 설명에도 사령관은 의심을 지우지 않았다.

"그게 무슨 소리야. 외상이 호전됐는데 다른 병이 생기다니?" 사령관은 간호장교의 말을 믿을 수 없었다. 야전 병원은 부상병을 치료하는 곳인데, 그곳에서 다른 병에 걸린다는 말을 이해할 수 없었다.

"사령관님. 믿기지 않겠지만, 사실입니다. 부상병이 병원에 오면 다친 부위는 호전되었지만, 다른 병에 걸려 죽었습니다. 저도 왜 그런지 궁금해서 원인을 파악하려고 병원에 들어오는 환자와 죽은 환자의 상태를 매일 기록했습니다. 그렇게 기록된 데이터를 살펴보다가 놀라운 사실을 알게 되었습니다. 죽은 병사의 사망 원인이 치료한 내용과 많이 달랐습니다. 부상병이 사망한 원인은 부상이 아닌 다른 데 있었습니다. 그것은 파상풍이나 이질과 같은 전염성 병균 때문이었습니다." 간호장교는 사령관이 알 수 있도록 자세히 설명했다.

"아니, 이전 군의관은 그것도 몰랐다는 말인가? 병사가 전쟁터가 아닌 야전병원에서, 그것도 전쟁으로 인한 부상이 아닌 전염병으로 죽었는데도 말이야." 사령관은 허망했다. 많은 병사가 죽은 것도 안타까운데, 그 원인이 전염병이었다니 황당하기 그지없었다. 병사가 죽으면 본국에 병력 충원을 요청해야 한다. 그러면 본국은 병사를 뽑아 전쟁터로 보내고 있었다. 싸우라고 보낸 병사를 전염병으로 죽게 하다니 사령관은 어이가 없었다. 간호장교는 그런 사령관의 고민하는 모습을 보고 계속해서 말을 이어 나갔다.

"기존에는 사망자가 워낙 많고 일손이 부족하다 보니 일일이 원인을 분석할 여유가 없었던 것 같습니다. 또한 원인에 대한 심증이 있더라도 명확한 증거가 없었고, 심증만으로 관계자를 설득하기 힘들었을 겁니다. 그들도 사망 원인을 어느 정도 파악했지만 그걸 증명할 기본 데이터가 없다 보니 어떻게 하지 못했던 겁니다. 그래서 저는 환자와 사망자를 기록해 데이터를 만들었습니다. 이 데이터를 분석한 덕분에 원인을 알게 되었습니다.

문제는 사령관님께 어떻게 설명해야 하는가였습니다. 구두로 보고 드리기는 힘들어 보였습니다. 사망자의 증상과 숫자만 나열한 간단한 보고서로도 설득력이 부족했습니다. 그래서 저는 다른 방법을 사용했습니다. 사망자 수를 표가 아닌 그래프로 표현하는 방식으로 변경했습니다. 글자나 숫자보다는 그림이 더 이해하기 쉽기 때문입니다."

간호장교는 사령관이 보고 있는 그래프를 가리키며, 그것이 왜 필요했는지 설명했다.

"여기 보이는 원 모양의 그래프가 그것입니다. 원을 12조각으로 나누어서 1년 12달을 표시했습니다. 각 조각은 안쪽부터 바깥쪽으로, 세 부분으로 다시 나누었습니다. 끝부분에 있는 파란색은 병원에서 죽은 병사의 수입니다. 중간에 있는 빨간색은 전쟁터에서 죽은 병사의 수를, 안쪽에 있는 검은색은 그 외 원인으로 사망한 병사의 수를 가리킵니다. 대충 봐도 병원에서 죽은 병사가 30배는 많습니다." 사령관은 간호장교의 설명을 듣고 나서야 자신이 보고 있는 그래프의 의미를 알게 되었다. 그는 자료를 더 자세히 살펴보았다.

"음, 믿을 수가 없군. 이렇게 많은 병사가 병원에서 죽었단 말인가? 우리가 너무 무심했군. 여기 원에 그어 놓은 선이 12달을 나타낸 거란 말이지?"

"맞습니다. 월별로 조사한 사망자 수를 크기로 나타낸 겁니다. 이 조각의 크기가 사망자의 규모에 해당합니다. 사망한 병사 중에는 심각한 부상도 아닌데, 병원에서 감염되어 죽은 경우도 많습니다." 사령관이 자신의 말에 관심을 보이자, 간호장교는 야전 병원의 문제를 지적할 준비를 했다.

"그러면 어떻게 해야 할까?" 사령관이 간호장교의 말에 귀를 기울였다.

"병실마다 환자가 너무 많습니다. 병실 침대가 부족해서 간이 침대를 복도와 침대 사이 사이에 놓아두고 있습니다. 좁은 곳에 환자가 많다 보니 공기가 오염되고, 오염된 공기로 병원균이 전염되는 것입니다. 전염병은 환경만 개선해도 큰 효과를 볼 수 있습니다. 방법은 병실을 늘리는 겁니다. 환자는 넓고 쾌적한 환경에서 치료를 받아야 합니다. 환기도 잘 되고 공기도 깨끗해야 합니다. 문제는 환자가 많다는 겁니다. 너무 많아서 이제는 관련 약품과 물품이 바닥나고 있습니다." 간호장교는 그동안 병원에서 느낀 불편함과 개선점을 사령관에게 하나하나 이야기했다.

"음, 확실히 이 그래프를 보니 상황과 원인을 알겠군. 조치하도록 하지. 부관! 방금 이야기한 것을 당장 처리해 주게. 그런데 여기 이 그래프를 뭐라고 부르지? 참, 자네 이름은 뭔가?"

"저는 플로렌스 나이팅게일(Florence Nightingale, 1820년~1910년, 영국 간호사이자 행정가, 사회 개혁가, 통계학자)입니다. 자료에 있는 그래프는 '로즈 다이어그램Rose Diagram'이라고 부릅니다. 사령관님, 조치해 주셔서 감사합니다. 병사들이 제일 기뻐할 겁니다." 나이팅게일은 사령관에게 인사를 하고 집무실을 나왔다.

나이팅게일은 야전병원으로 돌아가면서 그동안 기록한 데이터가 큰 힘이 되었음을 알았다. 병원을 들어오고 나가는 환자에 대해 매일 기록해 둔 데이터가 없었다면 상관을 설득하기란 불가능했을 것이다. 나이팅게일은 전쟁터에서 전염병으로 죽어가는 이런 참상이 더는 없도록 하기 위해 어떤 일을 해야 할까 고민하며 발걸음을 옮겼다.

나이팅게일의 활약

플로렌스 나이팅게일은 크림전쟁(1853년 10월~1856년 3월, 크림반도에서 벌어진 전쟁, 러시아 제국에 맞선 오스만 제국, 영국, 프랑스, 사르데냐-피에몬테 왕국 4개국 연합군 간에 벌어진 전쟁)에 간호사로 참전했다. 그녀가 도착한 야전병원은 병원이 아니었다. 환자는 방치되어 있고 불결했으며 약품 또한 부족했다. 그녀는 야전병원 청소부터 시작했다. 환기를 하고 환자복을 빨고 바닥을 쓸었다. 뜨거운 물로 환자가 씻을 수 있게 했고 고장 난 곳은 수리했다.

나이팅게일은 야전병원의 환경을 지속해서 개선하는 한편 밤낮 가리지 않고 환자를 돌봄으로써 42%였던 사망률을 이듬해 2%라는 획기적인 비율로 줄였다. 그녀는 단순한 간호 활동을 넘어 행정관으로도 활약했다. 병원의 시설과 환경 개선 작업, 환자의 사망원인을 분석하는 통계 활동을 했

▲ 플로렌스 나이팅게일.
출처: https://bit.ly/2HDCRip

다. 이는 영국 공공기관과 위생기관에 영향을 주었고, 이런 활동으로 왕실로부터 훈장을 받았다.

1853년 10월, 연합군은 러시아와 크림전쟁을 시작했다. 전쟁의 참상이 실린 보고서는 영국 국민을 경악시켰으며, 나이팅게일 또한 이에 자극을 받았다. 그녀는 38명의 간호사를 이끌고 전쟁터인 터키 스쿠다리에 있는 야전병원으로 향했다. 그녀는 연일 쏟아져 들어오는 부상병과 끊임없이 죽어 나가는 사망자를 보며 고민했다.

'병원에 들어올 때의 부상 원인과 죽었을 때의 사망 원인이 다르다. 이유가 뭘까?'

나이팅게일은 병원으로 들어오는 환자의 부상 정도와 상태를 매일 기록했고, 사망자에 대해서도 원인과 내역을 기록했다. 매일 기록된 데이터를 참고해 사망자들의 사인을 분석해 보니 대부분이 병원균 감염이었다. 당시 부상병이 야전병원으로 들어오면 부상에 맞는 치료를 한 후 회복을 위해 병실로 옮겨졌다. 병실에는 18인치(46cm)도 안 되는 간격으로 침대가 놓였고 환자는 비어 있는 적당한 곳에 방치되듯이 눕혀지곤 했다. 다닥다닥 붙은 병상은 더웠고 불결했다. 부상병이 꾸준히 들어왔지만, 침대가 부족했다. 새로운 침대는 침대와 침대 사이, 복도 등 빈 공간이면 어디에나 놓였다.

나이팅게일은 전염병을 예방하려면 환경 개선이 먼저라는 것을 절감했다. 병실 규모는 그대로인데 침대만 늘었다. 공기는 탁해졌고, 약품은 줄어들어 치료가 점점 더 힘들어졌다. 환경 개선을 위해서는 환자가 늘어난 만큼 병실을 늘려야 했다. 약품도 더 필요했다. 이 모든 것을 결정하고 실행하는 사람은 행정관이었다. 나이팅게일은 이들을 설득해야 했다.

'어떻게 그들을 설득해야 할까?' 그녀의 고민이 시작되었다. 나이팅게일은 관료적인 그들을 설득하기 위해 자료를 살폈다. 환자와 사망자에 대한 데이터를 찾아보니 기존에 작성된 문서는 단순한 표 형태로 사망자와 부상자의 수치만 보여주는 방식이어서 그들의 관심을 끌기 힘들었다. 나이팅게일은 사망 원인에 대한 강렬한 인상을 심어줄 필요를 느꼈다. 당시 영국에서는 원 그래프를 활용한 신문기사가 간혹 나오곤 했다. 통계학에 관심이 있던 나이팅게일은 야전병원에 오기 전 보았던 기사를 떠올렸고, 보고 자료에 원 그래프를 응용하기로 마음먹었다. 단순 수치 나열보다는 시각화^{Visualization}를 통해 현실을 더 잘 표현할 수 있다고 생각했다.

그러면 원 그래프를 어떻게 보여주면 좋을까? 그래프는 그래프의 축과 항목에 무엇을 배치하느냐에 따라 내용이 달라진다. 일반적으로 원 그래프는 전체에서 차지하는 비율을 나타낼 때 많이 사용한다. 나이팅게일은 환자의 증가 규모와 사망자가 죽은 원인에 일차적인 초점을 두고자 했다.

원을 12개 조각으로 나누고, 각 조각이 한 달을 표현하도록 했다. 그런 다음 다시 원 조각을 세 등분했다. 사망 장소를 기준으로 나눠 바깥 부분은 병원에서의 사망자 수를, 중간 부분은 전쟁터에서의 사망자 수를, 가장 안쪽은 기타 원인으로 사망한 병사의 수를 표시했다. 각 그룹의 사망자 수에 맞게 원 조각의 크기를 달리했다. 나이팅게일이 강조하고 싶었던 것은 사망한 병사가 전쟁터보다 병원에서 더 많이 죽었다는 것이었다. 이렇게 해서 만든 것이 '로즈 다이어그램'이었다.

이 다이어그램이 새로운 것은 아니었다. 나이팅게일은 여러 자료에서 본 원 모양의 그래프를 응용했다. 단순한 동그라미보다 현실을 잘

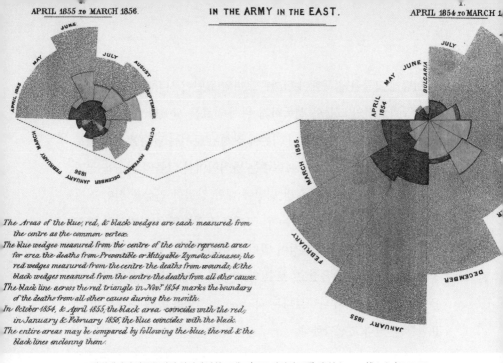

The Areas of the blue, red, & black wedges are each measured from
the centre as the common vertex.

The blue wedges measured from the centre of the circle represent area
for area the deaths from Preventible or Mitigable Zymotic diseases, the
red wedges measured from the centre the deaths from wounds, & the
black wedges measured from the centre the deaths from all other causes.

The black line across the red triangle in Nov.r 1854 marks the boundary
of the deaths from all other causes during the month.

In October 1854, & April 1855, the black area coincides with the red;
in January & February 1856, the blue coincides with the black.

The entire areas may be compared by following the blue, the red & the
black lines enclosing them.

▲ 크림전쟁에서 영국군 사망 원인에 관한 그래프 (로즈 다이어그램). 출처: https://bit.ly/2LDLE8z

설명할 수 있는 방법을 찾아 바꾸었다. 그녀는 12등분한 원을 3등분하여 사망 원인 세 가지를 나타냈다. 사망 원인은 좀 더 다양했지만 설득하고자 하는 내용을 강조하기 위해 세 가지로 분류한 거였다.

　여기에 비교할 수 있게 1년 전 데이터를 같이 배치했다. 2년간의 데이터를 두 개의 원 그래프(오른쪽은 1954년 4월~1855년 3월, 왼쪽은 1955년 4월~1856년 3월에 발생한 사망자 수)로 표현했다. 양측은 사망자 규모가 다르므로 원 그래프의 크기를 다르게 해서 한눈에 사망자 수의 차이를 알 수 있도록 했다.

　그녀가 기록한 데이터는 그래프를 그리기에 적절했다. 면적을 달리하여 사망 장소에 따른 사망자 수를 보여준 그래프는 전쟁터보다 병원에서 수많은 병사가 죽었다는 것을 설득하기 좋았다.

　상황에 맞는 데이터의 표현 즉, 시각화 방식은 관련된 사람을 설득하고 동의를 끌어내는 데 좋은 도구다. 이런 시각화 작업은 많은 시간과 노력이 필요하지만, 더 좋은 결과를 얻기 위해 필요한 작업이다. 관련자들도 현상을 쉽게 이해하고 싶어하기 때문이다.

나이팅게일은 통계학자이자 행정가였다. 그녀는 통계학자로서 데이터 수집과 분석을 했고, 행정가로서 관련자들을 설득했다. 다양한 사망 원인 중 가장 큰 사망 원인인 전염병에 초점을 두고 자료를 만들었다. 우리는 상대를 말이나 단순한 문서로 설득하기 어렵다는 것을 안다. 특히 명분이 필요하면 더욱 그렇다. 이럴 때 데이터를 근간으로 이야기를 풀어간다면 해법이 생길 것이다. 나이팅게일 또한 그렇게 했다. 그녀가 훌륭한 행정가이면서 통계학자였던 이유가 바로 여기에 있다.

나이팅게일의 데이터 기록 방식

나이팅게일이 야전병원에 합류했을 때의 일이다. 당시 환자에 대한 기록이 세 종류 있었다. 하지만 기록 방식이 통일되지 않았고 결과를 적는 방법도 달랐다. 그녀는 가장 먼저 기록 방식을 통일하고 정리 기준을 정했다. 그녀는 간호학교 시절에 배운 내용과 병원의 운영 방식, 보유된 자료를 중심으로 기준을 수립했다. 병원에 들어오는 환자에 대해서는 증상과 원인, 나이 등의 현재 상황을 기록했고, 사망자에 대해서는 사망 원인과 수술 내용, 처치 사항 등의 진행 사항을 기록했다. 기준을 정하니 정리된 내용도 이에 맞춰 일관성을 갖추었다.

날짜			기초 데이터				누적				Zymotic 비율	
연도	월	연월	Zym otic	Wou nds	Oth ers	Total	Zym otic	Wou nds	Oth ers	전체	월별	누적 기준
1854	4월	1854. 4월	1	0	5	6	1	0	5	6	17%	17%
1854	5월	1854. 5월	12	0	9	21	13	0	14	27	57%	48%
1854	6월	1854. 6월	11	0	6	17	24	0	20	44	65%	55%
1854	7월	1854. 7월	359	0	23	382	383	0	43	426	94%	90%
1854	8월	1854. 8월	828	1	30	859	1211	1	73	1285	96%	94%
1854	9월	1854. 9월	788	81	70	939	1999	82	143	2224	84%	90%
1854	10월	1854. 10월	503	132	128	763	2502	214	271	2987	66%	84%
1854	11월	1854. 11월	844	287	106	1237	3346	501	377	4224	68%	79%
1854	12월	1854. 12월	1725	114	131	1970	5071	615	508	6194	88%	82%
1855	1월	1855. 1월	2761	83	324	3168	7832	698	832	9362	87%	84%
1855	2월	1855. 2월	2120	42	361	2523	9952	740	1193	11885	84%	84%
1855	3월	1855. 3월	1205	32	172	1409	11157	772	1365	13294	86%	84%
1855	4월	1855. 4월	477	48	57	582	11634	820	1422	13876	82%	84%
1855	5월	1855. 5월	508	49	0	557	12142	869	1422	14433	91%	84%
1855	6월	1855. 6월	802	209	31	1042	12944	1078	1453	15475	77%	84%
1855	7월	1855. 7월	382	134	33	549	13326	1212	1486	16024	70%	83%
1855	8월	1855. 8월	483	164	25	672	13809	1376	1511	16696	72%	83%
1855	9월	1855. 9월	189	276	20	485	13998	1652	1531	17181	39%	81%
1855	10월	1855. 10월	128	53	18	199	14126	1705	1549	17380	64%	81%

1855	11월	1855. 11월	178	33	32	243	14304	1738	1581	17623	73%	81%
1855	12월	1855. 12월	91	18	28	137	14395	1756	1609	17760	66%	81%
1856	1월	1856. 1월	42	2	48	92	14437	1758	1657	17852	46%	81%
1856	2월	1856. 2월	24	0	19	43	14461	1758	1676	17895	56%	81%
1856	3월	1856. 3월	15	0	35	50	14476	1758	1711	17945	30%	81%

· 웹사이트에 있는 그림에 적힌 데이터를 표로 옮긴 것임(https://bit.ly/1pTSqRY)
· Zymotics 급성 전염성 질환을 뜻하는 19세기 의학 용어. 특히 발열과 장염, 천연두, 성홍열, 홍역, 콜레라 등의 전염병
· 데이터를 Zymotics, Wounds, Others의 3가지로 분류함

▲ 로즈 다이어그램의 기초 데이터.
출처: Diagram of the Causes of Mortality in the Army of the East (https://bit.ly/1pTSqRY)

이름	나이	증상	부상 정도	사망 원인	상태	수술 종류
스티브	21	골절	중상	감염	사망	절단수술
존슨	25	총상	중상	과다출혈	사망	개복수술
토마스	23	파열	중상	2차감염	사망	개복수술
빌	28	탈골	경상	전염병	사망	접골수술
……	……	……	……	……	……	……

▲ 사망자에 대한 기록 (작가에 의한 구성)

　나이팅게일이 이때 사용한 데이터 기록 방식은 오늘날의 환자 기록의 기초가 되었다. 이 내용은 1859년도에 『간호론(Notes on Nursing)』이라는 책으로 출간됐다. 매일매일 적은 환자와 사망자에 대한 기록이 통계를 위한 기초 데이터가 되었다. 그녀는 이러한 노력을 인정받아 1858년도에 여성 최초로 영국 왕립통계학회의 회원이 되었다.

　현재의 환자 관리와 기록 방식은 나이팅게일이 기록한 데이터를 기

초로 한 것이다. 병원에 가면 환자 번호가 부여된다. 이 번호를 기준으로 환자가 받은 검사나 치료 등의 모든 항목이 기록, 관리된다. 번호 덕분에 이름과 주민등록번호만 확인되면 이전 기록을 쉽게 찾을 수 있다.

환자들의 상태 변화를 분석하고 현상을 설명하기 위해 통계학자로서 활동했고, 야전 병원의 청결과 의약품 부족을 보충하기 위해 행정가로 활동했으며, 환자의 상태와 변화에 대한 표준화된 기록을 정해 병원의 개선과 환자의 기본 환경을 알리기 위한 작가로서 활동한 나이팅게일. 그녀는 병원의 환자를 위해 무엇을 해야 하는지를 알려준 의료계의 천사로 인정받았다.

참고자료

1. 통계로 세상을 구한 나이팅게일 (과학동아, 2011년 02호) http://bit.ly/2APANBX

2. 플로렌스 나이팅게일 (나무위키)

   https://namu.wiki/w/플로렌스%20나이팅게일

3. 크림전쟁 (나무위키)

   https://namu.wiki/w/크림%20전쟁

4. 로즈 다이어그램 (The Guardian, 2010. 08. 13)

   https://bit.ly/2m8YbTM

5. 로즈 다이어그램의 기초 데이터

   https://bit.ly/1pTSqRY

살충제의 해로움,
데이터로 알리다

1960년 미국 시골의 어느 농장. 따스했던 햇볕이 땅거미를 드리우며 서쪽으로 기울고 있었다. 호젓한 농가 테라스에는 한 농부가 지는 해를 바라보고 있었다. 그의 얼굴에는 하루 일과를 마무리한 뒤의 피곤함이 묻어 있었다. 농가 앞으로는 드넓은 밀밭이 펼쳐져 있고, 오른쪽에는 전나무 숲과 호수가 자리하고 있었다. 농부는 살충제를 뿌리며 지나간 단발 비행기를 떠올렸다. 최근 시청에서 해충 박멸을 위한 소독 작업을 자주 했다. 그들은 언제부터인지 아무 말도 없이 살충제를 뿌리고 지나갔다. 소독 작업은 건너편 농가에도 며칠간 진행되었다. 그 박멸 작업으로 해충이 얼마나 사라졌는지는 확인할 수 없었다. 단지 해충의 천적들이 점점 보이지 않을 뿐이었다.

"여보, 여보! 우리 마이클이 이상해요." 농부의 아내가 겁에 질린 표정으로 집에서 나왔다. 그녀의 눈에서 눈물이 흘러내렸고, 얼굴은 겁을 먹어 하얗게 질려 있었다. 아들에게 무슨 일이 생긴 모양이었다.

"제인? 마이클이 왜!" 아내의 얼굴을 본 농부는 심각해진 표정으로 아이의 방으로 달려갔다. 아이는 침대에서 배를 움켜쥔 채로 뒹굴고 있었다. 이마에는 식은땀이 흘렀고 입으로는 고통에 찬 신음소리가 흘러나왔다. 농부는 부엌으로 달려가 전화기를 들었지만, 어디로 연락을 해야 할지 막막했다. 농부는 당황했다. 병치레 없이 잘 크던 아이였기 때문이다. 아이의 그런 모습도, 아내의 눈물도 처음이었다. 정신을 차리고 다이얼을 돌렸다. 신호음이 들렸지만 상대편은 전화를 받지 않았다. 그는 초조하게 기다렸다. 그러다 한참 후 상대편이 전화를 받았다. 농부가 전화를 건 곳은 이웃 농장에 사는 친구, 브라운의 집이었다.

"이봐, 브라운! 마이클이 이상해. 갑자기 배가 아프다며 뒹굴고 있는데, 어떡하지?" 농부는 전화가 연결되자마자 브라운에게 상황을 두서없이 쏟아냈다. 아픈 자식을 바라보는 아비의 심정이었다. 그런데 들려온 대답도 심상치 않았다. 농부는 브라운의 대답을 듣고 그 집도 문제가 있다는 것을 감지했다.

"우리 집도 마찬가지라네. 아내까지 아파서 누워 있어. 대체 이게 무슨 일인가?" 브라운의 집은 농부의 집보다 더 심했다. 그 집은 아이뿐만 아니라 부인까지도 아픈 상태였다.

"이봐, 자네나 나나 빨리 가족들을 병원에 데려가는 게 좋겠어. 그런데, 최근에 살충제를 뿌린 게 마음에 걸리네. 내가 시청에 전화를 좀 해봐야겠네." 무언가 짚이는 게 있었다. 농부는 급히 전화를 끊고 시청으로 전화를 걸었다. 잠시 후 안내원의 목소리가 흘러나왔다. 농부는 빠르게 상황을 이야기하고는 담당자를 바꿔 달라고 했다.

"여보세요. 시 위생과 찰리 레이입니다. 무슨 일이시죠?" 담당자의 목소리에는 떨림과 긴장감이 베어 있었다. 농부는 그 목소리에서 불안감을 감지했다. 지금 이 상황을 자신만 겪는 것이 아님을 직감할 수 있었다. 농부는 다급했다. 살충제 이야기를 꺼낼 단계가 아니었다.

"큰일이 났습니다. 파인트리 농장인데요, 저희 애와 옆 농장의 가족까지 모두 병이 났습니다. 다들 배를 움켜쥔 채로 뒹굴고 있어요. 어떻게 좀 해 주세요. 응급차라도 빨리 보내 주세요." 농부는 다급한 목소리로 설명했다. 이때 농부의 아내가 그에게 다가오다가 갑자기 배를 움켜쥐며 쓰러졌다. 아이와 동일한 증세를 보이고 있었다. 농부는 시청 담당자에게 자기 아내도 같은 증상으로 방금 쓰러졌다고 전하며, 구급차를 빨리 보내 달라고 재촉했다.

"그쪽도 그렇습니까? 선생님, 차분하게 말씀해 주십시오. 지금 그 지역 곳곳에서 동일한 증상으로 전화가 계속 걸려 오고 있습니다. 증상이 어떠신지 다시 말씀해 주세요. 아, 예…. 예…. 알겠습니다. 다른 분들과 동일한 증상이군요. 지금 모든 차가 출동 중이라 구급차가 들어오는 대로 바로 보내 드리겠습니다. 힘드시겠지만 조금만 참아 주십시오." 담당자는 여기저기에서 걸려오는 전화에 당황했지만 냉정을 찾으려 노력했다. 구급차가 시 근처 농장 이곳저곳을 다니며 환자를 실어 나르고 있었다. 이곳에서 10여 년 동안 근무했지만 이런 일은 없었다. 이마에 흐르는 땀을 손바닥으로 닦았다.

다시 전화벨이 울렸다. 그는 통화하기가 겁났다. 보동 일이 아니었다. 농장 곳곳에서 전화가 걸려왔고 증상은 같았다. 무슨 일 때문에 이런 상황이 발생하고 있는 걸까. 그는 공포감마저 들었다.

"대체 무슨 일이 생긴 거야?" 담당자는 혼잣말을 되뇌며 머리를 싸맸다. 여기저기서 전화벨이 울리고 있었다. 그때 창문 밖으로 구급차한 대가 옆 건물인 병원으로 들어가는 모습이 보였다. 그는 전화기로 손을 뻗었다. 방금 전에 전화가 걸려왔던 파인트리 농장으로 구급차를 보내기 위해서였다. 다른 시 담당자들도 당황한 상태였다. 5년 넘게 이곳에 근무한 이들조차 처음 겪는 경우라고 했다. 가끔 농장에서 환자가 발생한 적은 있지만, 지금처럼 동시다발적으로 비슷한 환자가 발생한 경우는 없었다. 담당자의 등에서 식은 땀이 흘렀다.

며칠 후, 도시는 농장 곳곳에서 벌어진 일로 수군대는 소리로 가득했다. 난리가 난 원인이 밝혀졌기 때문이다. 해충 방제를 위해 며칠 간격으로 농장에 뿌려 댄 살충제가 원인이었다. 농부와 그 가족들은 살충제에 직접 노출되지는 않았지만, 살충제가 뿌려진 땅에서 자란 농작물과 호수에서 낚은 물고기를 먹어서 병이 생긴 것이었다.

농장에 뿌려진 살충제는 비가 오면 지하로 스며들어 지하수를 오염시켰고, 오염된 지하수는 물길을 따라 호수로 흘러 들어갔다. 호수에 사는 플랑크톤에서는 살충제 성분이 나왔고, 이 플랑크톤을 먹은 물고기에서도 살충제 성분이 나왔다. 먹이사슬의 정점에 있는 인간에게서 살충제 성분이 나온 것이었다.

도시에 거주하는 사람들도 수군거렸다. 농장에서 발생한 증상이 도시에도 피해를 줄지 모른다는 두려움이 확산되었다. 농장에서 재배한 채소와 곡식이 그들의 식탁을 채우고 있었기 때문이다. 이제 도시에 사는 사람들도 살충제의 피해자가 될 것이 자명했다. 두려움은 커져 갔고 곧 공포가 되었다. 단순히 해충을 죽이기 위해 뿌린 살충제가 먹이사슬을 타고 그들의 밥상에 올라오고 있었다. 살충제가 이제는 사람에게로 확산되고 있었다. 살충제를 만든 사람들은 이런 사실을 몰랐을까?

살충제의 활용과 해악

1939년, 스위스의 화학자 파울 뮐러(Paul Hermann Muller, 1899년~1965년)는 1873년에 실험실에서 만들어진 DDT(Dichloro-diphenyl-trichloroethane, 디클로로디페닐트리클로로에탄, 유기염소 계열의 살충제이자 농약으로 자연계에서 잘 분해되지 않는 관계로 조류에서 대형 동물까지 먹이 사슬을 거쳐 농축되는 대표적인 물질, 인간에게 암을 유발할 가능성이 있다고 알려짐)가 해충에 효과가 있음을 알아냈다. 이후 DDT는 해충을 죽이는 살충제로 사용되었다.

당시 DDT는 인체에 무해하다고 알려졌다. 이 약품은 제2차 세계대전 당시 말라리아와 장티푸스의 원인인 모기 박멸과, 민간과 군대에 곤충으로 인해 발생되는 질병의 구제에 사용되었다. 이후 우리나라에서는 6.25전쟁 때 군인이나 피난민, 포로들의 몸에 붙어있는 '빈대'나 '이'를 없애는 데도 사용되었다. 문제는 화학적 특성을 몰랐다는 것이다. DDT는 화학적 성질이 변하고 증폭되면서, 자연적인 분해는 힘들어지고 점점 체내에 축적되어 간다는 것이었다. 점점 해로운 성질로 바뀌게 되면서 동물이나 인체에 나쁜 영향을 미치는 것이다. 먹이사슬을 통해 인간에게 그 악영향은 미치고 있는 것이다.

초기에 DDT를 사용한 목적은 해충 박멸이었지만, 현실은 달랐다. 해충은 내성이 생겼고 천적은 그 해충을 먹음으로써 서서히 죽어갔다. 천적이 죽자 해충은 늘어갔고, 결국 살충제의 오남용으로, 유익한 벌레뿐만 아니라 식물과 나무 그리고 동물까지 죽음으로 몰아넣었다. 이제 사람도 예외가 아니다. 이러한 살충제의 해악을 지속해서 조사하고 세상에 알린 사람이 있다.

레이첼 카슨(1907년~1964년, 미국의 해양생물학자이자 작가), 그녀는 『침묵의 봄』을 통해 세상에 이 사실을 알렸다.

전문 지식을 쉽게 전달하자

그녀의 책에는 DDT가 미치는 해악에 대해서 자세히 설명되어 있다. DDT가 체내에 들어오면 몸 속 지방과 합성되어 100배 이상으로 증폭되어 간을 비롯한 장기를 망가지게 한다. 이런 확산 과정과 성분의 증폭 과정이 『침묵의 봄』에 자세히 나와 있다. 적은 성분이라도 먹이사슬을 거치면서 그 함유량이 점점 증가되게 되는 것이다. 레이첼 카슨은 강연과 잡지 칼럼 기고를 통해서 살충제가 환경을 오염시키는 증거를 데이터와 함께 꾸준히 제시했다.

살충제가 화학 제품이라는 이유로, 살충제의 해악을 전문적이고 과학적인 관점에서 설명했다면 일반인은 이해하기 힘들었을 것이다. 『침묵의 봄』에서 카슨은 대중이 이해하기 쉽게 이야기 형식을 빌어 살충제의 위험성을 경고했다. 또한 객관성을 가지기 위해 환경 관련 잡지나 학술지에 기재된 데이터를 활용했다. 그녀의 목적은 복잡한 데이터나 통계학적 내용이 아니었다. 이야기를 중심으로 문장을 작성하고 수치적 변화를 함께 기입하여 살충제의 해악을 느끼도록 하는 것이 목적이었다. 데이터와 이야기의 결합은 그녀의 주장이 일반인에게 쉽게 스며들 수 있게 했다.

DDT나 유사제품의 강한 독성이 이제는 인간을 향하고 있고 우리의 식탁을 위협하고 있음이 알려진 것은, 기존에 조사된 여러 종류의 데이터가 있었기에 가능했던 것이다. 데이터가 없었다면 이러한 진실은 가정에 머물고 말았을 것이다. 데이터의 수집과 저장은 현상에 대한 이해를 위해서도 필요하지만, 변화하는 상황을 인지하는 데 더욱더 요긴하다. 우리는 데이터의 수집에 머물지 말고 데이터를 통한 변화를 인지할 수 있는 시각을 길러야 한다.

카슨의 책은 정부를 움직였다. 미 연방 정부는 1969년 DDT가 암을 유발할 수 있다는 증거를 발표했고, 1972년에는 DDT 사용을 금지시켰다. 미국의 대기오염방지법(1963년), 수질오염방지법(1972년), 멸종위기동물보호법(1973년) 등은 이 책의 영향으로 제정되었다. 이 책을 쓸 당시 레이첼 카슨은 유방암을 앓고 있었다. 암과 투쟁하며 이 책의 집필을 마친 그녀는 57세의 나이로 생을 마감했다.

알아야 하는 것은 우리의 권리다

우리나라에서도 비슷한 사건이 있었다. 2011년 5월, 원인 불명의 폐질환 환자가 급격히 늘면서 가습기 살균제 성분의 독성이 보고되었고 관련 문제가 언론에 노출되었다. 2018년 3월 환경부가 집계한 피해만 해도 사망자 925명, 총 피해자 3,995명이었다. 이와 관련 법안(생활화학제품 및 살생물제의 안전관리에 관한 법률)은 2017년에 확정되었다. 많은 피해자가 발생한 이후에 발의된 법안이었다. 대책 마련에 이만큼의 오랜 시간이 꼭 필요했을까?

건조한 겨울철 습도 유지를 위해서는 가습기 구입이 필수였다. 특히 아이가 있는 가정은 더욱 그랬다. 당시 마트와 전문 판매점, 인터넷을 통해 가습기가 많이 팔리고 있었고, 가습기용 살균제도 덩달아 많이 팔렸다. 건강을 위해 사용한 가습기 살균제에 독성 물질이 있으리라고는 그 누구도 생각하지 못했다. 수많은 임산부와 아이와 부모가 병에 걸리고 심지어 사망하는 사건이 발생하고 나서야 문제점이 밝혀졌고 언론에도 노출되었다. 해당 제품은 폐기되었고, 관련 제품을 제조한 회사 대표는 구속되었다. 또한 뇌물을 받고 실험 보고서를 조작한 교수는 재판에 넘겨졌다. 그러나 이미 피해를 입은 환자와 가족들은 되돌릴 수 없는 상처를 안고 가야 했다.

그런데 과연 가습기 살균제가 해롭다는 사실을 안 것이 바로 이때였을까?

그렇지 않다. 예전부터 살균제의 유해성 문제는 계속 제기되어 왔지만, 사회적 이슈가 되지는 못했다. 전문적인 내용이라 설명도, 관련 지식도 부족했다. 이 문제는 많은 피해자가 발생한 후에야 관심을 받았다. 왜일까? 우리의 이웃이 아프기 시작했고 피해 정도가 데이터로 흘러나올 만큼 그 피해가 쌓였기 때문이다. 작은 희생을 무시하다가, 많은 죽음이 생기고 나서야 가습기 살균제 피해에 대한 이야기가 나온 것이다.

『침묵의 봄』에는 장 로스탕(Jean Rostand, 1894년~1977년)의 다음 글이 나온다.

"참아야 하는 것이 우리의 의무라면, 알아야 하는 것은 우리의 권리다."

장 로스탕은 살충제의 해악을 알아야 하는 것이 권리라고 말하고 있다. 앞으로도 이런 해악이 발생하지 않을 거라고는 말할 수 없다. 적어도 그 피해가 널리 퍼지기 전에 막아야 한다. 과학문명의 발달은 화학

약품 같은 새로운 물질을 우리에게 주었지만, 우리는 그로 인해 입게될 피해를 아직도 제대로 모르고 있었다. 언제나 잠복기로 인한 일정시간이 지난 후에야 알게 된다. 하지만 그 시기가 되면 이미 많은 사람이 피해에 노출된 후 일 것이다. 우리의 권리는 이런 피해를 아는 것이다. 현재로서는 그 피해를 파악하려면 학계나 사회 단체 등에서 배포하는 정보에 의지할 수밖에 없다. 앞으로 이런 상황을 파악하려면 제대로 된 인프라를 갖출 필요가 있다.

　인간의 지혜는 차츰 진보해왔다. 농업 사회가 공업 사회로 바뀌고다시 정보화 사회로 바뀌면서 정보 교류 방식도 변화했다. 편지에서이메일로 이제는 SNS를 통해 교류를 나눈다. 구글의 독감 지도가 검색어의 발현 시점과 빈도, 그리고 사용자 위치를 기반으로 질병을 파악한 것처럼 살균제 독성 또한 잠복기 실험과 관찰을 통해 알려지고있다. 다양한 살충제와 살균제 같은 화학 성분에 대한 잠복기와 피해여부에 대한 데이터가 필요하다. 이렇게 완성된 데이터를 통해 대응방안을 준비할 수 있을 것이다.

정보의 불균형과 데이터의 집중화

2015년 SBS에서, 2016년 JTBC에서 각각 '가습기 살균제'와 관련해보도한 적이 있었다. 언론과 방송국에서는 2011년 사건의 원인이 가습기 살균제라는 것을 보도를 통해 밝혔다. 하지만 사법 기관의 미약한 조치와 미온적인 태도로 해당 제품은 계속 유통되었고, 그 피해는고스란히 국민의 몫으로 돌아오게 되었다. 만약 이런 피해가 보도 이후 즉각 모니터링되었다면 어땠을까?

살충제나 살균제 같은 화학제품에 의한 피해는 언제 어떻게 발생할지 모른다. 제품이 시중에 유통되는 이유는 무해하다는 승인이 있었기 때문이다. 모른다는 이유만으로 손 놓고 있기에는 그 피해의 정도가 크다. 준비가 필요하다. 우리는 지금까지의 사건을 통해 학습해왔기 때문에 준비가 가능하다.

화학제품으로 인한 피해의 연결고리를 생각해 보자. 화학제품으로 인한 피해(사망이나 입원 등)를 기록한 데이터가 있을 것이고, 판매된 제품에 대한 데이터가 있을 것이다. 모두 관공서의 승인이 있었기에 존재할 수 있었던 데이터이자, 연결고리에 해당하는 데이터다. 만약 이런 종류의 데이터를 어딘가에 계속 축적해 둘 수 있다면 어떨까? 초기 한두 명의 환자가 발생할 때는 단순 사고로 인식되겠지만, 비슷한 사고의 발생 빈도가 증가하고 피해가 늘어난다면 현상을 바로 인지할 수 있게 될 것이다. 즉각적인 원인 파악이 가능하고 나아가 2차, 3차 피해를 방지하는 효과적인 수단이 된다.

이와 같이 활용할 수 있도록 데이터를 쌓아둔 공간을 '데이터 허브'라고 한다. '데이터 허브'에는 관련된 데이터뿐만 아니라 이를 활용할 수 있는 도구(조회 또는 분석용)도 같이 갖추어져 있다. 데이터가 모아져 있다고 활용이 잘 되는 것은 아니다. 홍보도 하고 교육도 해야 한다. 여기서 쌓여지는 데이터를 자동으로 활용하는 방법을 생각해 볼 수 있다. 자동으로 활용한다는 것은 '환자 대량 발생'과 같은 긴급 상황을 즉각 인지할 수 있도록 시스템 체계를 갖추는 것이다. 이를 가리켜 'Alert 기능'이라고 한다. 자동차에 연료가 떨어지면 '연료 경고등'에 빨간 불이 오는 것과 같은 원리다.

우리는 연료 경고등에 불이 들어오기에 '주유소에 갈 때가 되었구나'하는 인지를 쉽게 할 수 있다. 이를 위해서는 자동차 마다 경고등에 불이 들어오는 임계치가 설정되어 있다. 임계치란, 경고를 보여줄 때 기준이 되는 수치를 의미한다. 보통 자동차의 연료 경고등에 불이 들어오는 경우, 남은 연료가 5리터 정도이거나 연료 탱크의 8~11% 정도 남았을 경우다. 이 기준은 우리나라 주유소가 50km 이내에는 있기 때문에 만들어진 기준이라고 한다. 이런 기준이 있기에 임계치 설정의 기준을 삼을 수 있다. Alert 기능은 이런 임계치를 기반으로 한다.

자동차 연료 경고등 외 다른 임계치 설정에는 그 업에 종사하는 장인의 감이 초기에 사용되었다('전문가 판단Expert Judgment'이라고 부름). 그저 한 사람의 감이라고 하기에는 그 정확도가 높다. 한 분야에 오래 종사한 사람의 경험을 무시할 수 없는 이유다. 다른 방법으로 기존에 발생된 데이터를 근간으로 정한다. 예를 들면 기존 값의 평균값에서 상하 10%를 임계치로 설정하는 방식이다. 다른 방법으로는 확률을 사용하는 데, 이는 문제가 없을 때 데이터와 문제가 있을 때 데이터를 활용하여 임계 범위를 정하는 것이다. 가장 좋은 방법은 처음에는 감에 의한 값을 설정하고 이후 데이터가 어느 정도 쌓이면 그 데이터를 이용하여 확률적 계산으로 정하는 방식이다.

이쯤에서 한 가지 생각해보자. Alert을 발생시키면 데이터 허브의 역할은 끝일까? 가습기 살균제 같은 신규 화학제품으로 인한 피해 발생에 대해 Alert을 보냈다면 데이터 허브는 그것으로 제 역할을 다 한 것일까?

그렇지 않다. 데이터의 역할은 수집과 통합 그리고 정보 제공에서 끝나지 않는다. 최근에는 데이터를 기반으로 예측된 내용을 조치하는 후속 작업까지 그 영역이 확대되고 있다. 의사는 환자의 병을 진단하고 처방을 해 준다. 이제 데이터 허브도 데이터를 근간으로 상황 진단만 하는 것이 아니라 이어지는 프로세스를 연결하는 '처방'까지 진행하고 있다.

　모 기업에서 서비스 센터 분석 시스템을 구축할 때였다. 보통 이런 프로젝트는 서비스 센터에서 발생하는 데이터를 수집한 후, 상황을 모니터링을 할 수 있는 임원을 포함한 관리자용 대시보드Dashboard와 담당자를 위한 분석 시스템을 구성하는 내용이 일반적이었다. 하지만 이번에는 분석된 결과를 후속 프로세스에 연동하는 내용이 프로젝트 범위로 잡혀 있었다. 이유를 물어보니, 서비스 상황을 모니터링하거나 데이터 분석 환경을 구축하는 것은 이미 많이 했기에, 이번에는 그 데이터를 기반으로 서비스 과정에서 발생된 고객 응대가 VOCVoice of Customer로 진행되지 않도록 분석하고 다음 프로세스로 연동하는 작업까지 이번에 구축하기로 했다는 것이다. 가만 생각해 보니 가능한 이야기였다. 우리는 프로젝트 기간 동안 서비스 데이터 분석 및 VOC로 진화될 데이터 기준을 수립하고 이후 프로세스로의 연동을 구축했다.

　이 기업의 후속 프로세스 연동은 축적된 데이터가 있었기에 가능했다. 모든 회사가 이와 같은 환경을 가질 수 없다. 하지만 지금이라도 이런 환경을 하나씩 하나씩 준비해 간다면 후속 프로세스 연동을 만들 수 있을 것이다. 데이터 허브 준비도 그렇다. 데이터 허브를 위한 연관 기관이나 기업 그리고 관련된 조직이 많아서 더더욱 힘들 것이다. 힘이 든다고 안 한다면 항상 현재 자리만 맴돌 것이다. 그림은 크게 그리고 시작은 작게 해야 한다. 우리는 그 과정에서 많은 것을 배우고 깨우치게 될 것이다. 시행착오를 두려워할 필요는 없다. 한 걸음씩 나아간다면 시행 착오는 미래를 위한 자산이었음을 알게 될 것이다.

데이터 허브 구성

진료기관(보건소, 의료원, 병원 등)의 환자 정보나, 유통기관(제조사, 공급사, 판매사 등)의 물류 정보(제초제, 농약 등 화학제품)와 같은 관련 데이터가 허브에 통합된다. 그런 다음 통합된 데이터를 기반으로 Alert을 설정한다. 이후 Alert 발생 시 후속 프로세스를 가동시킨다. 후속 프로세스에서 발생되는 각종 데이터는 다시 데이터 허브에 쌓이면서 데이터의 선순환 구조를 만든다.

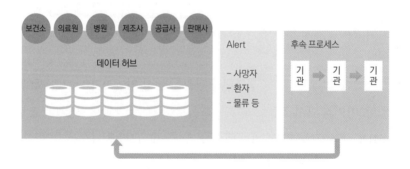

▲ 데이터 허브 구성도

2011년 6월, 행정안전부는 공공데이터 포털 사이트(https://www.data.go.kr)를 오픈했다. 각 기관에서 시민들을 대상으로 제공되던 일부 데이터를 여기에 모아두고 공개 대상 데이터를 점차 확대해 나가고 있다. 한 가지 아쉬운 것은 바로 활용이 가능한 데이터보다는 문서나 보고서 같은 비정형 데이터(구조화되어 있지 않은 데이터, 텍스트나 보고서 위주)가 많다는 것이다. 이런 비정형 데이터는 시스템에서 바로 활용하기 어렵다. 시스템에는 구조화된 정형 데이터가 필요하기 때문이다. 비정형으로 제공되는 데이터를 활용하려면 별도의 정형화(구조화) 작업이 필요하다. 추가 작업 비용이 발생하겠지만, 그래도 이마저 없었던 시절에 비하면 훨씬 좋은 데이터 환경을 갖게 된 셈이다.

세계적인 경영컨설턴트인 니콜라스 카(Nicholas G. Carr, 1959년~현재)는 그의 책 『빅 스위치』에서 데이터를 인프라로 정의하고 있다. 우리가 콘센트에 전기 코드를 꽂으면 전기를 쓸 수 있듯, 데이터도 어딘가(여기서는 클라우드 시스템을 의미하고 있다)에 코드를 꽂으면 쉽게 사용할 수 있는 인프라가 되었다고 말하고 있다. 통신환경의 발달은 정보의 불균형을 해소하고 있다. 데이터도 이제는 공공재가 되어가고 있는 것이다. 단편적인 데이터만을 제공하는 차원을 넘어 데이터 간의 관련성을 구비한 데이터 허브는 공공재로서의 유용한 인프라가 될 것이다.

유명한 SF 소설 중 전 생명체가 연결된 행성 이야기가 나오는 책이 있다. 아이작 아시모프(1920년~1992년, 대학 교수, 화학 박사, 공상과학 분야 소설가, SF의 3대 거장으로 불림)의 소설 『파운데이션』에 나오는 '가이아 GAEA'라는 별이 그것이다. 이 별에 존재하는 모든 생명체는 서로 연결되어 있어서, 어떤 생명체이든 신체적 변화(상처, 질병 등)나 심리적 변화(기쁨, 슬픔, 공포 등)가 생기면 가이아 전체가 같은 신체적 심지적 변화를 공유하게 된다. 또한 역사, 경제, 사회, 과학 등 어디서나 모든 지식에 접근 가능한 시스템을 갖추고 있다. 지식에 접근하는 방법 또한 독특한데, 이 행성의 생명체들은 스마트폰이나 컴퓨터 같은 물리 장치가 아닌 정신 능력을 이용해서 지식에 접근한다. 즉, 이 별의 모든 생명체는 개별적 존재인 동시에 유기적인 관계를 맺고 있는 하나의 덩어리인 것이다.

가이아를 지탱하는 것은 생명체 간의 강한 상호 연결성과 쉬운 지식의 접근이다. 이것은 시사하는 바가 크다. 우리는 스마트폰을 통한 상호 연결성(페이스북, 인스타그램, 카카오톡 등)은 강해지고 지식으로의 접근(구글, 네이버, 유튜브 등)은 쉬워지는 시대에서 살고 있다. 이러한 환경의 중심에는 통신 환경이 크게 자리잡고 있지만, 데이터의 역할 또한 크다.

모든 소통은 데이터를 기반으로 이루어진다. 살충제와 같은 화학제품으로 인한 또 다른 피해를 막기 위해서라도 데이터를 기반으로 한 Alert과 후속 프로세스를 구축해야 한다.

참고자료

1. 레이첼 카슨의 침묵의 봄(1962), 출현의 역사적 배경 및 그 영향(의사학 제5권 제2호, 1996)

2. 침묵의 봄(에코리브르, 2011) 레이첼 카슨 지음, 김은령 옮김

3 '가습기 살균제' 7년, 우리에게 남은 것들(SBS, 2018. 03, 18)
   https://bit.ly/2OAK3Ta

4. 문 대통령 "가습기살균제 피해, 정부 대표해 깊이 사과"(한겨레, 2017, 08, 08)
   https://bit.ly/2yoeMZy

5. 파울 헤르만 뮐러(위키백과)
   https://ko.wikipedia.org/wiki/파울_헤르만_뮐러

6. DDT(나무위키)
   https://namu.wiki/w/DDT

7. DDT (식품의약품안전평가원)

   https://bit.ly/2ylo02J

8. 디엘드린 (식품의약품안전평가원)

   https://bit.ly/2DdGso2

9. 파운데이션 (황금가지, 2013), 아이작 아시모프 지음, 김옥수 옮김.

10. 니콜라스 카 (2008년), 빅 스위치 (동아시아, 2008), 니콜라스 카 지음, 임종기 옮김

그게 무슨 소리요,
고을에 백성이 줄어들고 있다니?

1797년(정조 21년) 윤6월, 극심한 당쟁은 조정을 조용히 내버려 두지 않았다. 이런 분위기는 정약용(1762년~1836년, 호는 다산, 조선 후기의 문신이자 실학자·저술가·시인·철학자·과학자·공학자)에 대한 비방 여론도 한 몫을 차지하고 있었다. 정조(1752년~1800년, 조선 22대 임금, 재위 1776년 ~1800년)는 심사숙고 끝에 정약용을 불렀다.

"이보게 다산, 여론이 좋지 않아. 잠시 곡산 부사로 내려가 있어야 겠네." 정조는 미안함이 깃든 어조로 정약용에게 말했다. "최근 올라온 소식에 의하면 곡산 백성이 점점 줄고 있다고 하니, 어떻게 된 일인지 조사해 보게." 그렇게 왕은 정약용을 곡산 부사로 발령을 냈다. 황해도 곡산으로 떠나기 며칠 전 정약용은 규장각(1776년 건립, 조선 후기의 왕실 학문 연구 기관이자 왕실 도서관)에 들렀다.

"아니, 다산 아니신가? 곡산으로 발령이 났다는 얘기는 들었네. 여기는 어쩐 일인가?" 정약용과 친하게 지내던 이였다. 그는 정약용을 보자 만면에 미소를 띤 채 인사를 건넸다.

"아, 자네구먼. 반가우이. 내 어명으로 곡산 부사로 가게 되었네. 전 하께서 책을 한 권 추천해주셔서 그 책을 찾으러 왔네." 정약용은 서가를 뒤지며 친구와 정담을 나누었다.

"듣자 하니 곡산 지역은 관원의 부정부패가 아주 심하다고 하더군. 아마 그들의 등쌀이 만만치 않을 것이네." 정약용의 친구가 위로의 말을 건넸다. 떠나는 이에 대한 안쓰러움이 담겨 있었다.

"나도 들었다네. 안 그래도 그에 대한 준비를 좀 하고 있다네. 며칠 전 곡산에 사람을 내려 보내서 조사를 좀 시켰지." 정약용은 곡산 상황을 들은 바가 있어 미리 준비를 하였다.

"조사는 어쩐 일로?"

"곡산의 상황을 정확히 알기 위해서지." 정약용은 친구의 걱정스러운 물음에 전혀 개의치 않는다는 투로 대답하곤, 규장각 이곳저곳을 뒤지며 책 찾기에 몰두했다.

당시 정약용의 아버지 정재원(1739년~1792년)은 오랫동안 벼슬자리에 있었다. 그는 다섯 지역에서 고을 수령을 지낸 전문 관리였다. 정약용은 아버지를 따라다니며 고을 수령의 모습과 그와 함께 일하는 관원들의 모습을 눈여겨 봐왔다. 그 덕분에 고을이 운영되는 방식, 상부 기관과 이에 관련된 사람들의 행동 방식을 살필 수 있었다. 목민관牧民官이 백성을 위해 무엇을 해야 하고, 관원은 어떤 사람이어야 하는지, 고을을 관리한다는 것이 어떤 일인지를 간접적으로 체험했다. 그는 이런 기억을 더듬으며 곡산으로 내려갔다.

그러다 정약용이 곡산 부사로 부임한 어느 날, 사건이 생겼다.

"이 놈, 어디서 거짓을 고하느냐?" 정약용의 호통이 경내를 쩌렁쩌렁 울렸다.

"아닙니다. 거짓이 아닙니다. 김이득의 논은 10마지기가 맞습니다. 그래서 군포(군역 대신에 납부한 베)를 더 거두려 한 것입니다." 아전은 고개를 치켜들며 정약용에게 대들듯이 말했다.

"무엄하다. 어디서 거짓을 말하느냐? 여봐라, '침기부'를 가지고 오너라." 그의 말에 옆에 있던 다른 아전이 급히 서류를 들고 왔다. 정약용은 그 서류에서 김이득의 이름을 찾아 가리켰다.

"여길 봐라. 여기 적혀 있기로는 김이득은 양민이다. 현재 농사를 짓고 있는데, 논이 5마지기에 소가 2마리다. 어디서 논이 10마지기라고 거짓을 말하느냐?"

정약용의 호통에 아전은 놀라 까무러칠 지경이었다. 이곳 곡산에 부임한지 얼마 되지 않은 부사가 그런 것까지 세세하게 알고 있다는 사실이 놀라웠다. 발뺌을 해보았지만 소용이 없었다.

이 아전은 모자라는 군포를 채우기 위해 김이득의 장부를 조작했었다. 그가 조작한 서류에는 논 10마지기라고 적어두었기에 문제가 없을 줄 알았다. 김이득에게 논 5마지기와 소 2마리밖에 없다는 것을 알고 있었다. 하지만 상부의 할당량과 다른 집에서 받은 뇌물 때문에 군포를 채우기가 버거워서 그중 힘없는 양민을 골라 서류를 조작한 것이었다. 그는 본인만 알고 있던 사실을 부임한 부사가 알고 있다는 것이 놀라울 따름이었다.

"아이고, 죄송합니다. 죄송합니다. 소인이 잘못 알았습니다. 죽을 죄를 지었습니다." 아전은 싹싹 빌었다. 정약용은 내친 김에 다른 죄도 물었다.

"이것뿐만이 아니다. 너는 김이득의 옆집에 사는 이 아무개에게서도 군포를 걷으려고 했다. 이 아무개는 20리 떨어진 고을에서 곡산으로 이주해 온 자다. 홀아비이고 다리를 저는데, 이런 자가 어떻게 군포를 내겠느냐?" 아전은 깜짝 놀랐다. 귀신인가 싶을 정도였다.

"죄송합니다, 죄송합니다. 죽을 죄를 지었습니다. 다시는 안 그러겠습니다." 그 광경을 지켜보던 다른 아전들은 오금이 저렸다. 신임 부사의 사리 분별 능력이 놀라웠을 뿐 아니라 그 내용이 정확하여 기가 죽었다. 그들은 이 자리가 끝나기만을 바랐다.

정약용은 그들의 모습을 보며 속으로 쾌재를 불렀다. 손에 들린 침기부의 효과가 이렇게까지 좋을 줄은 몰랐다. 정약용은 곡산 부사로 부임함과 동시에 고을의 상황 파악을 시작했다. 고을의 상황을 하나씩 파악해보니 곡산에서 백성이 줄어드는 이유를 알 수 있었다. 가장 큰 원인은 관리의 부정부패였다. 이 부정부패의 근간이 된 것은 기존에 작성된 호구 조사였다. 호구 조사를 할 때, 가진 자는 관원에게 뇌물을 주고 재산을 누락하거나 적게 기록했다. 뇌물을 줄 수 없는 백성들은 부자들이 누락시킨 몫까지 세금을 더 내야 했다. 결국 호구 조사 명부는 뇌물과 부정부패로 만들어진 자료였던 것이다.

이런 부정확한 자료를 기준으로 부과된 세금은 백성에게 너무 가혹했다. 이를 견디지 못한 백성은 산으로 올라가 화전민이 되거나 양반집의 머슴이 되었다. 결국 곡산의 백성은 줄어들었고, 세금도 줄어들게 된 것이었다.

이 모든 것의 원인이 잘못된 호구 조사였다. 정약용은 조사를 다시 진행하게 했다. 세금 징수는 공정해야 하고 공정하려면 그 기준이 명확해야 했다. 그 취지로 만들어진 호구 조사 내용이 「침기부」였다. 여기에는 곡산 백성들의 가족 수뿐만 아니라 재산 상황까지 세금 징수를 위한 기준 항목이 다 담겨 있었다. 정약용은 이 자료를 기준으로 새롭게 세금을 거두었다.

공정한 행정에는 정확한 데이터가 필요하다

정약용은 조정에 있을 때부터 곡산 관원들의 횡포에 대해 이미 알고 있었다. 그 횡포의 근원은 세금을 걷는 기초 자료가 잘못된 데 있다는 것도 알았다. 관원들은 정치가 혼란한 상황을 이용해 뇌물을 챙겼고 가진 자의 앞잡이가 되어 사회적 불만이 커지게 만들었다. 정약용은 이를 방지하려면 공정한 기준과 처리가 기반이 되어야 한다고 생각했다. 기존 자료들은 틀린 내용이 많았기 때문에 공정한 처리를 위해서는 정확한 자료가 필요했다.

공정하다는 것은 원칙이 있다는 것이다. 정약용이 원칙을 고수할 수 있었던 것은 사실에 근거한 데이터와 정책을 펼칠 기준이 있었기 때문이다. 정약용은 호구 조사를 다시 시행했다. 호구 조사는 세금 징수의 근본적 해결책이 되도록 자세하게 진행되었다. 가구별 인원수, 이주 시점, 자산 상황 등 세금과 군포 징수를 위한 기초 자료를 조사했다.

정약용은 토지와 재산을 조사 기록한 침기부(帖基簿)를 내용을 한눈에 파악할 수 있게 표(종횡표, 縱橫表)로 만들었다. 먼저 가구별로 조사할 항목을 정했다. 표의 가로 칸에는 세대주를 넣고, 세로 칸에는 직업과 방의 개수, 논의 크기 등과 같은 항목을 배치했다. 가로와 세로가 만나는 칸에는 수치나 내용을 넣었다. 이렇게 하니 가로 한 줄은 한 가구의 모든 것을 보여주었다. 이 표는 '김이득은 양민이고, 농사를 짓고 있으며, 3세대가 살고 있다' 등의 내용이 적힌 가구별 자료가 되었다.

이렇게 해서 만들어진 자료가 '침기부종횡표站基簿縱橫表'다. 정약용은 이 표를 기준으로 부정하게 수탈을 행한 아전들에게 벌을 주었다. 아전들이 보고하는 내용과 침기부의 내용을 비교하여 다르면 그들에게 낱낱이 물으며 잘못을 실토하게 만들었다. '침기부종횡표'는 아전들의 부정부패를 줄여 나갔다. 정약용이 행한 공정한 처사로 아전들의 잘못을 다스리는 것을 보면서 백성들 또한 나라에 대한 불평이 점점 줄어들어 갔다.

침기부종횡표를 옮겨보면 다음과 같다. 고을별로 그곳에 거주하는 백성의 신분과 직업, 세대수등을 표로 적은 것이다.

예서리 고을	이세창	김이득	최동윤	안상문	정일득	박기준	조정칠	임여삼	황세운
신분	향(鄕)	양(良)	양(良)	향(鄕)	양(良)	양(良)	사(私)	양(良)	양(良)
직업	전(田)	전(田)		과(科)	치(治)	–	고(估)	창(倡)	목(木)
세대	오(五)	삼(三)	이(二)	칠(七)	당(當)	일(一)	사(四)	이(二)	일(一)
부역	일(一)	이(二)	일(一)	일(一)	일(一)	일(一)	일(一)	일(一)	일(一)
집	구(九)	삼(三)	사(四)	칠(七)	오(五)	이(二)	팔(八)	삼(三)	오(五)
밭	십(十)	오(五)		팔(八)	일(一)		구(九)	이(二)	삼(三)
…	…	…	…	…	…	…	…	…	…

참조
· 신분: 향은 향족, 양은 양민, 사는 사가의 노비를 의미
· 직업: 전은 농부, 과는 과거에 나간 선비, 치는 야금공(광석에서 금속을 추출 정제하는 사람), 고는 상인, 창은 배우, 목은 목공수를 의미
· 세대: 숫자는 세대수를 의미함, 당은 당사자가 비로서 이주하였다는 의미
· 집: 숫자는 방의 개수
· 밭: 소유 토지로서 십은 십두락, 오는 오두락을 의미(두락은 마지기와 같은 뜻으로 사용)

▲ 침기부종횡표의 내용

'침기부종횡표'는 지금의 인구조사표와 흡사하다. 해당 고을에 사는 백성의 현황을 정리한 내용이라서 이 표를 보면 고을 상태를 한 눈에 확인할 수 있다. 이후 여기에 지도를 추가하여 지역별 특성과 동향도 확인할 수 있게 하였다.

대부분 나라에서는 인구 조사를 실시한다. 인구수, 연령, 성별, 가족 구성원 등 국민 현황에 대한 데이터를 모은다. 우리나라도 5년마다 '인구주택총조사'를 실시하고 있다. 이렇게 얻은 데이터는 국가 정책 수립에 활용하며, 주민세를 부과하고 재산세를 거두는 기초 자료가 된다.

우리나라의 인구 조사

우리나라의 인구주택총조사는 총 45개 항목을 조사한다. 인구 21개 항목, 가구 15개 항목, 주택 9개 항목이다. 조사 결과는 통계청에서 확인할 수 있다.

시대적 상황과 호구 조사의 의미

앞의 이야기는 다산 정약용이 황해도 곡산 부사로 부임한 초기의 이야기다. 정약용이 살았던 조선 후기는 부정부패가 심했다. 특히 군역 면제를 받기 위한 다양한 방법이 횡행했다. 중종 때 실시한 '군적수포제(1541년)'는 양인이 군포 2필을 내면 군역을 면제해 주는 제도였다. 양인은 양반, 중인, 평민을 일컫는 말인데, 1627년 인조 때 양반을 군역에서 제외하는 조치가 내려지면서 군역은 중인과 평민 즉 일반 백성의 몫으로 남게 되었다. 군역은 현대 국방의 의무와는 다른 점이 있는데, 그것은 복무기간이다. 조선시대에 군역은 16세에서 60세까지 44년 동안 짊어져야 할 의무였다. 당시의 평균 수명이 35세 내외였던 점을 감안하면 매우 가혹한 규정이었다.

호구 조사는 세금 부과와 군역 대상자 선별을 위한 기초 자료이기 때문에 정확성이 생명이다. 국가는 이 자료를 근간으로 세금을 정하고 부역자 수와 군역 대상자를 선정했다. 군역 대상은 16세부터 60세이지만, 모두가 대상은 아니었다. 예외 규정이 있었는데, 학생이거나 이민자 등은 제외되었다. 따라서 백성들은 뇌물을 쓰며 군역을 회피하려고 했고, 관리 또한 이런 뇌물을 받고 예외 처리를 해주었다. 뇌물 때문에 중요 데이터인 호구 조사 자료가 왜곡된 것이다.

기초 데이터인 호구 조사 내용이 조작된 것은 지역별로 군역 규모를 할당한 것이 가장 큰 원인이었다. 뇌물을 받은 관리가 자료를 조작하다 보니 군역 할당량을 채우기가 힘들었다. 결국 관리들은 힘없는 백성의 데이터를 조작하여 모자란 할당량을 채웠다. 아전은 뇌물을 받으면 가구당 가족 수나 재산 상태를 조작해 주었고, 뇌물을 못 받으면 과다하게 책정하여 모자란 할당량을 채웠다.

아전은 이 틀린 자료를 기준으로 세금을 징수하고 군역을 차출했다. 견디기 힘든 백성은 산으로 들어가 산적이 되거나 화전민이 되어 고향을 등지게 되었다. 인구는 점점 줄어들었지만 할당량은 여전히 남아 있었다. 할당량을 채우기 위해 아전들은 다음과 같은 여러 가지 편법을 동원했다.

• **백골징포**白骨徵布 이미 사망한 군역 대상자의 몫을 가족에게서 징수

- **황구첨정**黃口簽丁 16세 미만 어린 아이에게 군포 징수
- **족징**族徵 군포 부담자가 도망가면 친척에게서 군포 징수
- **인징**隣徵 이웃에 연대 책임을 지워 군포 징수

이런 편법은 여러 고을에서 나타났고 견디지 못한 백성은 고을에서 떠났다. 급기야 나라 살림도 힘들어질 수밖에 없었다. 나라가 힘드니 백성도 힘들고, 중간에 있는 관청도 힘들었다. 악순환이 이어졌지만 그럼에도 부정부패는 여전했고 뿌리도 깊었다.

'이런 관행을 막고 백성을 위한 선의의 행정을 펼치려면 어떻게 해야 하는가?' 이것이 다산 정약용이 곡산 부사로 부임하면서 했던 고민이었다.

다산은 침기부종횡표를 만들었다. 이런 표를 만들기 위해서는 많은 자료 수집 또는 조사가 필요하다. 데이터를 수집할 때는 목적이 있어야 한다. 목적 없이 수집된 데이터는 자리만 차지하고, 담당자가 바뀌게 되면 수집된 데이터는 미아가 되고 만다. 목적이 있어야 데이터 수집에 일관성이 생기고 불필요한 자료는 멀리하게 된다. 인구 조사도 본격적으로 진행하기 전 조사표를 준비하고 검증한다.

그렇다면 '침기부종횡표'의 작성 목적은 무엇이었을까?

공정하게 세금을 부과하고 부역을 할당하기 위한 기초 자료를 만든 것이다. 기존 자료의 부정확성이 백성에게 피해를 주었고, 관리의 부정한 행위의 근간이 되었기 때문이다. 충실하고 정확한 기초 데이터는 행정을 시행하는 관리에게는 필수적이다. 세금을 부과할 때 기준이 있다. 주민세의 경우 그 지역에 거주하는 모든 사람이 동일하게 내는 균등세와 사업주가 운영하는 사업소의 크기와 직원에게 지급하는

급여의 규모에 따라 다르게 내는 차등세가 있다. 이를 위해 나라에서는 주민 세대수와 사업자에 대한 데이터를 확보해야 정확하고 공정한 세금집행이 된다. 즉, 집행을 위한 기준에 맞는 데이터가 필요한 것이다. '침기부종횡부'가 그 고을 백성의 공정성을 위한 데이터가 되었듯이 말이다.

데이터 중심의 사고, 데이터 정리의 기초가 된다

데이터는 데이터베이스에 보관된다. 자주 사용하는 100건의 데이터와 전혀 사용하지 않는 100건의 데이터는 데이터베이스에서 동일한 저장소를 차지한다. 기업에서는 자주 사용되지 않는 데이터도 다음 사용을 기대하며 보존한다. 빅데이터 시대가 오면서 그동안 방치되었던 데이터의 필요성이 대두되기 시작했다. 데이터도 파레토 법칙Pareto principle처럼 전체 데이터의 20% 정도는 잘 사용되고 나머지는 수면 아래 빙산처럼 자리만 차지하고 있을 것이다. 이런 블랙데이터를 화이트 데이터화 하기 위해서는 데이터 활용도를 높여야 한다.

  데이터를 적극적으로 활용하기 위해서는 데이터 중심의 사고가 필요하다. 문서에 기록된 데이터는 체계화하여 컴퓨터에 저장하는 디지털화가 필요하다. 기업 현장 담당자는 데이터를 엑셀로 작성해 PC에 보관하는 일이 많다. 담당자의 업무가 편해지기 때문이다. 그러나 이렇게 PC에 저장된 데이터는 해당 담당자가 떠나면 활용하기 어려워진다. 담당자 본인이 보기 편하게 만든 것이기 때문이다. 파일을 관리했던 담당자가 사라지면, 담당자와 더불어 업무 노하우까지 같이 사라지게 된다. 빠른 업무 진행을 위해 자료를 담당자의 개인 PC에 보관하는 것도 좋지만, 시스템으로 해당 데이터를 옮겨 기업 구성원 모두가 사용할 수 있게 전환하는 노력이 필요하다.

그동안 참여했던 대부분의 프로젝트에서는 담당자의 엑셀 데이터를 컴퓨터 시스템으로 업로드하는 작업이 포함돼 있었다. 그들이 관리하는 엑셀은 보통 3개~5개 정도였다. 몇 개 안 되는 파일이지만 양이 적고 쉽다고 생각하면 오산이다. 파일마다 시트(엑셀 하단의 탭)만 15개~30개가 있었다. 게다가 시트 간에 데이터가 연결되어 있고, 칸마다 업무 로직이 적용되어 있었다. 이 엑셀 파일을 분석하고 정리하는 데도 한 달은 쉽게 흘러갔다. 가장 많은 시간이 걸리는 부분은 데이터 의미가 모호한 경우다. 그들만이 알 수 있는 약자를 사용했거나 동일한 데이터인데도 여러 군데(엑셀의 Sheet에) 흩어져 있기 때문이다.

엑셀을 시스템화하는 과정은 엑셀 로직의 복잡도와 데이터 항목의 다양성에 좌우된다. 몇 달을 고생해서 시스템을 만들고 나면 해당 담당자도 좋아한다. 이전까지는 며칠 간 혼자서 해야 했던 작업이 시스템 덕분에 1시간 이내로 끝내기 때문이다. 엑셀에 데이터를 관리하면 업무시스템을 사용할 때 보다 추가와 수정이 용이하다(로그인이나 입력을 위한 기초 데이터 입력이 필요 없음). 그렇다 보니 여전히 많은 담당자가 엑셀을 선호하고 있다.

이렇게 시스템이 만들어지면 회사 내에 알리게 되고, 회사의 여러 사람이 사용하기 시작하면 시스템은 회사 내에서 중요한 위치를 차지하게 된다. 그렇게 데이터는 회사의 영역으로 넘어간다. 시스템에 들어간 데이터는 다른 데이터와 연계하여 더 좋은 시너지를 낼 수 있다.

목적이 같은 데이터는 같은 영역에 모아야 한다. 생산 관련 데이터는 생산 시스템에, 판매 관련 데이터는 판매 시스템에 모아야 한다. 이렇게 데이터를 모으다 보면 중복이 발생하기도 하고, 데이터 수집 시간의 차이로 데이터 간 차이가 발생하기도 한다. 그러다 보면 회사 전체 관점에서 데이터를 관리하는 조직이 필요해진다. 이 조직은 데이터의 표준과 통일성, 중복 방지의 역할과 더불어 업무가 이중으로 처리되는 것을 막을 수 있다.

실제로 ERP$^{Enterprise Resource Planning}$ 도입이 활발하던 시절에 대기업을 중심으로 프로세스 혁신 부서(PI팀이라고도 함)가 만들어졌다. 이 부서는 회사 내 프로세스를 정리하고 혁신하는 일을 했다.

이제는 프로세스에서 데이터로 무게 중심을 옮겨갈 때가 되었다. 회사 내 프로세스 개선으로 업무가 안정화되면 이들이 만드는 데이터에서 새로운 변화를 찾을 수 있다. 이제는 기업 내 데이터만 아니라 기업 외의 데이터도 같이 조직하고 활용하고 고민하는 환경을 만들어야 한다. 데이터는 홀로일 때보다는 같이 할 때 더욱 가치가 커지기 때문이다.

참고자료

1. 다산선생 지식경영법 (김영사, 2006) 정민 지음

2. 조선시대 사람들은 얼마나 오래 살았을까? (연합뉴스, 2013. 12. 26)

   https://bit.ly/2Aj18lC

3. 정약용 (위키백과)

   https://ko.wikipedia.org/wiki/정약용

4. 정조 (나무위키)

   https://namu.wiki/w/정조(조선)

5. 군포 (위키백과)

   https://ko.wikipedia.org/wiki/군포_(세금)

팩트가 담긴 데이터

2000년대 초, 모 외국계 회사의 분석 시스템 구축 프로젝트를 진행한 적이 있다. 어느 날, 그 회사 프로젝트 담당자와 데이터의 필요성에 대해서 이야기를 나누게 되었다. 그 담당자는 이렇게 말했다.

"데이터는 'Three Right' 상황에서 필요합니다. Three Right는 'Right Time, Right Place, Right Person'을 가리킵니다. 필요한 시기에, 필요한 장소에서, 필요로 하는 사람에게 제공되어야 한다는 뜻입니다."

그로부터 얼마 후 직속 상관이었던 부장이 주간회의에서 3현^現주의를 강조했다. 3현주의란 현지^{現地}에 가서 현물^{現物}을 보고 현실^{現實}을 직시하라는 경영 원칙이다. 즉, 팩트를 기반으로 일을 하라는 것이다. 많은 시간이 흐른 후에야 3현주의가 무엇인지, 데이터가 무엇을 담고 있어야 하는지, 'Three Right'가 어떤 상황에 필요한지 것인지 깨닫게 되었다. 즉, 설비에서 발생되는 데이터를 바르게 수집해 관리자가 필요로 하는 시기와 장소에서 볼 수 있도록 하는 것이 Three Right와 3현주의의 요점이었던 것이다.

이번에는 3현주의나 Three Right와 같이 팩트가 담긴 데이터 적용에 관한 이야기를 해 볼 것이다. 허준의 동의보감, 이순신 장군의 첫 번째 전투인 옥포해전, 모리의 해양 지도, 김정호의 대동여지도의 네 가지 에피소드를 읽고 나면 데이터에 필요한 팩트가 무엇이며 어떻게 활용했는지 알 수 있을 것이다. 우리가 가지고 있는 데이터에는 어떤 팩트가 담겨있는지 더불어 생각해 보자.

조선에는 조선 사람에게 맞는
의서가 필요합니다

1585년 어느 날, 내의원(內醫院, 조선 시대에 국왕 이하 왕족과 궁중에서 쓰이는 약을 조제하던 관청)에 진료를 마친 의원들이 속속 모여들었고, 분위기는 소란스러웠다. 무슨 일로 모인 건지 서로에게 물어보았지만, 그 누구도 아는 사람은 없었다. 그들을 부른 어의가 들어오자 웅성거림은 점점 잦아들었다.

"황해도에 온역溫疫이 발생했다. 누가 갈 텐가." 어의 양예수(楊禮壽, ?~1600년, 조선중기 어의)는 주위를 둘러보았다.

온역은 급성 전염병으로 돌림병에 해당한다. 이 병의 발발은 기후와 관계가 있다. 지난해 겨울은 유독 따뜻했다. 온역은 추워야 하는 겨울이 춥지 않았기 때문에 발생한 병이다. 추웠다면 죽었을 병균들이 살아남아 사람 사이를 돌며 돌림병이 된 것이다. 돌림병이 발생된 지역에서는 3명 중 1명이 죽어 나가고 있었다. 내의원에 근무하는 의원들조차 죽을 확률이 높았기에 어느 누구도 선뜻 나서지 못하고 있었다.

"제가 가겠습니다." 그때 한 사내가 손을 들었다. 허준(許浚, 1539년~1615년, 조선 중기 어의, 동의보감 저자)이었다.

"저도 가겠습니다." 허준과 같이 붙어 다니는 이명원李命源이 손을 들었다. 그는 허준이 가는 곳이면 어디라도 마다하지 않는 그의 단짝이었다. 내의원 입과 시험에서 허준 다음으로 좋은 성적을 얻은, 실력 있는 의원이었다.

"좋다. 그러면 너희 둘이 다녀오도록 해라. 돌림병 지역이니 각별히 주의하고." 양예수는 둘을 쳐다보며 측은한 눈빛을 보냈다. 둘 중 한 명은 못 볼지도 모른다는 생각이 들었기 때문이다. 이미 황해도에서는 많은 사람들이 죽었다. 심지어 그 지방 관리들도 돌림병을 피해 도망을 친 상태라 힘이 되어줄 사람이 없기 때문에 더욱 그랬다.

허준과 이명원은 서둘러 행장을 챙겨 황해도로 갔다. 황해도 근처 관아에는 사람들이 별로 없었다. 다들 도망친 모양이었다. 남아 있는 몇몇 사람들이 두 의원을 맞이하며 방을 안내해주었다. 방에 행장을 풀고 둘은 마을을 한 바퀴 돌아보았다. 마을에는 빈집이 많았다. 사람들이 죽거나 떠났기 때문이었다. 보이는 사람들이라고는 환자들과 거동이 불편한 노인들뿐이었다. 이 골목 저 골목 다녀 보았으나 마찬가지였다. 두 의원은 고민에 빠졌다. 어디서부터 손을 써야 할지 막막했다.

문제는 그것뿐만이 아니었다. 동료 이명원이 몸이 아프다며 고통을 호소하기 시작한 것이다. 허준은 그의 머리와 피부를 보았다. 머리에는 부스럼이 생겼고, 피부는 벗겨지기 시작했다. 상태가 좋지 않았다.

"이를 어쩌지, 자네. 온역에 걸린 것 같은데." 허준은 그의 상태를 살피며 말했다. 이명원은 허준의 말에 직접 자신의 몸 상태를 살핀 후 조용히 말을 건넸다.

"이봐, 허준. 난 괜찮으니, 다른 환자들을 돌봐 주게." 이명원의 목소리에는 힘이 없었다. 그도 의원이었다. 이미 자신도 돌림병에 걸렸다는 것을 알았다. 이번 돌림병인 온역은 3명 중 1명이 죽는 무서운 병이다. 이명원은 동료인 허준에게 짐이 되고 싶지 않았다. 그는 허준에게 짐이 되느니 차라리 죽는 것이 낫다는 생각을 하고 있었다.

"그게 무슨 소리인가? 내가 친구를 버릴 것 같은가. 내가 죽는 한이 있어도 자네는 내가 고칠 것이네." 허준은 비장한 표정으로 그를 바라봤다. 그날 이후 허준은 친구를 살리기 위한 치료에 전념했다. 그는 가지고 온 의서인 『황제내경(黃帝內經, 중의학의 근본적인 자료로 취급된 고대 중국의 의학서)』에 나와 있는 방법으로 치료를 시작했다. 하지만 차도는 없었다. 난감했다. 의서를 다시 살피며 치료를 재차 했으나 결과는 마찬가지였다.

'이상하군, 이 책에 따르면 지금쯤은 열이 내려야 하는데 전혀 반응이 없어.' 허준은 의서를 몇 번이고 들여다보았지만 이유를 알 수 없었다. 그의 고민은 계속되었다.

'무엇 때문이지? 원인이 대체 무엇이란 말인가? 혹시 중국 사람과 우리 조선사람이 서로 달라서 그런 것인가? 생각해보니 『황제내경』은 중국인을 대상으로 쓰인 의서다. 그들은 기름진 음식을 많이 먹지만, 우리 조선인은 채식 위주의 담백한 식사를 한다. 먹는 음식과 기후가 다르면 서로 체질도 달라진다. 그러면 처방도 달라져야 하는 것 아닌가? 우리 조선인의 체질에 맞는 치료법이 필요한데, 그런 서적은 아직 어디에도 없다. 앞으로 조선땅에서 살아갈 백성을 위해서는 이 땅에

맞는 의서가 꼭 있어야 하지 않을까.'

허준은 병마와 싸우고 있는 친구의 고통을 보며 치료를 다하지 못한 안타까움과 미래에 대한 새로운 고민을 같이 하게 되었다. 이 고민은 훗날 우리나라의 최대 의서를 만드는 귀중한 뿌리가 되었다.

"이보게, 허준. 어제 칡뿌리를 달여 먹었지만 몸에 변화가 별로 없네. 『황제내경』에 적힌 대로라면 지금쯤 열이 내려야 하는데." 이명원은 약을 먹고 난 후의 증상과 몸의 변화를 허준에게 일일이 이야기해 주고 있었다.

"그러게 말일세. 책에 나온 내용과 효과가 다르니 난감하군. 이건 내 생각인데 『황제내경』이 안 듣는 이유는 체질 때문이 아닐까 싶네. 이건 중국 책이니 중국 사람을 대상으로 치료법을 적었겠지. 자네의 온역이 안 낫는 이유도 우리가 그들과 체질이 다르기 때문이란 생각이 들더군. 서로 체질이 다른데 책에 적힌 대로 치료해 본들 소용이 있나. 그나저나, 많이 아플 텐데 이렇게 치료가 안되니 걱정이군, 이를 어떡하나……" 허준은 병에 시달리는 친구가 안쓰러웠다. 『황제내경』을 내려다 보는 허준의 마음에는 허전함이 깃들었다.

허준은 내의원에 들어오기 전부터 '조선에 맞는 의서가 필요하다.'는 생각을 가지고 있었다. 이번에 온역을 치료하면서 그 생각은 더욱 강해졌다. 그는 조금씩 생각을 정리해 나갔다.

'여기는 조선이다. 조선인의 체질에 맞는 치료법과 약재가 필요하다. 약재도 계절마다 효험이 다르다. 봄에 채취를 하여 말려야 제대로 효험이 있는 약초도 있고, 가을에 채집해야 효험이 있는 약초가 있다. 효과가 나타나는 기간 또한 체질별로 다르다. 사람도 마찬가지다. 체질에 따라 모든 것이 바뀌며, 아침과 저녁으로 혈 자리가 열리는 깊이도 다르다. 그래서 음양오행에 맞는 치료법이 필요한 것이다. 조선은 책이 귀하다. 의원들은 어깨 너머로 배운 지식으로 치료를 하고, 알음알음 체득한 산 지식은 꼭 쥐고서 내 놓지 않는다. 그러니 조선의 한의학 수준이 아직도 이 지경인 것이다. 이래서는 백성을 제대로 치료하기 힘들다. 우리 땅에 맞는 의서가 필요하다.'

허준의 고민은 점점 깊어져 갔다. 허준은 돌림병으로 죽어 나가는 사람을 보면서 남은 주민에게 치료보다 예방이 중요함을 알리고 다녔다. "손은 깨끗이 씻어라, 물은 끓여 먹어라. 방은 청결하게 유지하라."와 같은 말을 하며 다녔다. 돌림병은 시간이 되면 사라지겠지만, 전염으로 인한 확산은 무서운 것이다. 이를 막기 위한 최선은 예방뿐이었다.

며칠이 지난 뒤 이명원의 열은 내려가고 부스럼도 사라졌다. 얼굴에 퍼져 있던 물집도 없어졌다. "이보게, 허준. 머리가 상쾌해졌어. 이제 다 나은 것 같네." 친구는 맑은 목소리로 말했다. 허준의 얼굴에도 미소가 돌았다. 그동안 지극정성으로 친구를 돌본 결과였다.

"『황제내경』에 나와 있던 시기보다 5일이 더 지나서야 효험이 생기다니, 이렇게 다르단 말인가?" 허준과 이명원은 퇴청마루에 걸터앉은 채로 하늘을 보며 푸념했다.

허준은 이명원뿐만 아니라 마을 주민들의 치료 과정도 관찰하고 기록해두었다. 그 결과 온역과 다른 종류인 두창(痘瘡, 천연두라고도 함. 아이에게 치명적인 병)에 대해서도 알게 되었다. 두창은 다섯 단계로 진행되는 병이었다. 첫 번째로 몸에 열이 나고, 두 번째로 콩 같은 돌기가 생기며(그 모양을 보고 콩 두(豆) 자를 써서 '두창'이라고 불렀음) 세 번째로 돌기가 부풀어 오르고, 네 번째로 고름이 맺힌 뒤, 마지막 다섯 번째로 딱지가 앉는 과정으로 병이 진행되었다.

허준 일행은 전염병이 사라진 뒤, 궁으로 복귀하여 동료 의원들과 전염병 치료에 대한 이야기를 나누고 그 자리에서 중국 의서를 근간으로 한 치료법은 완치가 더디거나 맞지 않는다는 것을 알렸다. 허준은 다짐했다. '조선에 맞는 의서가 필요하다. 이를 위해서는 의원 개개인이 알고 있는 처방이나, 특효가 있는 치료법 그리고 널리 알려진 방법에 대한 데이터를 모아야 한다.'

허준의 의서 편찬

1592년 4월 13일 임진년. 일본군은 부산포를 시작으로 왜란(임진왜란, 壬辰倭亂, 1592년 5월 23일~1598년 12월 16일)을 일으켰다. 북으로 북으로 물밀듯이 밀려오는 왜적에 대한 두려움으로 선조는 몽진(蒙塵, 임금이 난리를 피하여 다른 곳으로 이동함)을 했다. 개성, 평양, 의주로 몽진을 하는 동안 임금을 따르는 신하는 점점 줄어 들었다. 의원 또한 허준을 포함하여 두 명만이 남아있었다. 허준은 피난 길 머무는 마을마다 백성을 치료하며 약초도 채집했다. 선조 또한 몽진을 통해 백성의 고단함과 애절함을 느끼고 있었다. 그러다 이순신 장군의 해상 장악과 의병의 활약 덕분에 왜군의 북진이 멈추었고, 명나라 참전과 조선 군대의 맹렬한 활동으로 수도 한양을 회복하게 되었다.

한양에 도착한 선조는 감회에 젖었다. 몽진의 비통함과 백성의 아픔을 되새기며 허준을 불렀다.

"허 주부, 이번 피난에서 백성의 고통을 너무나 많이 보았소. 그들을 치료할 시설도 부족하지만 참조할 만한 자료 또한 부족했소. 우리 나라에 들어와 있는 중국 의서는 중국인들을 위해 만들어진 의서요. 우리에게는 우리의 의서가 필요하오. 각종 처방이 들어 있는 하나의 책을 만드시오." 선조는 허준에게 명을 내렸다. 전쟁으로 인한 피난길이 그에게는 새로운 공부가 되었다. 선조는 백성의 생활을 가까이서 보게 되었고 그들의 고통을 알게 되면서 무엇이 가장 필요한지 고민했던 것이다.

허준은 5명의 의원과 함께 의서 편찬 팀을 만들었다. 내의원에 있던 진료 기록과 처방전을 모았고, 혜민서(惠民署, 조선시대에 의약과 일반 서민의 치료를 맡아본 관청)의 진료 기록도 수집했다. 선조는 별도로 수백 권의 의서를 하사하며 의서 편찬을 독려했다. 그렇게 1년동안 의서 편찬 방향을 수립할 즈음, 정유재란(丁酉再亂, 1597년 8월 27일~1598년 12월 16일)이 발발했다. 그 바람에 의서 편찬팀 중 허준을 제외한 다른 의원들이 어디론가 흩어지게 되어 작업은 난항을 겪게 되었다. 선조는 허준을 불러 의서 편찬을 재차 명하며 500권의 서책을 내어주었다. 선조 33년(1600년) 그의 스승이던 양예수가 세상을 떠나며 어의 자리는 허준에게 이어졌다. 허준은 왕의 모든 병약을 돌보던 자리에 올랐으나, 1608년 선조의 죽음은 당쟁을 일삼는 정치권에 좋은 구실을 주었다. 왕의 죽음에 대한 원인을 독살로 몰며 어의 허준에게 책임을 전가했다. 결국 허준은 귀양을 떠났다. 그는 귀양지에서도 의서 편찬을 쉬지 않았다. 이듬해, 광해군(光海君, 1575년 6월 4일~1641년 8월 7일, 조선 15대 임금)은 허준을 복직시켰다. 허준은 1610년 8월, 그의 나이 72세에 25권으로 구성된 『동의보감(東醫寶鑑, 1596년~1610년, 국보 319호, 크게 내경, 외형, 잡병, 탕액, 침구 편으로 구성됨)』을 조정에 바쳤다.

이 책 편찬 기간인 25년동안 허준은 내의원의 처방 내용과 병의 진행 상태 그리고 진료기록에 대한 데이터를 지속적으로 수집했고, 전국에 퍼져 있는 의원들의 비법과 유명한 처방에 대한 내용도 수집했다. 중국 및 국내 의서 240여종을 참조하고 분류하여 짜임새 있게 의서를 집필한 것이다. 중국 의서에 나와 있는 방식으로 치료를 하려면 값비싼 중국 약재를 필요로 하지만, 동의보감은 우리 땅에서 구할 수 있는 약재를 이용한 방법이 정리되어 있어 일반 백성도 쉽게 조치할 수 있도록 만들었다.

『동의보감』은 허준 개인이 만든 의서이지만, 그 속에는 수많은 의원의 노하우와 진료기록이 담겨 있다. 내의원, 혜민서 등의 진료기록은 환자 진찰 당시의 살아 있는 데이터인 동시에 환자의 상태 변화에 대한 데이터이다. 약재 또한 우리 주변에서 구할 수 있는 약초 중 직접 체험해 보고 효용이 증명된 재료를 근간으로 한 것이다. 이는 백성의 입장을 생각한 애민정신이 있었기에 가능했던 것이다.

허준의 진료 기록과 전염병의 악순환

허준은 전염병 연구에도 심혈을 기울였다. 1590년 봄, 날씨가 풀리면서 전염병이 널리 퍼지는 상황이 벌어져, 광해군과 왕자 및 공주까지 두창에 걸리는 사태가 벌어졌다. 허준은 심혈을 기울여 그들을 완쾌시켰다. 당시 두창은 두신痘神이 내린 병이라고 하여 약을 쓰면 안 된다고 믿었다. 그런 시대에 왕과 그 가족을 살렸던 것이다. 선조는 자신의 자식을 살린 것을 계기로 약을 쓰는 것에 대한 효용을 대대적으로 알렸다. 허준이 이때 저술한 책이 『언해두창집요(諺解痘瘡集要, 1601년~1608년 저술, 내의원에서 간행한 두창 전문 의학 서적)』라는 의서이다. 여기에는 두창이 생기는 이유와 증상 그리고 처치법과 합병증까지 기록되어 있다.

허준 자신이 진료하거나 치료한 내용을 담은 데이터를 기반으로 작성되었기에 내용이 풍부하고 체계적이었다. 의사는 환자에 대해 기록한다. 다음 방문에 참조하기도 하지만, 환자의 회복 상태와 약의 효용을 알기 위해서다. 허준이 의원으로서 환자를 기록한 내용과 혜민서의 기록에도 일반 환자에 대한 처방과 진료 내역이 있을 것이다.

물론 자료가 많다고 다 잘 되는 것은 아니다. "구슬이 서 말이라도 꿰어야 보배."라고 했다. 진찰과 차도에 대한 내용, 처방과 회복에 대한 내용 등 여러 기록을 효과적으로 활용하려면 필요한 기록을 쉽게 찾을 수 있도록 체계적인 정리가 필요하다. 이것을 가리켜 인덱싱Index-ing이라고 한다. 책의 앞부분에 있는 목차 같은 것이다.

『선조실록』에는 의원 간에 벌어진 토의와 처방에 대한 내용이 수록돼 있다. 환자의 증상 및 치료 내용을 기록한 데이터인 것이다.

"명의名醫 안광익安光翼과 허준許浚이 들어가서 상의 맥脈을 진찰하고는 상이 전에 비해 더 수척하고 비위의 맥이 매우 약하며 또 번열煩熱이 많아 찬 음식 드시기를 좋아하고 문을 열어 놓고 바람을 들어오게 한다고 하였다."

— 선조실록 9권

허준이 근무하는 내의원은 당시 왕의 진료를 맡았었고, 『선조실록』

은 그에 대해 기록해두었다. 이런 기록이 의서 편찬에 참조로 사용되었다. 기록은 진찰 당시의 내용을 사실적으로 기록할 때 의미가 있다. 시간이 지나서 기록하려고 하면 오류가 생기게 된다. 인간이 가진 기억력에는 한계 때문이다.

허준은 『동의보감』 편찬 이후에 전염병과 관련된 책 두 권을 냈다. 『신찬벽온방(新纂辟瘟方, 조선 광해군 5년(1613년), 보물 제1087호)』과 『벽역신방辟疫神方』이 그것이다. 『신찬벽온방』은 요즘의 장티푸스에 해당하는 온역에 대한 책이고, 『벽역신방』은 성홍열猩紅熱에 대한 책으로 병의 원인과 증상 그리고 처방법에 대해서 적혀 있다.

전염병은 환경병이다. 안 좋은 환경에서 주로 발병하는데, 허준의 노력에도 불구하고 이후 전염병 발생은 끊이지 않았다. 당시(16세기) 뿐만 아니라 17세기~19세기까지도 전염병은 백성들을 괴롭혔다. 앞서 설명했듯 겨울철에 죽어야 할 병균이 따뜻한 겨울 기온으로 인해 죽지 않고 살았던 것이 문제였다. 그 병균들이 살아 있다가 봄에 나타나기 때문이다. 더군다나 한양을 중심으로 진행된 도시화는 백성들을 도시로 도시로 모이게 했고, 인프라에 해당하는 수도 시설인 우물과 하수도 시설이 낙후한 당시로는 전염병이 창궐할 환경을 가지고 있었다. 임진왜란을 통해 죽은 백성보다 전염병으로 죽은 백성이 더 많다는 얘기가 있을 정도였다.

다음 페이지의 표는 17세기~20세기 사이에 발생한 전염병 빈도를 나타낸 것으로, 50년 간격으로 나누고 월별로 전염병 발생 빈도를 표시했다. 12월 한파가 풀리면서 전염병이 나타나서 7~8월까지 심해지다가 찬바람이 부는 가을쯤 소강상태가 된다. 하지만 이어지는 12월부터 다시 나타나서 백성을 괴롭히기를 반복했다. 표 밑에는 수치를 막대 그래프로 정리했다. 3월에 가장 극심하게 발병했고, 9월이 가장 적었다. 당시 사회가 농업 사회였던 점을 감안하면, 춘궁기와 추수기의 차이로 보인다.

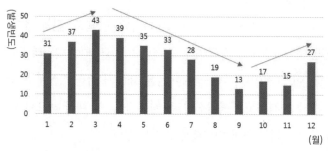

▲ 월별 전염병 발생 빈도

계절	1분기			2분기			3분기			4분기			합계
월	1월	2월	3월	4월	5월	6월	7월	8월	9월	10월	11월	12월	
1601~1650	8	6	9	4	4	4	2	1	2	4	4	9	57
1651~1700	12	20	20	14	11	11	9	4	5	6	3	7	122
1701~1750	5	9	9	12	9	8	8	4	3	3	5	6	81
1751~1800	4	2	2	6	6	6	1	2	1	1	3	3	37
1801~1850	2	0	2	3	3	0	2	2	1	1	0	1	17
1851~1900	0	0	1	0	2	4	6	6	1	2	0	1	23
월별합계	31	37	43	39	35	33	28	19	13	17	15	27	337
분기합계	111			107			60			59			337
월별비율	9.2	11.0	12.8	11.6	10.4	9.8	8.3	5.6	3.9	5.0	4.5	8.0	100(%)
분기비율	32.9	31.8	17.8	17.5	100(%)								

▲ 17세기~20세기 전염병 발생빈도 (월은 음력임). 출처: 이규근 논문 '조선후기 전염병 연구' 참조

몸이 건강해야 병을 이기는데 기근이 심한 보릿고개를 겪다 보니 먹을 것이 없어 몸이 약해지고, 약해진 몸은 병에 걸릴 수밖에 없다. 몸이 튼튼해야 전염병도 이기고 농사도 제대로 지을 수 있다. 그러나 춘궁기의 전염병으로 일할 사람이 쓰러지면서 농사를 지을 일꾼이 부족해지고, 결국 농작물의 수확량이 줄어들게 된다. 악순환이 발생하는 것이다.

허준은 치료보다는 예방을 중시했다. 백성들에게 손을 씻어 감염을 막으라고 했고, 주변 산야에 있는 풀과 약초를 알려 병을 치료하는 방법을 알렸다. 특수 계층이 아닌 모든 인간이 동등하게 병의 치료를 받을 수 있도록 노력한 것이다. 동의보감에 기록된 질병에 대한 내용은 혜민서와 각지에서 보내준 처방을 기반으로 만들어졌다. 허준은 개인적인 의료 경험과 데이터와의 만남을 통해서 우리에게 『동의보감』을 남긴 것이다.

두창이라고 불렸던 천연두는 백신이 나타나면서 1979년에 전 세계적으로 사라진 질병으로 공표되었다. 의학의 발전은 병을 하나씩 하나씩 정복하고 있다. 인간의 수명은 점점 늘어나고 있고(통계청의 '기대수명'에 따르면 1970년 62.3세에서 2016년 82.4세로 40년동안 평균수명이 20세 늘었음) 질병의 고통으로부터 자유로워지고 있다. 과학 기술과 의료 기술의 발달은 새로운 백신을 내 놓으면서 병으로부터 인간을 자유롭게 하고 있다. 이는 기대수명을 100세 시대로 성큼 다가가게 하는 기반이 된다.

영화 '아일랜드(The Island, 2005년 7월 개봉, 미국 영화, 워너 브라더스 제작)'는 부자들이 자신의 병든 장기를 대체하며 영생을 꿈꾸는 상황을 다룬 영화다. 여기서 부자들은 죽어가는 자신의 장기를 대체하기 위해 아일랜드라는 공간을 만들었다. 아일랜드에서는 건강한 장기를 가진 복제 인간을 만들어 환자를 위한 장기를 추출한다. 또 다른 영화 '엘리시움(Elysium, 2013년 8월 개봉, 미국영화, 소니픽쳐스 제작)'에는 모든 병을 치료하는 의료 기계가 나온다. 이런 영화를 보면서 질병이 치료의 대상에서 정복의 대상으로 바뀌었으며, 앞으로는 병이 우리 몸에 접근하지 못하는 환경과 기술이 만들어지는 시대가 올 것임을 시사하고 있다.

환자와 데이터

환자와 관련된 데이터에는 어떤 것이 있을까?

어느 직장인이 심한 독감에 걸려 병원에 방문했다고 가정하자. 이 환자는 아침에 일어났을 때부터 몸이 무거웠고 식은땀이 났다. 회사에는 도저히 못 갈 지경이라 결국 하루 휴가를 내고 병원에 방문한 참이었다.

병원에 들어서니 이미 네 명의 환자가 대기하고 있었다. 그는 대기자 명단에 이름을 적고 기다렸다. 20분쯤 지나자, 간호사가 호출을 했다. 진료실 문을 열고 들어가 의사에게 증상을 얘기했다. "몸살입니다. 나가서 주사 맞으시고 처방해 드리는 약을 드십시오. 약은 3일치입니다. 오늘은 집에서 편히 쉬셔야 합니다." 의사는 환자에게 진찰 결과를 알려주고 컴퓨터에 진료 내용을 입력했다.

이때 병원에서 입력한 데이터는 어떤 것일까? 환자 이름, 성별, 나이 등의 기본 데이터는 이미 저장된 데이터베이스에서 불러왔을 것이다. 여기에 증상과 병 종류인 상병 내역, 병원에서의 진료 내역 그리고 처방 내역이 기록되어 있다. 내용을 보면 많은 항목이 아니다. 엑셀 한 줄이면 충분해 보인다. 하지만 환자가 100명을 넘어 1,000명에 이르게 되면 관리에 어려움이 발생한다. 그때부터는 수작업으로 관리할 수 없다. 이런 이유로 개인 병원 중에는 아직 환자 카드를 사용하는 곳도 있지만, 대부분은 시스템을 사용한다.

큰 병원에 도입된 시스템의 경우 환자뿐만 아니라 의사, 간호사, 행정 직원, 그리고 의약품 관련 데이터가 동일한 데이터베이스에 있다. 물론 데이터 간에는 서로 연결점을 가지고 있다. 그 연결점은 환자일 것이다. 진료를 받은 환자를 중심으로 증상과 병명, 치료 내역, 처방이 시기별로 디지털화되어 있을 것이다.

한 가지 아쉬운 것은 환자가 다른 병원에서 진료를 받을 때 기존 데이터를 가지고 갈 수 없다는 데 있다. 환자에 대한 기록이 병원에 소속되는 구조이기 때문이다. 지금까지 의료계의 구조는 병원 중심이었다. 환자는 자신의 진료 기록을 가지기 위해서는 별도로 요청해야 했고 돈도 지불해야 했다. 이 부분은 제도적인 보완이 나올 것이다. USB, 클라우드, 이메일 또는 블록체인 등 기록을 보관할 수 있는 방법이 점점 다양해지고 있고, 보안성 또한 점점 높아지고 있기 때문이다.

진료 기록에 빅데이터 기술을 접목하면 각종 질병 또한 미리 예측할 수 있게 될 것이다. 이를 위해서 개인의 의료 데이터가 연구 기관에 활용될 것이다(개인의 동의가 선행되고, 개인정보(이름, 전화번호, 주민등록번호 등)는 보호받는 조건 하에 이루어져야 할 것이다).

멀지 않은 미래에 우리가 어떤 병(예를 들어 폐암)에 걸릴지 알 수 있다면 어떤 기분이 들까? 긍정적일까 부정적일까? 어느 쪽이건 그 시기는 다가오고 있고, 우리는 그 시대를 맞이할 준비를 해야 한다. 미래에 걸릴 병을 알 수 있는 지금 시점에 필요한 것은 어떻게 살 것인가에 대한 고민이다. 이를 위해 데이터의 팩트를 늘 예의주시해야 한다.

참고자료

1. 교양으로 읽는 조선사 1권 (시아컨텐츠, 2017년) 김형광 지음

2. 소설 동의보감 상, 하 (창비, 2001), 이은성 지음

3. 조선사람 허준 (한겨레신문사, 2001), 신동원 지음

4. 양예수 (위키백과)

   https://ko.wikipedia.org/wiki/양예수

5. 내의원 (위키백과)

   https://ko.wikipedia.org/wiki/내의원

6. 황제내경 (위키백과)

   https://ko.wikipedia.org/wiki/황제내경

7. 임진왜란 (나무위키)

   https://namu.wiki/w/임진왜란

8. 정유재란 (위키백과)

   https://ko.wikipedia.org/wiki/정유재란

9. 광해군 (위키백과)

   https://ko.wikipedia.org/wiki/광해군

10. 혜민서 (위키백과)

    https://ko.wikipedia.org/wiki/혜민서

11. 동의보감 (나무위키)

    https://namu.wiki/w/동의보감

12. 언해두창집요 (나무위키)

    https://namu.wiki/w/언해두창집요

13. 신찬벽온방 (위키백과)"

    https://ko.wikipedia.org/wiki/신찬벽온방

14. 벽역신방 (위키백과)

    https://ko.wikipedia.org/wiki/벽역신방

15. 아일랜드 (네이버 영화)

    https://movie.naver.com/movie/bi/mi/basic.nhn?code=39879

16. 엘리시움 (네이버 영화)

    https://movie.naver.com/movie/bi/mi/basic.nhn?code=56247

17. 조선왕조실록, 선조실록 9권

    http://sillok.history.go.kr/id/kna_10802015_003

임진왜란 첫 해전,
사거리에서 승리의 해법을 찾다

1592년 임진년壬辰年, 일본은 오래 내전을 통해 전국을 통일했으나 국내 정치의 불안과 권력 유지를 위해 명明나라를 치기로 결정했다. 일본 조정은 쓰시마(対馬, 한반도와 규슈 사이의 대한해협 중간에 있는 일본 나가사키현의 섬) 도주를 통해서 조선에게 길을 빌려 달라는 요청을 했다. 조선은 이를 거부했고, 일본은 이를 빌미로 조선 침공을 위한 깃발을 올렸다. 그들은 이미 바다를 건널 배와 20만 명의 군대를 준비하고 있었다. 그러나 조선 조정은 당파 싸움에 혈안이 되어 일본의 이런 분위기를 알면서도 눈을 감고 있었다.

그해 5월 23일 새벽, 일본은 부산포를 시작으로 경상도를 거쳐 수도인 한양까지 손쉽게 진격했다. 임금인 선조는 조정 대신을 이끌고 몽진(蒙塵, 임금이 난리를 피하여 안전한 곳으로 가는 일)을 했다. 한양은 비었고 적은 손쉽게 그곳을 점령했다. 전국 곳곳에서 봉기한 의병과, 정렬을 재정비한 관병들이 적을 막았으나 무너진 조정에는 도움이 되지 않았다.

전쟁에 있어 승리를 위한 진격 못지 않게 중요한 것이 있다. 물자와 식량의 공급이다. 일본은 식량 공급을 위해 곡창 지대인 여수, 순천 등 전라도 지역 점령을 염두에 두고 있었다. 그러나 그곳에는 이순신 장군(李舜臣, 1545년~1598년, 조선 중기의 무신, 시호는 충무忠武)이 있었다. 그들은 몰랐다. 일본의 침략에 대비해 온 조선의 장군이 있음을. 이순신 장군은 임진왜란(壬辰倭亂, 1592년 5월~1598년 12월)과 정유재난(丁酉再亂, 1597년~1598년)의 기간 동안 굳건히 남쪽 바다를 지켰다.

일본과의 첫 전투, 해법은 어디서?

"장군, 신호가 올라왔습니다." 녹도만호(鹿島萬戶, 종4품) 정운(鄭運, 1543년~1592년)이 조용한 목소리로 이순신에게 보고했다.

"좋다. 이제야 왜군을 소탕할 때가 되었구나." 이순신은 날아오른 신호를 보고 있었다. 적을 발견한 사도첨사(蛇渡僉使, 종3품) 김완(金浣, 1546년~1607년)이 쏘아 올린 신기전(神機箭, 1448년 제작된 로켓 추진 화살)이었다.

"제군들! 지금부터는 가볍게 움직이지 말라. 태산과 같이 무겁고 침착하게 행동해야 한다!" 이순신은 짧지만 강한 어조로 군령을 내렸다. 1592년 음력 5월 7일(양력 6월 16일) 정오 무렵, 조선 수군은 대형 전투선인 판옥선板屋船 24척과 중형 전투선인 협선(挾船, 대형 전투함의 부속선으로 활용된 소형배) 15척, 그리고 소형 어선인 포작선(鮑作船, 바다에서 해물을 채취하는 사람들이 타는 배) 46척을 이끌고 옥포만玉浦灣으로 향했다.

"장군, 포구에 정박 중인 왜선이 보입니다. 명을 내려 주십시오!" 멀리 보이는 왜선은 조선 수군의 긴장감을 점차 올려놓고 있었다. 참모들은 왜군과 일전을 위한 명령을 기다렸다. 그들은 이날을 기다리며 모진 훈련을 참아왔다. 조선을 노략질한 왜군에게 그들의 참모습을 보여주고 싶었다. 참모들은 이순신의 명을 받기 위해 주위로 모였다.

"기다려라. 우리에게는 포가 있다. 적들은 조총으로 덤빌 것이다. 하지만 걱정하지 마라. 사거리가 다르다." 참모들은 장군이 이야기한 '사거리가 다르다'라는 말의 의미를 정확히 파악하지는 못했지만, 의심하지는 않았다. 이순신은 포구 안쪽에 정박 중인 왜군의 지휘선으로 눈길을 돌렸다. 조선해군을 발견한 왜군은 급히 전투선에 올라타고 있었고, 지휘관인 '도도 다카토라藤堂高虎'가 작전을 지휘하고 있었다. 그들은 다가오는 조선 수군을 감싸기 위해 동서로 포위망을 형성하며 포구를 출발했다.

"장군! 저들이 배를 돌려 이쪽으로 나오고 있습니다." 참모가 전장 상황을 이순신에게 알렸다.

"그들의 조총소리가 점점 가까워지고 있습니다." 참모는 걱정이 되었다. 일본 전투선은 조선의 판옥선보다 날렵하여 금방 눈앞까지 당도할 기세였다. 그들이 쏘는 조종 소리는 점점 가까워졌고 그 소리에 아군 일부 병사는 겁을 먹은 듯 보였다.

"이운용(李雲龍, 1562년~1610년), 지금부터 네가 선봉이다. 모든 화포를 왜선에게 집중시켜라. 적에게는 포가 없다. 걱정할 필요 없다. 적에게는 조총뿐이다. 조총 사거리는 우리 포의 3분의 1에도 못 미친다. 소리에 겁먹지 마라. 자! 가서 화포로 승부를 걸어라." 이순신은 확신에

찬 어조로 이운용에게 선봉장 임무를 맡겼다.

이운용은 함선을 이끌고 왜선으로 나아갔다. 왜선들은 더 맹렬히 조총을 쏘며 이운용의 함대로 다가왔지만, 소리만 요란할 뿐 탄환은 날아오지 않았다. 탄환은 함선 앞 먼 곳에 떨어질 뿐이었다. 이순신의 말대로 사거리가 짧았기 때문이다. 이순신은 그 틈을 놓치지 않았다.

"천자총통(天字銃筒, 조선시대 대형 총통 중에서 가장 큰 총통)을 쏴라."

"우현, 비격진천뢰(飛擊震天雷, 내부에 화약과 철조각이 장전된 폭탄)를 넣고 쏴라."

"좌현, 차대전(次大箭, 총통을 이용해 날리는 창살)을 장착하고 쏴라."

"이때다. 대장군전(大將軍箭, 천자총통 전용 미사일형 화살)을 넣어라. 쏴라!" 화포장은 심지에 불을 붙였다. '꽝'하는 소리와 함께 3m 길이의 대장군전이 하늘로 솟구쳤다. 1,200보를 날아가는 대장군전은 왜선을 강타하여 커다란 구멍을 냈다. 수류탄과 비슷한 '비격진천뢰'는 적의 배 가까이에서 터지며 왜군을 아비규환으로 몰고 갔다.

여기저기서 터져 나오는 비명에 왜군은 혼란에 휩싸였다. 연이어 날아드는 포탄은 배에 구멍을 냈다. 왜군은 혼란에 빠졌다. 아무리 조총을 쏘아도 소용이 없었다. 조선 함선 근처에도 가지 않았다. 왜군은 조총을 버리기 시작했다. 아무 쓸모없는 물건이었기 때문이다. 그들은 배를 버리고 육지로 달아났다. 연전연승에 취해 있던 왜군은 조선 해군을 제대로 파악하지 못했다.

"전 함대는 왜선을 향해 포를 쏴라." 격군(格軍, 노잡이)은 배의 속도를 유지하느라 바빴고, 화포장은 총통에 화약을 재고 쏘느라 더욱 바빠졌다. 옥포 앞바다에는 어느덧 부서진 왜선과 적군의 시체가 넘실거렸다. 왜선 50척 중 26척이 완전히 격침되었다. 일부 배는 전투의

와중에 지휘관을 태워 몰래 빠져나갔고, 배로 빠져나가지 못한 왜군은 육지로 달아났다. 조선 육군의 연일 계속되는 패전 소식 속에 이순신 장군의 승리는 아군에게 단비와 같았다. 조선 해군은 물러나는 왜군을 보며 하늘 높이 만세를 불렀다.

이순신 장군은 승리의 기쁨에 들뜬 병사들을 보았다. 그들의 환호성과 외침은 오랜만이었다. 참모는 아군의 피해가 부상자 한 명뿐이라는 전과를 보고했다. 놀라운 승리였다. 적을 완전히 박살내고도 아군의 피해는 전혀 없었기 때문이다. 숙영지로 돌아가는 길에 참모는 궁금했다.

"장군님, 궁금한 것이 있습니다."

"말해보아라."

"적을 화포만으로 제압하는 것이 적절하다는 것을 어떻게 아셨습니까?"

"전쟁에서 승리하기 위해서는 적과 나의 상황을 면밀히 검토해야 한다. 나는 이미 적의 무기와 아군의 무기, 적의 환경과 우리의 환경, 적의 장점과 아군의 장점을 서로 비교하고 분석해 두었다.

왜선은 전투를 목적으로 하기 보다는 빠른 이동을 목적으로 만들어졌다. 왜 그랬을까? 일본은 자국의 문제를 조선 침략으로 해결하려고 했었다. 일본의 내란 과정에서 군인이 많이 양성되었는데, 대부분 수군이 아닌 육군이었지. 일본 입장에서는 그 군인을 조선에 빨리 보내서 영토를 취하는 것이 승리의 관건이었기 때문에, 그들은 해전을 염두에 두지 않고 배를 만들었어. 배를 높고 가볍게 만든 것도 군인들을 조선에 빨리 보내기 위해서였다. 그들의 주무기가 조총인 것도 그래서다. 조총의 사거리가 100보 정도밖에 안 된다는 것은 미처 생각하지 못했을 거야.

반면 우리의 판옥선은 왜선에 비해 크고 높이가 높지. 배끼리의 전투를 염두에 두고 제작되었기 때문이야. 게다가 우리의 주 무기는 화포다. 화포는 포신인 총통에 무엇을 장착하느냐에 따라 여러 용도로 사용할 수 있게 제작된 대포야. 길고 무거운 창살 같은 대장군전은 1,000보를 날아가네. 그 무게와 속도로 적의 함선을 뚫어 버리는 거지. 구멍 뚫린 배는 점점 가라앉거든. 그 상황이면 적은 혼란에 빠지게 되지. 그때 근접전을 펼치며 화살을 퍼붓는 것이다. 화살은 150보를 가거든. 저들의 무기보다 우리의 무기가 더 멀리 나가는 것이지. 결국 우리는 이겨 놓은 전투를 확인하기 위해 여기로 온 것이라네."

이순신은 참모의 질문에 긴 대답을 하고서는, 승리의 기쁨을 나누는 병사들을 바라보았다가, 다시 참모에게 한마디를 더 했다.

"이것은 시작에 불과해. 적들의 끝은 더 참혹할 것이야. 시작은 그들이 했을지 몰라도 끝내는 것은 내가 결정할 것이라네." 이순신은 의미심장한 말을 내뱉고는 노를 젓는 격군이 있는 아래층으로 발걸음을 옮겼다.

이순신의 상황 분석, 그리고 그의 전략

이순신 장군이 참전한 최초의 전투 옥포해전玉浦海戰은 1592년 음력 5월 7일(양력 6월 16일), 경상도 거제현 옥포 앞바다에서 이순신이 지휘한 조선 수군이 일본 수군의 도도 다카토라의 함대를 무찌른 해전이다. 이순신의 말대로 이 해전은 승리를 확인하기 위한 전투였다. 임진왜란이 발발한 지 20일만의 첫 출전이었다. 그동안 이순신은 수군 진영에서 병사를 훈련시켰고 무기를 준비했다. 또한 왜군의 장단점을 분석했고 아군의 장점을 강화했다. 즉, 이순신은 20일동안 출전 시기를 견주고 있었다.

왜군과의 첫 번째 전투에 선상 전투는 없었다. 왜군은 바다를 건너왔지만 수군보다는 육군이 강했다. 준비한 배도 이동을 목적으로 만들었고 조총도 육지전 용도였다. 그들은 조선을 바다가 아닌 육지에서 결판 낼 생각이었다. 이순신 장군은 그러한 배경을 알고 있었다. 이순신은 왜군의 부족한 부분과 조선 수군의 강한 부분에서 답을 찾았다. 근접전은 불리했다. 멀리서 치는 방법만이 승리의 주요 요인이었다. 이순신은 '옥포해전' 외의 다른 전투에서도 비슷한 전략을 사용했는데, 그것은 왜군의 약점을 확실히 파악한 덕분이었다.

화력을 바탕으로 한 전투에서는 사거리가 긴 무기가 한 수 먹고 들어간다. 권투시합에서 팔이 긴 선수가 유리한 것처럼 말이다. 왜군에 대한 분석 결과 수군은 화력을 앞세워야 했다. 조총의 사거리는 화살보다 짧았고, 화포보다는 더욱 더 짧았다. 총통은 창작하는 무기에 따라 사거리를 달리 할 수 있는 유용한 무기였다. 1,200보나 날아가는 대장군전은 적의 심장을 멈추기에 충분했다.

이순신 장군은 23전 23승의 대기록을 이루었다. 무기 별 사거리, 전투선의 재질과 특징, 적의 침략 목적 등 종합적인 데이터를 기반으로 진행한 분석은 연전 연승의 밑거름이 되었다. 왜군의 군선인 세키부네는 속도를 높이기 위해 얇은 재질로 만들어졌고, 조선 수군의 판옥선은 강한 소나무 재질로 탄탄하게 건조되었다. 이것도 중요한 사실이었다. 조선의 배가 더욱 더 단단하니 그냥 부딪치기만 해도 적의 배는 부서질 것이 뻔했다.

옥포해전을 마친 그날 저녁, 왜군이 근처에 있다는 첩보가 들어왔다. 이순신은 쉬는 병사를 독려해 웅진 합포에 있던 적선 5척과 전투를 벌였다. 이 전투에서는 판옥선의 튼튼함을 무기로 왜선을 들이 받아 부수는 작전을 펼쳤다. 이순신은 쉽게 적을 장악하고는 숙영지로 돌아왔다. 이 전투만 봐도 그가 무기나 전투선 그리고 적군에 대한 데이터를 기반으로 미리 이길 수 있는 전략을 만들고 있었음을 알 수 있다. 이기는 자에게는 뭔가 다른 것이 있다. 그 다름의 중심에는 사실을 기반으로 준비된 데이터와 종합적인 환경 분석이 자리잡고 있었다.

조선 수군의 무기 분석

이순신은 총통을 이용한 원거리 전투를 주로 했다. 근접전에 강한 일본군을 이기는 방법은 총통으로 적의 전함을 멀리서 파괴하고 왜군의 기를 꺾는 것이었다. 일본 전함에 비해 덩치가 큰 판옥선은 많은 무기와 화약을 싣기에 유리했다. 총통은 대포에 해당한다. 여기에 탄환이나 미사일 모양의 무기를 장전하고 발사한다. 적에게 날아간 미사일과 포탄은 배에 구멍을 뚫거나 폭발하면서 적에게 피해를 입히는 전투 방식이다.

다음 표는 당시 사용된 주요 화포의 제원과 장착될 무기의 사거리 데이터다. 조총이나 화살에 비하면 상당히 먼 거리를 날아갈 수 있다. 현재는 다 보물로 지정 관리 되고 있다. 이에 반해서 왜군이 들고 온 무기는 사거리 100보에 지나지 않는 조총이었다. 이는 화살이 날아가는 150보에 비하면 3분의 2 수준이다.

화포	길이	화살	사거리	기타
천자총통 (天字銃筒)	총 길이 1.31m포구 지름 12.8cm	대장군전 (大將軍箭)	1,200보 (1.44Km)	보물 제647호
지자총통 (地字銃筒)	총 길이 89.5cm구경 15.3cm	장군전 (將軍箭)	800보 (0.96Km)	보물 제862호
현자총통 (玄字銃筒)	길이 75.8cm총 구경 6.5cm	차대전 (次大箭)	800보 (0.96Km)	보물 제1233호
황자총통 (黃字銃筒)	길이 50.4cm총 구경 4.0cm	피령차중전 (皮翎次中箭)	1,100보 (1.32Km)	보물 제886호

▲ 조선화포 무기 제원

전투선 비교 분석

판옥선은 임진왜란 2년 차인 1593년의 보유량이 약 200여 척에 육박했을 정도로 대량으로 운용되었다. 전체 조선 수군 전력에서 판옥선이 차지하는 위상은 절대적이었다. 판옥선은 조선 전기의 주력 군함이었던 '맹선'에 갑판 한 층을 더해 3층으로 제작되었다. 1층 주 갑판은 포판 용도였고 그 위에 '상장'이라 부르는 2층 갑판을 두어 지휘소로 사용했다. 포판 아래는 격군格軍이 노를 젓는 곳과 탄약과 무기를 보관하는 곳, 그리고 휴식을 취하는 선실로 구성되었다.

판옥선은 조선의 바다에 적합하도록 만들어졌으며, 특히 화력전과 당파에 적합했다. 길이가 20~30m로 일본 전함보다 길었고, 선체도 높아서 일본군의 특기인 배에 기어올라 전투하는 방식을 무력화시키는 효과도 있었다. 일본군은 칼과 창으로 싸우는 근접전이 특기였으나, 조선은 화포와 활 등 원거리 무기를 사용하는 전투 방식이 특징으로, 판옥선은 이에 걸맞는 전투선이었다.

판옥선은 소나무로 만들어졌으나, 배 앞부분은 강도가 아주 높은 상수리나무나 졸참나무와 같은 참나무 계통을 사용했다. 덕분에 상대편 배를 부딪쳐서 부수는 작전에 당파撞破와 같은 작전에 유리했다. 이순신은 당파의 위력을 확인하기 위해 배로 밀어붙이는 작전으로 합포 해전을 마무리 지었다. 왜선은 '우지끈' 하는 소리와 함께 두 쪽이 나서 바다로 가라앉았다. 이 일로 아군의 사기는 한 층 더 올랐다. 이후 당파는 해전 곳곳에 활용되었다. 판옥선의 배 밑바닥은 편평한 구조였다. 때문에 물 아래로 덜 잠기지만 저항이 커서 속도가 느렸다. 하지만 우리나라의 지형에서는 이것이 오히려 장점이었다. 밀물과 썰물이 많고 암초가 많은 바다 지형 때문이다.

당시 일본 군함은 '아다케, 세키부네, 고바야'의 세 종류가 사용되었다. 제일 큰 배는 아다케였고 주로 장군이 타며 지휘부로 활용했다. 고바야는 30명 정도 탈 수 있는 소형 배로서 이동할 때 사용되었다. 임진왜란 초반에 집중적으로 벌어진 해전에서 주로 활약한 배는 세키부네關船였다.

세키부네는 삼나무나 전나무를 재료로 해서 매우 얇은 판재로 제작되었다. 배 밑바닥은 뾰족한 평저선 형태를 가지고 있어서 조수 간만의 차가 심한 우리나라 해안에서는 많이 불리했다. 규격을 보면 길이도, 높이도 판옥선에 비해 작았다. 이순신은 왜군과 아군 배의 특징을 확연히 이해하고 전투에 임했다. 현지를 살피고 현물을 조사한 축적된 데이터 분석의 결과다.

명량대첩, 조류의 흐름을 이용하다

영화 '명량'에는 명량대첩의 생생한 전투 장면이 나온다. 감독이 재해석한 것일 수도 있지만, 이순신은 주변 환경의 데이터를 적극 활용할 줄 알았던 인물이다. 명량대첩은 울돌목(명량해협鳴梁海峽이라고도 함. 전라남도 해남군 문내면 학동리의 화원반도와 진도군 군내면 녹진리 사이의 있는 해협)이라는 특수 지형 속에 적선의 배치와 재질을 염두에 둔 전투였다. 이순신이 삼군수군통제사로 복귀했던 당시, 13척의 함선으로 200척(유성룡의 『징비록』 기준)의 적과 싸워야 했다. 그는 전투에서 이기기 위해 명량해협에 위치한 울돌목을 골랐다. 왜 울돌목이었을까?

여기에는 지형에 대한 데이터가 큰 역할을 했다. 울돌목은 깊이가 평균 2m, 길이가 1.5km에 폭이 500m인 해협이다. 폭 500m 중 양쪽 가장자리 50m는 수심이 낮아서 전함의 접근이 어렵다. 특히 왜선은 배 하단이 뾰족하기 때문에 바닥에 닿을 수 있다. 이를 고려하면 항해가 가능한 폭은 400m로 좁아진다. 게다가 울돌목 지역은 해협 중간에 위치해 있어 바위에 턱이 많다. 이 근처라면 왜선은 50m 정도도 접근하기 힘들다. 이제 항해가 가능한 폭은 300m로 줄어든다. 양쪽 90m 지점에는 수심 1m 깊이에 바위 턱이 자리잡고 있어서 배가 좌초될 수 있다. 여기까지 고려하면 항해 가능한 폭은 120m로 줄어든다. 결국 폭이 500m이지만 결전은 120m 폭에서 치뤄야 했다. 함대가 분리될 수 밖에 없고, 분리되다 보면 결국 이순신의 대장선과 접전을 할 배의 숫자는 대폭 줄게 된다.

기상 데이터도 요긴하게 활용되었다. 주변에 사는 원주민이 설명한 울돌목 근처의 조류 특징에 대한 정보가 승리를 결정하는 중요한 요소가 되었다. 조류는 음력 9월 중순을 기준으로 밀물과 썰물이 6시간 단위로 바뀐다고 했다. 물살의 변화, 이것은 좋은 정보였다. 이순신은 이러한 해협의 특징과 물살의 변화를 이해하고 전략을 수립했다. 명량의 접전이 있던 날 새벽, 물살은 일본에 유리하게 작용하였지만 11시가 되면서 물살은 조선 해군에게 유리하게 바뀌었다. 다음은 물살의 변화를 당시 상황에 비추어 적어 본 것이다(https://bit.ly/2PMR7Zq 참조).

- 오전 6시 30분, 서북방향 썰물 발생, 왜군이 어란진에서 명량까지 쉽게 도착했다.
- 오전 11시, 이순신의 대장선과 왜군의 단독 접전 발생, 여전히 물살은 밀물로 왜군에게 유리했다.
- 오전 12시 21분, 물살이 동남방향의 썰물로 바뀌었다. 밀물이 썰물로 바뀌며 왜군의 배는 우왕좌왕했고, 대장선은 물길을 제대로 탔다. 역전의 시간이다.
- 후방에 있던 남은 12척의 배가 합류하며 왜선을 공격하여 대승리. 물살은 썰물로 아군에게 유리하게 작용하고 있었다.

200여 척의 전투선을 몰고 온 왜군은 130척을 4개의 군단으로 나누어 명량해협으로 들여보냈고, 70척은 후방에 대기시켰다. 이순신은 울돌목에서 포를 쏘며 다가오는 적을 막았다. 뒤에 빠져 있던 아군의 배들도 전세가 전환되자 배를 앞으로 내세우며 전투에 참가했다. 그즈음 물의 방향이 바뀌었다. 아군 쪽으로 흐르던 조류가 왜군 쪽으로 세차게 흘러갔다. 밀집되어 있던 왜군의 전함은 서로 부딪히며 부서지기 시작했고, 조선 수군은 그 틈에 화력을 집중시키거나 판옥선으로 왜선을 부수었다. 이순신은 화포 공격과 당파 작전을 병행한 덕분에 왜선 200여 척을 무수히 격침시켰다. 단 13척의 배로 이룬 대승이었다.

손자병법(孫子兵法, 고대 중국의 병법서)에 '지피지기知彼知己면 백전불태百戰不殆'라는 말이 있다. 이순신은 아군의 군사력뿐만 아니라 주변 지형까지도 같이 계산에 넣은 치밀한 지휘관이었다. 전투는 인간의 생명을 담보로 한 싸움이다. 주변에 널려 있는 상황 하나하나 허투루 볼 일은 아니다. 병사의 수, 무기의 종류와 제원, 지형, 지물 그리고 조수간만 같은 주변 환경까지 전방위로 고려해야 한다. 인천상륙작전 수행당시 9월 15일을 D-Day로 정했던 이유도, 미 공군 기상대의 기상예보 분석에 따른 결과였다. 그날이 조수간만의 차가 가장 적은 날이 될 것이란 예측이 있었기 때문이다. 허투루 다룰 정보는 없다. 종합적인 분석과 데이터를 기반으로 한 판단이 전쟁에서 승리를 가져올 수 있는 밑거름이 된다.

참고자료

1. 주력함선 판옥선

   http://yi-sunsin.gyeongnam.go.kr/03ship/03_01_01.jsp

2. 이순신, 조선의 바다를 지켜내다

   http://bit.ly/2Ao4n1r

3. 천자총통 (위키백과)

   https://ko.wikipedia.org/wiki/천자총통

4. 천자총통 (한국민족문화대백과)

   http://bit.ly/2AljWH9

5. 지자총통 (한국민족문화대백과)

   http://bit.ly/2AlGwiO

6. 현자총통 (한국민족문화대백과)

   http://bit.ly/2AlPfl2

7. 황자총통 (한국민족문화대백과)

   http://bit.ly/2Am7iY8

8. 비격진천뢰

   https://ko.wikipedia.org/wiki/비격진천뢰

9. 보 (步, 한국민족문화대백과사전)

   http://bit.ly/2AlkNYn

10. 명량해전 당일 울돌목 조류.조석 재현을 통한 해전 전개 재해석 (국립해양조사원,

    2011) https://bit.ly/2q1MtLP

11. 명량대첩 때 울돌목 조류 비밀 풀렸다 (동아사이언스, 2010. 10. 22)

    https://bit.ly/2PMR7Zq

12. 기상예보의 힘! 인천상륙작전을 성공시키다 (기상청 블로그, 2016. 9. 16)

https://bit.ly/2AmctYr

13. 옥포해전 (위피백과)

https://ko.wikipedia.org/wiki/옥포_해전

14. 포작선 (위키백과)

https://ko.dict.naver.com/seo.nhn?id=40658900

15. 이운용 (위키백과)

https://ko.wikipedia.org/wiki/이운룡

16. 명량해전 (위키백과)

https://ko.wikipedia.org/wiki/명량 해전

17. 거북선 (위키백과)

https://ko.wikipedia.org/wiki/거북선

18. 울돌목 (위키백과)

https://ko.wikipedia.org/wiki/명량해협

19. 손자병법 (위키백과)

https://ko.wikipedia.org/wiki/손자병법

20. 3불 전략 (가디언, 2010), 이병주 지음

21. 쓰시마섬 (위키백과)

https://ko.wikipedia.org/wiki/쓰시마섬

새로운 항해길, 해양 일지 속 낙서에서 데이터를 만나다

1850년경 미국 모 항구. 매튜 폰테인 모리(Matthew Fontaine Maury, 1806년~1873년, 미국 해군장교, 해양학자) 중령은 여느 때와 같이 항구 주변을 산책하고 있었다. 지난밤 내린 폭우와 천둥 번개에도 불구하고 배들은 안전하게 정박되어 있었다. 비가 온 다음이면 맑은 하늘과 바다 내음이 물씬 담긴 바람을 느낄 수 있었다. 머리 위에서 갈매기의 울음소리가 들렸다. 갈매기는 언제나 위협적일 만큼 낮게 날았다. 강해 보이는 부리는 나무 판자도 뚫어버릴 것 같았고, 두툼한 날개는 사람을 덮칠 듯 강해 보였다. 한 가지 다행인 점이 있다면, 갈매기는 인간을 공격하지 않는다는 점이다. 중령은 호주머니에 손을 넣고 옥수수 알갱이를 만지작거렸다. 갈매기에게 먹이로 뿌릴 생각이었다.

"모리 중령님!" 그때였다. 누군가의 부름에 고개를 돌렸다. 저만치에서 손을 흔들고 있는 사람이 보였다. 윌리엄 헨리 해리슨 선장이었다. 중령의 얼굴에 미소가 번졌다. 중령이 환한 미소로 손을 흔드는 사이, 선장은 빠른 걸음으로 다가왔다. 선장이 악수를 청하자, 중령은 호주머니 속에 넣고 있던 손을 빼고 악수를 했다.

"중령님, 안녕하세요. 오랫만입니다. 그간 잘 지내셨습니까? 항해 일지를 가지고 왔습니다." 선장은 밝은 미소를 지으며 중령에게 두툼한 노트를 내밀었다.

"고맙습니다. 잘 사용하겠습니다. 지난 번에 드린 항해 지도는 도움이 되셨나요?" 중령은 선장이 건넨 노트를 받으며 대답을 했다.

"정말 큰 도움이 되었습니다. 항해 거리가 3분의 1로 줄어든 덕분에 사고도 줄었고, 경비도 많이 절약되었습니다."

"정말입니까? 그 지도가 그렇게 잘 활용되었다니 정말 좋은데요." 중령은 선장의 말에 기분이 좋아졌다. 그는 선장이 건네준 항해 일지를 보면서 말을 이었다.

"이 항해 일지도 잘 사용하겠습니다. 선장님들이 건네주신 항해 일지 덕분에 항해지도 보강 작업이 잘 되고 있거든요." 중령은 항해 일지를 흔들어 보이며 고마움을 표시했다.

"별말씀을요. 그런데 중령님, 궁금한 것이 있습니다."

"예, 무엇이 궁금하신가요?"

"이번에 중령님이 주신 항해 지도를 사용해보고 들었던 궁금증입니다. 중령님은 항해를 별로 안 해 보셨을 텐데 어떻게 바닷길을 그리 잘 알고 이렇게 정확한 지도를 만드신 겁니까?" 선장은 중령이 젊은 시절 사고로 인해 항해를 많이 해보지 못했다는 것을 알고 있었다.

"사실 쉽지 않은 작업이었습니다. 뭐든 그냥 뚝딱 나오는 것은 없죠. 지도를 만들기 시작한 건, 아주 오래 전의 일입니다."

중령은 지난 시절을 회상하느라 잠시 바다 너머를 쳐다보았다. 선장은 중령의 시선을 따라 바다 어딘가를 쳐다보며 다음 이야기를 기다렸다.

"항해사 시절, 저는 항구에 자주 나갔습니다. 배들은 지금처럼 저마다 항구를 출발해 바다로 나갔고, 바다에는 항해 중인 배들이 떠 있었습니다. 그런데 어느 날 이상한 점이 눈에 뜨였습니다. 항구를 출발한 배들이 곧장 앞으로 나아가는 것이 아니라, 어느 지점에서 지그재그로 움직였죠. 정말 이상했습니다. 그냥 쭉 앞으로 나가면 될 텐데 왜 방향을 꺾는지 궁금했습니다.

결국 아는 선장님에게 왜 배들이 그렇게 움직이는지 물어봤습니다. 그분이 말씀하시길, 그들의 아버지 그리고 할아버지 때부터 그렇게 다녔기 때문에 자신들도 그렇게 다니는 것이라고 하더군요. 다른 뱃길은 위험하다고 알려졌기 때문에 안 가는 것이라는 거죠. 이상했습니다. '왜 그래야만 하는 거지? 거기에 무엇이 있길래? 위험하다는 건 어떤 거지? 정말 위험한 건가? 뱃사람의 허풍을 다들 믿고 있는 건 아닌가?' 그 길이 위험하다는 건 누가, 어떻게 알았을까? 그런 생각이 들면서 의심이 생겼습니다."

중령의 이야기를 들은 선장은 고개를 끄덕이며 맞장구를 쳤다. "맞습니다. 우리 뱃사람은 가던 길만 가죠. 다들 그렇게 하거든요. 혹 다른 길로 항해하다 사고라도 나면 손해도 손해이지만, 창피하거든요." 선장은 민망하다는 듯 어깨를 으쓱였다. 선장의 그런 모습을 본 중령은 미소를 지으며 이야기를 이어나갔다.

"그러다 몇 년 전, 해군 병참기지로 배치를 받았습니다. 그곳에서 처음 맡은 임무가 창고에 있는 물품의 목록을 작성하는 것이었습니다. 저는 먼저 창고에는 어떤 것이 있는지 확인하기 위해 여기저기 둘러보았습니다. 거기에는 정리가 안 된 오래된 물품이 쌓여 있었습니다. 그래서 둘러보는 정도로 끝내지 않고 곳곳을 뒤졌더니 훨씬 더 많은 물건이 나왔습니다. '항해서, 지도, 해도 그리고 옛날 해군 함장들이 쓴 항해 일지' 같은 물건이 쏟아져 나왔죠. 그걸 보자 호기심이 생겼습니다.

정리는 잠깐 미루고 내용을 살펴보기 시작했습니다. 지도를 펼쳐보고, 해도를 살펴보고, 항해 일지도 뒤적거리며 읽어보았습니다. 공통적으로 낙서 같은 기록들이 많이 있었습니다. 그런데 그 낙서에 제가 그동안 궁금해하던 것을 풀어줄 실마리가 있었습니다. 바로 배들이 피해서 돌아가던 길에 대한 기록, 즉 데이터가 있었죠." 모리 중령은 여기서 이야기를 잠시 멈추었다. 그때의 흥분이 살아나면서 손에 땀이 배었기 때문이다. 쓰레기처럼 쌓인 서류와 지도 더미에서 보물과 같은 낙서를 만났던 그 날의 놀라운 경험은 잊을 수 없는 것이었다.

"지도에 적혀 있던 낙서에는 날짜가 있었고, 그 날짜에 해당하는 바다 상태도 적혀 있었습니다. 파도의 높이, 바람의 세기, 기온 등 그 당시 바다에 대한 전반적인 정보가 곳곳에 적혀 있었죠. 항해 일지에도 동일한 내용이 적혀 있었습니다. 다른 지도와 항해 일지도 뒤졌죠. 마찬가지였습니다. 같은 내용이 낙서처럼 적혀 있었습니다. 저는 흥분했습니다. 저에게는 보물 같은 내용이었죠. 저는 상부에 보고했고 지원을 받았습니다. 지원 나온 사람들에게는 낙서처럼 적혀 있는 내용을 한 군데에 옮겨 적도록 했죠.

옮겨 적은 내용은 다시 표로 만들었습니다. 표 모양이 그런 데이터를 다루거나 이해하기 좋기 때문이죠. 그렇게 해서 선장님들의 낙서가 귀중한 데이터로 재탄생하게 된 겁니다." 중령의 설명은 선장에게도 영향을 주고 있었다. 선장은 중령의 이야기를 자신의 경험에 빗대어 듣고 있다가 맞장구를 쳤다.

"오호라, 힘든 작업이었겠군요. 어쩐지, 쉽게 얻을 수 없는 정보가 지도에 담겨 있더라니. 중령님의 노력 덕분에 저희가 이런 귀한 지도를 얻을 수 있었네요. 그나저나 낙서 속에 그런 중요한 데이터가 있는 줄 누가 알았겠습니까? 중령님쯤 되니까 그 먼지 구덩이에서 귀한 보물을 낚아 올린 거죠. 정말 대단하십니다." 선장의 칭찬에 중령도 덩달아 기분이 좋아졌다. 중령은 미소를 지은 채 이야기를 계속했다.

"당시 저희는 거기에 기록된 수많은 자료를 뒤지며 낙서를 데이터로 바꾸는 작업을 계속했습니다. 데이터가 점점 쌓이다 보니 패턴이 보이기 시작했습니다. 그 패턴을 확인하고 싶어서 위도와 경도를 5도 간격으로 구역을 나누었습니다. 낙서에 좌표가 같이 있었거든요. 각 구역마다 데이터를 옮겨 적은 다음 그걸 분석했습니다. 바다 상태가 계절별로 변하고 있더군요. 바다가 계절별로 다른 양상을 보인다는 사실은 감으로만 알고 있었거든요. 데이터로 확인한 건 그때가 처음입니다.

우리는 5도 단위의 구역을 12개월 단위로 나눠 데이터를 재구성했습니다. 그렇게 월별로 항해하기 좋은 경로를 찾았죠. 선장님, 이번에 가져가신 지도 덕에 항해 시간이 많이 줄었을 겁니다. 그 지도는 이렇게 만들어진 겁니다." 중령은 선장에게 새로운 항해 지도의 제작 과정을 설명했다. 쉬운 작업이 아니었다. 많은 시간이 필요했고, 정리와 분석은 물론 결과를 해석하는 과정 또한 힘든 작업이었다.

"구슬이 서 말이어도 꿰어야 보배."라고 한다. 이 말은 데이터에도 적용된다. 세상에는 단편적인 지식들이 많다. 어머니의 이야기에도,

친구나 선배와의 대화에도 담겨 있다. 이러한 단편적인 지식을 모으고 재구성하면 유용하게 쓰일 것이다. 하지만 이를 위해 나서는 사람은 드물다. 왜 그럴까? 필요성에 대한 인식의 차이다. 모리는 항상 바닷길에 대한 의문을 품고 있었고 필요성을 느꼈다. 그러한 의문이 낙서에서 보물을 보게 한 것이고, 그 보물을 데이터로 바꾸어 새로운 지도를 만들게 한 것이다.

모리 중령이 지도를 만들 수 있었던 또 다른 요인은 누군가의 사소한 노력이다. 모리는 남들이 쉽게 지나칠 수 있는 낡은 자료 속에서 보물을 건졌다. 그렇게 모리 중령이 병참 기지에서 발견한 항해 일지의 낙서는 집단 지성이 되어 돌아왔다. 모리 중령에게 이 낙서가 없었다면 새로운 해양 지도는 탄생하지 못했을 것이다. 모리 중령의 노력으로 항해는 보다 더 안전해졌다.

"저희는 전혀 몰랐습니다. 그냥 누군가 만들었겠거니 했죠. 정말 고생 많으셨습니다. 힘도 많이 드셨겠군요. 저야 중령님 덕분에 시간도 절약하고 돈도 벌어서 너무 좋습니다. 그런데 선장님, 궁금한 게 하나 더 있습니다. 제가 작성한 항해 일지는 왜 필요하신 건가요?" 선장은 중령의 손에 들린 자신의 항해 일지를 가리켰다. 일지를 가지고 오는 동안 '이게 왜 필요하지?'란 의문이 계속 들었다. 중령이 소속된 해군에도 정보가 많을 텐데 굳이 자신의 항해 일지가 필요한 이유가 무엇인지 궁금했던 것이다.

"그게 궁금하셨던 거군요. 선장님의 항해 일지도 지도의 데이터가 됩니다. 선장님 외에도 많은 분들께 항상 항해 일지를 받고 있죠. 저희는 항해 일지에 담긴 내용을 분석해서 지도에 추가할 데이터를 고르고 옮기는 작업을 합니다. 선장님 같은 분들 덕분에 지도가 점점 더 정교해지고 있죠."

선장은 그동안 일지를 대충 적었던 자신을 떠올렸다. '음, 이제는 항해 일지를 좀 더 자세히 적어야겠군.' 선장은 자신이 적은 내용이 지도의 데이터가 되고, 정교한 지도의 기초가 된다는 사실에 책임감을 느꼈다. 세상에는 돌고 도는 것이 많다. 지도도 그랬다. 모리 중령에게서 받은 지도를 기반으로 항해를 하고 일지를 적는다. 그렇게 작성된 항해 일지는 모리중령에게 보내져 새로운 지도를 만드는 재료로 활용된다. 그렇게 항해 일지와 지도는 서로가 서로를 보완해주고 있었다.

모리 중령의 초기 해양지도는 그렇게 지속적으로 버전업^{Version Up}되어 갔다. 항해일지와 같은 새로운 데이터가 지속적으로 반영될 수 있는 환경이 있었기에 가능한 것이었다.

매튜 모리, 오래된 서류에서 데이터를 뽑아내다

매튜 폰테인 모리는 해군 장교로서 임무를 수행하던 중 사고를 당했다. 3년간 회복 치료를 받았으나 다리를 절게 되었다. 해군은 그에게 항해가 불가능하다는 판정을 내린 후 해도와 장비를 관리하는 병참기지로 발령을 냈다. 병참기지에서 따분한 일과를 보내던 어느 날, 그는 서류 정리 임무를 받게 되었다. 목록 작성을 위해 창고를 뒤지던 그의 눈에 들어온 것은 오래된 항해서와 지도, 해도^{海圖}를 비롯한 함장들의 항해 일지였다. 지도에는 날짜와 그날의 바람 세기, 파도 높이 같은 잡다한 내용이 적혀 있었다. 항해 일지에도 비슷한 내용들이 있었다. 모리는 창고 안의 각종 자료에 적혀 있는 낙서를 보면서 항해 시절에 품었던 의문이 떠 올랐다.

'왜 항해를 시작하는 배들은 곧장 직진하지 않고 지그재그로 가는 거지?' 주변으로부터 들은 답은 '예전부터 그렇게 해 왔기 때문'이었다. 그는 그 답에 의문을 가졌다. '꼭 그래야 하나, 다른 길은 없는 것인가?' 자신을 향한 질문은 그에게 화두가 되었다. 그의 손에 들린 해도와 항해 일지는 그 화두에 대한 실마리를 제공하는 보물이 되었다. 일반 사람의 눈에는 그냥 낙서였을 것이, 그의 눈에는 귀한 데이터였던 것이다. 바닷길에 대해 항상 고민해 온 그였기에 낙서의 가치를 알아본 것이다.

모리 중령은 이 사실과 자료의 가치에 대해서 상부에 보고하고, 작업에 참여할 인력을 지원받았다. 그는 그들과 함께 항해 일지와 지도 등 창고에 있는 서류를 정리했다. 서류 곳곳에는 경도와 위도를 적은 위치 데이터와 날씨, 파도 높이 같은 데이터가 적혀 있었다. 그는 이 데이터들을 어떻게 처리할지 고민했다. 단순히 데이터만 모은다고 되는 것은 아니었다. '정리된 데이터를 어떻게 활용해야 안전한 항해 지도를 만들 수 있을까?' 그는 위치와 날짜 그리고 상태에 주목했다. 먼저 위도와 경도를 5°단위로 나누었다. 하지만 그

▲ 매튜 모리의 책 『The Physical Geography of the Sea』에 수록된 'Plate V. PILOT SHEET'. 우측에 110-, 115- 등 5- 단위로 구역을 설정 후 12개월로 나눠 월(Dec~Nov)을 배치했고, 하단에는 20- N, 15- N, 10- N등 5- 단위로 구역을 설정한 후 북~북북서 풍향 순으로 분류했다. 각 칸에는 바람의 강도를 기록해 월별 변화를 알 수 있도록 했다.

구역의 바다 상태는 늘 바뀌었다. 계절이나 시기마다 항상 달라졌다.

결국 모리는 5˚ 단위로 나눈 칸을 12개월로 다시 나누었다. 각 칸에는 바다의 바람의 강도를 풍향별로 기록했다. 시기별, 풍향별 바람의 강도를 표로 만든 것이다. 항해자들은 그 표를 보고 바람의 강도와 무풍 지대를 인지할 수 있었다. 안전한 바닷길을 쉽게 찾을 수 있게 된 것이다. 이렇게 해서 만들어진 지도를 당시에는 '모리의 바닷길'이라고 불렀다. 컴퓨터가 없던 시절에 일일이 손으로 작성한 것이라 오류도 있었겠지만, 이것이 최선의 방법이었다.

모리의 지도가 유명해진 사건이 있었다. 모 상선이 모리의 지도를 기반으로 발티모어에서 브라질 리오데자이로까지 항해를 했다. 왕복에 110일 걸렸던 항해가 35일이나 단축되었고, 그 배는 75일 만에 돌아왔다. 이 사실이 알려지자 지도의 수요가 폭발적으로 늘어나게 되었다.

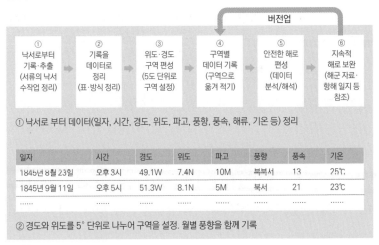

① 낙서로 부터 데이터(일자, 시간, 경도, 위도, 파고, 풍향, 풍속, 해류, 기온 등) 정리

일자	시간	경도	위도	파고	풍향	풍속	기온
1845년 8월 23일	오후 3시	49.1W	7.4N	10M	북북서	13	25℃
1845년 9월 11일	오후 5시	51.3W	8.1N	5M	북서	21	23℃
……	……	……	……	……	……	……	……

② 경도와 위도를 5˚ 단위로 나누어 구역을 설정. 월별 풍향을 함께 기록

▲ 모리의 지도 제작 순서

해류 측정을 위한 모리의 데이터 수집 방법

세상은 변한다. 날씨도 변하고 바다 상태도 변한다. 이런 변화를 실시간으로 확인할 수 없던 시절, 모리는 새로운 데이터 수집을 위한 방법을 고민한 끝에 각 상선에 도움을 요청했다. 그들에게 해도를 제공하면서 데이터 수집을 위한 동일한 기준의 양식을 제공했다. 그것은 바다 상태에 대한 기록으로 항로, 위치(위도, 경도), 항속, 바람(풍향, 풍속), 파도(파고, 파랑, 너울 방향), 기압, 온도(기온, 수온)와 같은 내용이었다. 끊임없이 변화하는 바다에 관한 데이터를 지속적으로 수집하기 위한 것이었으며 상선들은 모리가 원하는 데이터를 잘 제공해주었다.

이후 데이터가 점차 쌓이면서 지도는 점점 정밀해졌다. 그래도 아쉬운 것이 있었다. 바다 표면에 해당하는 날씨와 파도 높이와 속도 등은 수집이 되었지만, 바닷물이 어디로 흘러가고 있는지에 대한 내용은 파악할 수 없었다. 해류의 변화를 알 수 있다면 바다 상태의 변화를 제대로 감지할 수 있고 더욱 더 안전한 지도를 만들 수 있었다. 그는 해류의 변화를 알고 싶었다.

어느 날 모리는 해류 측정을 할 수 있는 아주 좋은 방법을 떠올렸다. 물에 뜨는 물건을 바다에 던지면 그 물건은 해류를 따라 이동한다. 예를 들어 물건이 A 지점에서 B 지점으로 움직일 경우 A 지점의 날짜와 위치, 그리고 B 지점의 날짜와 위치를 알면 이동 거리와 시간이 나온다. 그 값을 이용하면 해류의 속도와 방향을 알 수 있다. 그는 이 원리를 이용했다.

모리는 출항하는 배들에게 적당한 위치를 잡아 날짜와 위치 그리고 날씨를 적은 종이를 병에 넣어 바다에 던지게 했다. 그리고 이 병을 발

견한 배는 발견한 장소와 날짜를 기록해서 모리에게 보냈다. 모리는
이 병 속에 있는 메모를 데이터화했다. 이 데이터는 해류의 이동 경로
와 속도에 대한 더욱 더 자세한 정보를 제공해주었다. 해류를 측정하
는 정밀한 장치가 없던 시기에, 인간의 지혜로 생각해 낸 방법이다. 이
가 없으면 잇몸으로 먹는다고 했던가? 고민하면 방법을 찾을 수 있기
마련이다.

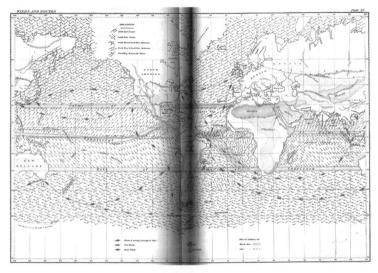

▲ 모리의 'The Winds (1858)'. 바람의 흐름을 도식적으로 표현했다.
　출처: https://dabrownstein.com/

　모리는 이와 같은 방법으로 바다 데이터를 모았다. 데이터가 많아
지고 수집 속도가 빨라지면서 더욱 자세하고 안전한 지도가 만들어졌
다. 이로써 바다는 이전보다 안전하고 편해졌으며, 항해 시간 또한 단
축되었다.

　수집한 데이터를 어떻게 활용할 것인가? 그것은 목적에 따라 달라
진다. IT 기술 중 '매시업^{Mashup}'이라는 서비스가 있다. 웹으로 제공되

는 서비스나 정보를 연동하여 복합적인 서비스를 만드는 기술이다. 예를 들어, 구글 지도 위에 부동산 위치와 매물 정보를 표시하거나 주유소 위치와 유종별 가격을 표시하는 데 적용된다. 텍스트로만 제공되던 정보를 지도에 표시하여 가시적인 효과를 높이는 것이다.

모리도 지도를 5 °단위로 나누어 바람의 방향과 강도를 부가적으로 표기했다. 이는 매시업과 동일한 방식이다. 모리는 지도의 데이터를 분석하여 가장 안전한 항해길을 찾았다. 낙서에 불과했던 기록이 지도와 결합되면서 부가적인 정보가 된 것이다.

바다는 인간에게 있어서 여전히 미지의 영역이다. 예전부터 바다와 관련된 전설과 신화가 많은 것도 이 때문일 것이다. 미지의 영역에서 마주한 위험한 이야기는 속설과 결합되고 많이 회자되면서 과장되고 포장된다. 하지만 그 위험한 이야기 속의 장소에 가 본 사람은 있었다. 창고에서 발견된 지도를 보면 알 수 있다. 낙서를 한 사람들이 바로 그 사람이기 때문이다.

그런 낙서가 없었다면 혹은 그 낙서가 데이터로 활용되지 않았다면 우리는 아직도 먼 곳을 돌고 있을지도 모른다. 한 사람의 위대한 결과물에는 보이지 않는 많은 사람의 작은 노력이 담겨있다. 그런 의미에서 개인들의 작은 기록은 데이터로 바라보는 측면에서 귀한 자원이 되는 것이다.

참고자료

1. 해양문화 (해양교육포털)

   http://bit.ly/2CysXOF

2. Matthew Fontaine Maury (World News)

   https://wn.com/matthew_maury/author

3. 지도 박물관 (웅진지식하우스, 2007), 존 클라크 지음, 김성은 역

4. The Physical Geography of the Sea, Harper & Brothers (1858), Matthew

   Fontaine Maury

5. The Winds (1858), Maury

   https://dabrownstein.com/category/us-coastal-survey/

6. Points of the compass (위키백과)

   https://en.wikipedia.org/wiki/Points_of_the_compass

7. 매시업 (위키백과)

   https://ko.wikipedia.org/wiki/매시업_(웹_개발)

지도, 시간과 지형을 품은 데이터

"하늘도 무심하지, 도대체 며칠째 비가 오는 거야." 객주에서 며칠째 기거 중인 손님이 얼굴을 내밀고는 하늘을 원망하고 있었다.

"왜 그러나. 비가 무슨 잘못이라고?" 옆방에 묵던 나그네가 문을 열고 나와 옆방 손님에게 말을 건넸다. 나이도 비슷했지만 같은 나그네 처지인지라 말을 살짝 낮추었다.

"내가 이 주막에서 비를 피한지 벌써 보름째요. 오늘은 배가 떠난다기에 기다렸는데, 비가 저리 많이 오니 배가 뜨기는 다 글렀지 뭔가."

나그네는 손님의 한탄에 고개를 끄덕였다. "배가 뜨기엔 비가 너무 많이 오는구려. 근데 배 타고 어디를 가시게?"

"어디긴. 저기 우산도(于山島, 동해에 있는 섬, 여기서는 독도를 의미함)에 가려고 하는 거지. 거, 울릉도에서 200리 길이라고 하던데, 가 본적이 없어서 이 참에 가보려고 왔더니만……"

"아니, 거긴 왜 가는가?"

"아! 난 지도장이라오. 조선팔도 안 돌아다닌 곳 없이 다니며 여기이 지도에 넣었는데, 거기만 못 가봤지 뭔가. 울릉도에는 몇 번 가봤지만, 이상하게 거기만 가려고 하면 이렇게 일이 꼬이네." 나그네는 객주 손님의 푸념을 듣고 나서야 그의 손에 들린 지도를 발견했다.

"자네 손에 들려 있는 것도 그럼 지도인가? 소문을 듣자 하니 고산자(古山子, 김정호의 호)가 지도를 그리고 있다던데, 그럼 자네가 혹시?"

"맞네. 내가 고산자 김정호일세. 이 지도는 대동여지도(大東輿地圖, 1861년 제작)라고 부르네. 아니, 대동여지도를 이용한 판본版本이라고 하는 게 맞는 말이겠구먼." 김정호는 손에 들린 지도를 들어보였다.

"판본이라? 그게 무슨 뜻인가?" 나그네는 판본이란 말에 관심을 보였다.

"설명하려면 좀 긴데…. 자네 시간 있나? 비도 오고 하니 내 이야기나 들려 줌세." 이야기를 들려준다는 소리에 나그네는 김정호에게로 가까이 다가갔다. "그려, 함 해보시게. 내가 탁주 한 사발 사겠네."

"흐흐, 좋아. 어디부터 이야기해야 하나…." 김정호는 이야기할 내용을 머리 속으로 가다듬었다. 힘차게 내리는 비가 감정을 끌어 올렸다.

"내가 10살 때 아버지가 돌아가셨지. 관군들이 아버지와 동네 사람을 모아서 관군인 양 꾸며서 토벌대로 내보낸 거야. 아, 있잖은가. 홍경래(洪景來, 1811년 평안도에서 일어난 농민 반란 대표 인물)가 난을 벌였던 시절 말일세. 그때 관군이 아버지에게 지도 한 장만 달랑 주고 거기 표시된 곳으로 찾아가라고 한 거야. 그런데 아버지가 몇 날 며칠이 지나도 안 오시지 뭔가. 그래서 내가 아버지를 찾아 달라고 관아에 가서 울고불고 난리를 쳤지.

며칠 후 수색대를 편성해 산을 뒤지는데, 골짜기에 동네 사람들이 전부 다 죽어 있지 뭔가. 거기 아버지도 계셨네. 손에는 지도를 쥔 채로 발견이 되셨지. 지도가 문제였어. 지도에는 능선이라고 나와 있는데, 실제로는 계곡이었지. 지도 때문에 모두 길을 잃고 헤매다 그 엄동설한에 얼어 죽었지 뭔가. 그 놈의 지도만 정확했어도 그렇게 죽지는 않으셨을 텐데 말이야." 김정호는 이야기하는 중간 문득 아버지 생각을 했다. '홍경래의 난이 벌어졌으면 자기들이 직접 가서 토벌할 것이지, 가만히 있는 백성들에게 그 일을 시키냔 말이야. 그리고 그렇게 보낸 사람들에게 그런 돼먹지 않은 지도 쪼가리 한 장만 쥐어 주고. 세상이 어찌 되려고 그런 일을 하냔 말이야.' 어린 시절 관아에서 아비를 찾아 달라고 울며 매달렸던 기억이 스쳐 지나갔다.

"음, 그런 일이 있었나. 안되었네 그려. 그래서 자네, 그게 계기가 되어 지도를 만들게 되었는가?" 나그네의 목소리에 측은함이 묻어났다.

"바로 그리된 건 아니야. 아비, 어미 없는 자식이 되어 이리저리 떠돌다가 목수 일을 좀 하게 되었네. 그때 나무에 글이나 그림을 새기는 판각 기술을 익혔지. 하지만 팔자인가, 기술을 익혀도 계속 떠돌게 되더군. 그러다 어느 날 보부상을 만났지. 그때 그들이 가지고 다니던 지도를 보게 되었다네. 그 지도에는 자기들끼리 이리저리 표시한 자국이 있었지. 서로 길에서 만나면 정보를 교환하고 그 정보를 그 지도에 기록한다고 하더군. 그래서 그런지 그들은 지도를 보물처럼 다루었지. 품속에 꼭 감추고 말이야. 그들을 따라다니다 보니 어찌어찌 한양까지 올라가게 되었어. 거기서 지도 만드는 일을 거들게 되었는데, 마침 관청에서 사람을 찾고 있길래 거기 지원해서 들어갔지.

그렇게 관청에 들어가서 보관된 지도를 보게 되었다네. 거기 보관된 지도는 전국 각지에서 올라온 것이어서 서로 연결이 안 되더군. 붙어 있는 두 고을의 지도를 같이 놓고 맞춰보면 냇가고 산이고 서로 연결되지 않았던 거지. 왜 그런지 아는가? 중앙정부에서 각 지방 관아에 정확한 기준도 안 주고 그냥 그려오라고 하니, 다들 종이 한 장에 자기 지역을 대강 그려 보냈네. 작은 마을은 크게 그려졌고, 큰 고을은 한 장에 넣다 보니 상대적으로 작게 그려질 수밖에 없던 거지. 그런 지도를 놓고 전체 지형을 맞춰 봐야 맞을 리가 없지." 김정호는 지도 작업을 배우려 들어간 관청에서 있었던 일을 떠 올렸다.

"세상에나. 듣고 보니 그렇구먼. 그런 지도를 어찌 믿나." 나그네도 그 상황이 한심한지 혀를 찼다.

"그러던 어느 날 보부상과 백성들이 관청에 모여 지도를 필사하는 것을 보았다네. 지도는 나라에서 관리하지 않는가? 그러니 지도가 필요한 사람들은 관청에 가서 지도를 일일이 옮겨 그려야 했지. 다들 대충 그리더구먼. 먼 길을 갈 사람들이니 마음이 오죽 바쁘겠어. 50리는 떨어져 보이는 거리를 10리 정도로 바짝 붙여 그리기도 하고, 능선을 5개 그려야 하는데 크게 하나만 그리고는 말아 버리고. 하여간 기가 차더구먼. 이래서는 엉뚱한 길로 가기 딱 좋겠다는 생각이 들었지. 그러면서 아버지 생각이 나는 게야." 김정호는 이야기를 잠시 끊고 처마에서 떨어지는 빗방울을 바라보았다.

"그렇지. 일반 백성은 붓장이가 아닌데, 아무리 필사를 잘해도 정확하게 그릴 수는 없지. 에고, 나라 일을 어찌 그리 하는지." 나그네는 관청의 무책임과 무관심에 한탄을 했다.

"그래서 '내가 만들어야겠다.' 하는 생각을 한 것이네. 이왕이면 백성들이 필사하는 수고스러움을 덜어줄 방법으로 말일세. 흐흐, 내가 어릴 적 배운 목수일이 탁 떠오르더구먼. 목판으로 만들면 필요한 사람이 찍어서 사용할 수 있겠다는 생각이 들었지. 누구든지 찍는 작업이야 쉽게 할 수 있으니 말일세. 다행히 내가 손재주가 좀 있거든. 게다가 동일한 기준으로 작업하면 전체적인 조화와 균형이 맞으니 지금의 문제점을 사라지게 할 수 있겠다고 생각했지.”

“그렇구먼. 어휴, 고생이 많아. 전국 팔도를 다 돌아다니고 목판에 지도를 새기기까지 해야 하니 말이야. 그런데 조선 팔도가 엄청 큰데 그걸 새기려면 한 장이 아니라 여러 장으로 나눠야 하지 않은가?” 나그네는 김정호의 이야기에 완전히 몰입했다.

“잘 아는구먼. 대동여지도는 22첩으로 만들었네. 마치 병풍처럼 만든 것이지. 위로는 황해도부터 아래는 제주도까지 남북 22층이고, 동서로는 19판으로 나누었지. 그렇다고 다 가지고 다닐 필요는 없네. 필요한 부분만 종이에 찍어서 들고 다니면 되는 게야. 지금 이건 경기도 포천 지역인데 13판 4번째 줄에 있는 판각을 찍은 것이라네.” 김정호는 가지고 있는 봇짐에서 지도를 꺼내 나그네에게 보여주었다.

“이야, 멋지구먼. 필요한 부분만 찍어서 가지고 다닌다니, 정말 좋은 생각이야. 자네는 정말 세상을 보는 철학이 다른 것 같네.” 나그네의 말에 김정호의 어깨가 으쓱해졌다. 김정호는 포천 지도를 바닥에 펼치며 이야기를 이어나갔다.

“여기 이 지도를 보게. 지도는 땅과 산과 물의 모양을 옮겨 놓은 것이네. 산맥은 굵게 그렸고, 봉우리와 산의 높이는 이렇게 두텁게 그렸지. 강은 넓게, 하천은 가늘게 그렸다네. 여기에 있는 이 기호는 지도 아래에 표를 만들어 기호가 무엇을 뜻하는지 적어 두었지. 내가 왜 이렇게까지 세심히 그렸는지 아는가?

난 말이야, 땅은 백성의 것이라고 생각하네. 땅의 모습을 보여주는 지도는 백성들이 쉽게 사용할 수 있도록 만들어져야 하지. 정치가는 지도를 정치적 목적으로 쓸 것이고, 군인은 군사 목적으로 사용하겠지. 상인은 장사를 위해 사용하고, 길을 떠나는 나그네는 길을 찾을 때 쓰겠지. 지도는 땅의 모양을 사람이 볼 수 있게 그린 거니까. 근데 자네 그거 아는가? 지도가 시간을 머금고 있는 거 말이네." 김정호는 나그네에게 불쑥 물었다.

"음, 그건 또 무슨 말인가?" 나그네는 김정호가 말한 '시간을 머금는다는 것'이 무엇인지 궁금해졌다.

"좀 전에 지도는 지금의 땅덩어리를 그린 것이라고 했잖은가. 하지만 그 땅에 사는 사람에게는 그렇게 단순한 게 아니야. 그 땅과 관련된 과거의 기억을 가지고 산다네. 그러니까 역사 말이네. 이 지역의 옛날 이름은 뭐였는지, 그때 임금은 누구였고, 누가 지방 수령이었고 하는 그런 역사 말일세. 지도는 이런 것을 머금고 있지.

또 있다네. 지도는 지형을 옮겨 놓은 거라, 내가 찾는 곳이 어디에 있는지 찾으려면 지도 전체를 다 눈으로 확인할 수밖에 없지. 그래서 옛날부터 지도장이들은 지리지^{地理志}를 같이 만들었네. 거기에 그 지역의 역사와 현재, 지명, 위치를 같이 기록해 두었다네. 대동여지도에도 그런 지리지가 있다네.『대동지지(大東地志, 조선 후기에 김정호가 펴낸 지리서)』라고 하는데, 그건 지금 만드는 중이라네.

전반부는 지역별 내용을 적었고, 후반부에는 산천, 국방, 도로망, 해로 등 주제별 내용을 모았지. 거기에는 임금이 있는 서울 지역과 경기도, 충청도, 경상도 등 각 도부터 도까지, 도시부터 도시까지의 거리를 적었다네. 이동할 때 거리가 얼마인지 알면 도착 시각을 계산할 수 있으니 편할 거야."

"이야! 그러면 거의 전 지역에 대한 역사를 다 망라했겠구먼."

"잘 보았네.『대동지지』는 땅을 기준으로 한 역사서라네.『삼국유
사』,『삼국사기』에는 임금의 통치에 대해 나와 있는 역사책으로 정치
나 풍습이 들어 있지만,『대동지지』에는 땅을 중심으로 한 사람 사는
냄새가 담겨 있다네."

"이야. 이거 그냥 들어서는 안되겠구먼. 이보게, 주모! 탁주 한 동이
가져오시게. 여기 고산자와 비 그칠 때까지 마셔야겠어." 나그네는 주
모를 불러 탁주를 시켰다. 둘은 마주 앉아 주모가 가져온 술상을 마주
했다. 탁주가 나오자 비는 기다렸다는 듯이 더욱 세차게 내렸다.

김정호는 대동여지도에 얽힌 가슴 속 이야기를 한 때문인지 심한 갈
증을 느꼈다. 그는 나그네가 따라준 탁주 한 잔을 단숨에 비웠다. 이
지도를 만들기 위해 전국을 세 번 돌고, 백두산만 일곱 번을 오르며 우
리 강산을 두루 살펴보았다. 기억 저편에 남겨진 아버지의 기억이 더
욱 생생하게 다가왔다. 빗물이 튀었는지 그의 눈가가 젖어 들었다.

고산자와 대동여지도

지도는 평면에 공간을 표현하는 기법이다. 3차원을 2차원으로 표현
해야 하니 기호와 축적 등 많은 약속(범례)이 필요하다. 도로, 주택, 전,
답, 사원, 길, 강 등 눈에 보이는 지형지물은 조그마한 기호로 바꾼다.
제한된 공간에 넓은 영역을 표현하고 싶은 인간의 지혜가 지도에 담겨
있다.

고산자 김정호(金正浩, 미정~1866년, 조선 후기 대표적 지리학자이며 지도 제작자)가 만든 지도는 대동여지도만 있는 것이 아니다. 그는 1770년 선조 시대에 만들어진 『해동여지도(海東輿地圖, 한국의 옛 지도)』를 근간으로 1834년 첫 번째 지도인 『청구도(靑邱圖, 1834년 제작된 한국 지도)』를 만들었다. 이 지도는 3번의 개정 작업을 거쳐 현재 네 가지 종류로 존재한다. 김정호는 1861년(철종 12년)에 『대동여지도』를 만들었고 3년 후인 1864년(고종 원년)에 이를 다시 발행하였다. 이때 『대동지지』라는 지리서도 함께 편찬했고, 그로부터 7년 후인 1891년에 우리가 아는 목판본 『대동여지도』가 만들어졌다. 여기에도 『대동지지』라는 지리서가 포함되었는데 32권 15책의 방대한 내용으로 구성되어 있다. 이렇게 지도가 변화된 연유는 휴대성과 편의성 측면이 강했다.

당시 지도는 국가 소유였다. 지도가 필요한 사람은 관청에서 지도를 빌려 이를 직접 손으로 베껴 그렸다. 손으로 그린다는 것은 정확성이 떨어진다는 문제점을 내포하고 있었다. 특히 배율을 맞추기가 쉽지 않았다. 도로와 산, 마을 같은 지형은 위치뿐만 아니라 떨어진 거리도 잘 표현해야 하는데 그것을 잘 베끼기는 쉽지 않다. 지도의 생명이 축적인데 일반인이 그것도 어쩌다가 한 번 그리는 작업으로 정확성을 얻기란 쉽지 않다.

김정호는 일반 백성도 쉽고 편하게 지도를 얻을 수 있는 방법을 고민했다. 누구나 동일한 형태의 지도를 가지고 길을 나서기를 바랐다. 잘못된 곳으로 길을 들어서게 되면 길을 잃거나 심지어는 목숨까지 위태로울 수 있었다. 모든 백성에게 동일한 형태의 지도를 제공한다는 화두를 만족할 방법은 지도를 '복사'하는 것이었다. 복사기가 없던 시절이었으니 같은 개념의 작업이 필요했다. 그래서 진행한 것이 판화

작업이었다. 판화에 먹을 발라 종이로 찍기만 하면 동일한 지도가 만들어지게 하고 싶었다. 이것이 김정호가 목판본을 만들게 된 배경이었다. 그래서 한 사람을 위한 종이 지도가 아닌 만인을 위한 목판 지도가 만들어졌다.

목판은 찍어내기만 하면 되는데, 김정호의 목판본 지도는 상하 22층, 좌우 19판으로 구성되었다. 이렇게 나눈 것은 가고자 하는 지역의 판본을 찾아 찍으면, 크기가 작아 휴대가 편하고, 지도도 커서 판독이 편하기 때문이었다. 목판본에는 10리 단위로 빗금을 그어 거리를 표시했다. 산의 높고 넓음을 감안하기보다는 평면적인 넓이를 나타내기 위한 방법이었다. 여기에 지면의 제약을 극복하고자 빈 여백을 최대한 활용하여 범례를 많이 넣었다. 축적, 거리 표시, 기호 등 김정호의 지도에는 현대적 지도 기법이 대부분 들어 있었다.

고산자가 표현한 공간 데이터

현재는 종이 지도보다 디지털 지도를 더 많이 활용한다. 종이 지도의 한계를 디지털 지도는 가볍게 넘어섰다. 종이 지도에는 제한된 정보가 담겨 있다. 산, 도로, 도시 등 일반적인 국토를 나타낸 지도와 전기 선로, 가스 배관, 하천, 땅 모양을 나타낸 지적도 등 용도에 따라 지도의 형태 또한 달라졌다. 디지털 지도는 이런 것이 한 화면에 구성된다. 한 화면에 도로와 시설물, 하천까지 필요한 것은 무엇이든 차곡차곡 디지털화하여 넣을 수 있다. 이 모든 것은 축적과 위치, 크기 등을 나타내는 기준이 잘 마련되었기 때문에 가능하다.

판화는 디지털 지도도 아니고 채색으로 그릴 수 있는 종이 지도도 아니다. 그럼에도 김정호는 판화에 종이 지도 못지않게 많은 것을 담으려 했다. 즉, 판화의 한계에 도전한 것이다. 판화는 종이 지도와는 달리 단 한가지 색만 사용하지만, 그렇다고 해도 지도에 필요한 기본 데이터는 갖추고 있어야 한다. 그는 어떤 방법을 사용했을까?

- 첫째, 지명 수를 줄였다. '면' 단위 아래는 없었고, 작은 섬이나 하천이나 산 이름도 많이 줄였다.
  → 디지털 지도에서는 축척을 확대하면 작은 지명은 사라지고 큰 지명만 남는다.
- 둘째, 산줄기의 표현 방식을 바꾸었다. 산의 두께를 넓게 하거나 가늘게 하는 방식으로 축약했다.
  → 디지털 지도에서 등고선이나 산 정상, 산 줄기의 표현 방식과 같다.
- 셋째, 범례를 줄였다. 『동해도』에 적용한 26가지의 범례를 22가지로 줄이고 범례의 모양도 변경했다.
  → 디지털 지도에서도 지도를 확대 축소함에 따라 나오는 지형 지물이 다르다.
- 넷째, 찾아보기 목록을 없앴다. 『동해도』는 목록 포함 23첩이었으나 『대동여지도』는 22첩으로 축소했다.
  → 지도는 점점 단순화되어 간다. 우리의 지식과 사회적 상식은 직관적인 요소를 남겼다. SNS를 통해 널리 알려진 엄지손가락 기호가 '좋아요'를 의미하고, 일기 예보의 단골로 등장하는 우산 그림이 비를, 태양 그림이 맑음을 의미한다는 것은 이제 상식이다. 특히 디지털 지도에는 범례가 따로 존재하지 않는다. 마우스를 올려야 하거

나 조그마한 버튼 혹은 메뉴로 숨겨두었다. 그런 방식을 이용하여 작은 화면에서도 넓은 지도를 제공한다. 종이 지도가 디지털 지도로 바뀌면서 많은 변화가 생겼다.

지도를 향한 고산자 김정호의 애착은 앞으로 언급할 내용에서 살펴볼 수 있다. 지도의 존재 이유가 사람들이 쉽고 올바르게 길을 가도록 하는 것이었기에 그는 지도를 단순화하여 이해와 판독이 용이하도록 만들었다.

그가 지도에 표시한 내용은 직접 발로 뛰면서 얻은 것과 다른 지도를 통해 얻은 정보를 정리한 것으로 지형 데이터의 총아였다. 고산자가 적용한 4가지 방법은 데이터를 쉽게 이해하도록 컴퓨터에 적용한 방법과 유사하다. 데이터가 많으면 좋지만 설명하기 쉬우려면 데이터를 요약하고 직관적 표현으로 재구성해야 한다. 파워포인트 작성 법칙 중에 '1 페이지 1 메시지'가 있다. 사람들이 많은 데이터 속에서 핵심을 얻게 하려면 단일 메시지가 드러나도록 단편화해야 한다. 김정호의 지도에는 이미 이런 방법들이 포

▲ 대동여지도. 보물 제850-3호. 서울대학교 규장각 한국학연구소 소장. 출처: https://bit.ly/2OYVcgT

함되어 있었던 것이다. 한 분야에 전문가가 되면 사람을 배려하는 마음은 같은가 보다.

지도에는 역사가 담긴다

김정호 이전 시대에도 지도가 있었지만, 축적이나 산의 높고 낮음, 산맥에 대한 표기가 일률적이지 않았다. 지리적 거리 또한 정확도가 많이 떨어졌다. 보부상에게는 지도가 생명이라 필사한 지도를 가지고 다니며 계속 수정했다. 보부상의 지도는 항상 가장 최근 데이터를 담고 있어서 최고의 정확도가 있었다. 보부상은 자주 다니던 길에 대한 정확한 지도를 지녔고, 길에서 만나는 다른 보부상과 지도 정보를 나누기도 했다. 이렇게 발로 입으로 수집된 정보가 담긴 지도가 백성들에게는 더욱 요긴했다.

지도는 땅의 모양과 형태를 담고 있다. 지도에 그려진 기호나 수치는 데이터가 된다. 지형이 변하거나 새로운 건축물이나 도로가 들어서면 지도는 다시 그려야 될까? 한 장으로 된 종이 지도라면 당연히 그래야 한다. 목판본이라면 그 지역 판본을 다시 판각해야 한다. 디지털 지도는 해당 지역만 수정하면 된다. 전체를 전부 다시 그리거나 해당 지역만 다시 판각할 필요가 없다. 이것이 디지털 지도의 좋은 점이다.

군사 목적의 지도에서는 산의 높이와 등고선의 간격, 산과 산의 간격 등 상세한 지리 정보가 필요하다. 실제로 군대에서는 지도를 보면 새가 울고 물소리가 들리고 바람이 느껴져야 한다는 우스갯소리를 한다. 정밀한 지도는 계곡에 물이 흐르고 숲에서 새소리가 들릴 만큼 지형이 직관적으로 머릿속에 그려지기 때문이다. 행정 지도에는 논, 밭, 저수지, 마을에 살고 있는 주민의 호주 수, 주민 수, 가축 등의 살림살이 정보가 있어야 한다. 운전용 지도에는 도로의 규정속도나 도로 표지판, 과속카메라, 사고다발 지역 등이 나타나야 한다. 지도에는 그 목적에 맞는 데이터가 담기게 된다.

김정호는 『대동여지도』를 만들면서 한 장의 지도에 표현하지 못했던 정보를 『대동지지』에 담았다. 이 책은 역사와 문화 그리고 행정구역의 변화 등 지역과 관련된 역사적 내용을 담고 있다. 이런 『대동지지』는 지도의 내용을 더욱 풍부하게 하였고, 시대의 흐름을 간직한 데이터가 되었다. 『대동지지』를 32권 15책으로 편성하면서 조선측 자료 43종과 중국측 자료 22종의 많은 문서를 참조한 것에서 그가 객관적인 데이터를 기반으로 지리지를 만들고자 한 세심하고 꼼꼼한 마음이 느껴진다.

김정호는 그 시대에 맞는 기술과 방법으로 현재 지금의 방식으로 지도를 만든다. 지도에 필요한 데이터는 무엇일까? 그것은 지도가 필요한 사람들의 욕망에 일치할 것이다. 모든 발명은 필요에서 출발했듯, 지도의 담길 데이터도 필요를 기반으로 할 것이다. 지도의 기술은 지속적으로 발전할 것이고 이를 지원하는 전문가의 노력 또한 계속될 것이다. 지도의 발전과 쓰임은 시대의 변화에 따라 더욱 넓어질 것이다. 종이 지도가 디지털 지도로 바뀌며 지도 쓰임이 넓어졌듯 단순히 길을 찾는 지도의 기능을 넘어 더 많은 가치로 향해 갈 지도, 그 지도에 담길 데이터를 상상해 본다.

▲ 대동지지. 국립중앙도서관 소장. 출처: 한국민족문화대백과사전

현대의 Digital 지도

'지도'의 사전적 의미는 '지구 표면의 상태를 일정한 비율로 줄여, 이를 약속된 기호로 평면에 나타낸 그림'이다(표준국어대사전). 즉, 공간을 측량한 데이터를 평면에 이미지로 표현한 것이 바로 지도다. 넓고 높은 것을 2차원의 평면(종이, 디지털 화면)에 표현하기 위해서는 약속이 필요했다. 대표적으로 지도의 동서남북 방위를 표시하는 '방위표'와 지도에서의 거리와 실제 거리와의 비율을 나타내는 '축척', 땅의 높낮이를 표현한 '등고선'이 있다. 옛날 지도에는 방위와 축척은 있지만, 등고선은 자세히 나타나지 않는다. 산을 넘을 때 경사가 급한 곳과 완만한 곳은 사람이 왕래하는 시간에 큰 차이가 있다. 그러므로 경사도인 높낮이 표시가 필요하다.

요즘은 스마트폰으로 지도를 본다. 포털에서 제공하는 지도나 내비게이션 앱의 지도를 보는데, 찾기도 쉽다. 스마트폰의 위치 정보 사용을 켜기만 하면 나의 위치까지 지도에 정확히 표시된다. 또한 도로 개통 등 새롭게 바뀐 내용을 바로바로 반영하기 때문에 종이 지도보다 유용한 측면이 많다.

IT 기술의 발전은 지도를 평면에서 공간으로 옮겨 놓았다. 지리 정보시스템(GIS, Geographic Information System)은 측정한 지리 및 공간 데이터를 컴퓨터 속에 담아 효과적으로 분석 표현하는 시스템이다. 지리 데이터는 위치 데이터와 속성 데이터로 구성되어, 삼차원 형태와 동적인 지리 정보를 제공한다. 이런 유용한 기능으로 GIS는 토지 정보, 도시 정보, 시설물 정보, 환경 정보, 국방과 재해 정보에까지 활용 범위를 넓히고 있다.

GIS는 한 장의 지도에 시도경계, 건물, 상수도관 같은 여러 목적의 이미지를 표현한다. 방법은 기본 지형이 그려진 지도에 도로 데이터가 나와있는 이미지를 올리고, 그 위에 건물 데이터가 나와있는 이미지를 올리는 것이다. 이런 구성 방식으로 지역의 경계, 건물, 주소, 국방, 자연환경과 같은 목적별 데이터가 있는 이미지를 올려 표현한다.

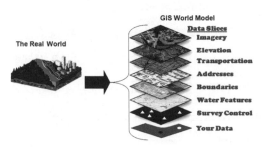

▲ GIS의 구성 방식. 출처: http://www.in.gov/gis/gis101.htm

이처럼 실제 지형을 디지털 위에 용도별 데이터를 차곡차곡 올려서 표현하는 것이 디지털 지도의 장점이다. 다른 목적을 가진 이미지가 동일한 지도에 표현이 가능한 것은 데이터를 만들 때 적용되는 표준 규약이 있기 때문이다. 표준 규약에는 지도별 제목과 부제목, 범례, 지도 방위표, 축척, 구획선, 경위선망과 디지털에 걸맞게 그래프나 사진, 그래픽 정보와 같은 내용이 담겨 있다. 용도별 필요 데이터 항목은 점차 확대될 것이다. 기술 발달은 더욱 더 다양한 표현 방식을 보여줄 것이고 이를 위한 더 많은 데이터와 항목을 요청할 것이다.

참고자료

1. 고산자, 대동여지도 (시네마서비스, 2016) 강우석 감독

2. 고산자 (문학동네, 2009) 박범신 지음

3. 김정호 (지식백과)

   https://bit.ly/2yTD4tQ

4. 대동지지 (한국민족문화대백과사전)

   http://encykorea.aks.ac.kr/Contents/Item/E0014282

5. 대동여지도 (한국민족문화대백과사전)

   https://bit.ly/2q43GnR

6. 해동여지도 (위키백과)

   https://ko.wikipedia.org/wiki/해동여지도

7. 청구도 (한국민족문화대백과사전)

   https://bit.ly/2OFj20Q

8. 우산도 (국립중앙도서관)

https://bit.ly/2ODfPPo

9. 김정호의 지도에서 찾아본 독도(국립중앙도서관)

    https://bit.ly/2NW77GT

10. 홍경래의 난(두산백과)

    https://bit.ly/2Je7gEQ

11. 한국민족대백과사전

    https://bit.ly/2J8Rw61

12. 지도

    https://bit.ly/2AlTnBt

인류를 위한 데이터, 데이터를 위한 인류

"Don't Be Evil(사악해지지 말자)."

이것은 구글의 모토다. 구글은 알고 있었던 것이다. 자신들의 작업이 신의 영역에 도전하는 것임을. 그들의 작업은 신에게 가까이 다가가려는 인간의 욕망이 담긴 건축물인 '바벨탑'을 떠올리게 한다. 그들이 데이터를 추구하는 것은 데이터를 벽돌처럼 하나씩 쌓아 일종의 바텔탑을 만들어 신의 영역에 도전하려는 것이 아닐까. 이러한 인간의 열망은 인간 탐구의 영역을 뛰어넘어, 인간의 행동을 예측하고 조정하려는 단계에 들어섰다. 신의 영역에 한 걸음 다가가기 위해 인간은 어떤 일을 벌여 왔을까?

혹자는 말한다. 인공지능은 인간의 정신노동에 대한 부담을 덜어줄 것이고, 빅데이터 기술은 나보다 더 나를 잘 알게 될 것이라고. 이를 위해 인간은 데이터를 모으고 분석한다. 센서는 인간의 신체 데이터를 수집하고 있고, CCTV는 곳곳에서 동선과 얼굴 데이터를 모은다. 누군가의 사진 속에 들어 있는 나의 모습을, 이제는 가족보다 인공지능이 더 잘 찾아낸다. 이 모든 것은 단순히 인간의 편의를 위한 것만이 아니다. 이렇게 수집된 데이터는 대중의 성향과 동선을 파악해, 궁극적으로는 마케팅 데이터로 활용된다.

현대의 데이터는 내 것인 동시에 내 것이 아니며, 나 자신보다 타인에게 더 많이 활용하고 있다고 해도 과언이 아니다. 이런 흐름은 언제부터 시작되었을까?

멀지 않은 과거에서 그 사실을 찾을 수 있다. 인간의 생체 데이터를 수집했던 731부대, 그들이 행한 반인륜적 행위에서 데이터 수집의 정당성에 대해서 생각해볼 것이다.

인류의 생존에 대한 이슈를 데이터를 통해 연구한 에피소드도 있다. 삶의 터전이 늘어나고 있는 인구를 감당할 수 없기에 인구를 조절해야 한다는 멜서스의 『인구론』을 통해 살펴볼 것이다. 과연 식량은 늘어나는 인구를 감당할 수 없을까? 멜서스는 그렇다고 했다. 그는 어떤 데이터를 근거로 그런 주장을 하였을까? 이번 파트의 에피소드를 통해 자세히 살펴보자.

마지막 에피소드는 인류의 시작과 관련된 것이다. 과거에는 창조론이 대세였고 그 누구도 신의 존재를 부정하지 않았다. 하지만 다윈은 비글호 항해를 마친후 『진화론』을 통해 인류가 진화되어 왔다는 새로운 이론을 제시해 주목을 받았다. 다윈이 데이터를 쌓아 『진화론』을 완성하기까지 22년이라는 시간이 걸렸나고 한다. 왜 그렇게 긴 시간이 왜 필요했을까? 『진화론』의 기반이 된 데이터는 어떻게 만들어진 것일까?

위 에피소드들을 보면서 데이터가 인류에 미친 영향에 대해 생각해 보자.

731 부대, 마루타를 이용한
위험한 데이터 수집

"으아악!" 요시무라 히사토는 땀에 젖은 채 기겁하며 깨어났다. 며칠째 악몽이 계속되고 있었다. 하룻밤에도 몇 번씩 잠에서 깼다. 언제나 그렇듯 그의 잠옷은 식은땀에 젖어 있었다. '춥다. 무섭다.' 요시무라는 침대에 앉아 생각에 잠겼다.

오늘도 사람, 아니 마루타(丸太, '껍질만 벗긴 통나무'라는 뜻의 일본어)가 4명 죽었다. 부대에서는 아침부터 동상 실험을 했다. 영하 40℃ 라는 혹한의 날씨에 여자 2명과 남자 2명의 마루타가 실험장소로 끌려왔다. 이번 실험의 총감독은 이시이 시로(石井 四郎, 1892년~1959년, 일본 군인, 731부대 사령관, 중일전쟁 중 일본 제국 군대의 생물학전을 담당) 중장이었다. 그는 이곳 만주 731부대의 부대장이었다.

실험 장소는 본관 건물 뒤편에 마련되어 있었다. 거기에는 마루타를 묶어 놓을 말뚝과 그들을 가둔 울타리가 전부였다. 울타리에 갇힌 마루타들은 추위로 얼굴이 빨갛게 변해 있었다.

"이봐, 연구소장. 오늘 실험은 중요하니 마루타의 상태 변화를 잘 기록해 둬." 이시이 시로는 연구소장을 보지도 않고 지시를 내렸다. 어딘가 못마땅한 기색이었다. 뒤에 서 있던 연구소장이 흘러내리는 안경을 올리며 다급하게 대답했다.

"옛. 총사령관님. 이번에는 제대로 실험하겠습니다." 연구소장은 곧바로 뒤에 있는 직원에게 지시를 내렸다. 먼저, 남자 마루타 둘을 울타리에서 끌어냈다. 그들이 버티기 위해 몸부림을 치자, 옆에 있던 덩치 큰 군인이 손에 든 곤봉으로 그들의 배를 가격했다. 마루타가 배를 움켜쥐며 쓰러졌다. 군인은 쓰러진 마루타를 끌고 와 기둥에 묶었다. 히사토는 옆에서 이 모든 것을 지켜봤다.

"자! 시작하지." 연구소장의 지시에 군인은 남자 마루타의 옷을 벗겼고, 히사토는 타이머를 눌러 시간을 체크했다. 연구원 중 한 명은 물을 끓이러 건물 안으로 들어갔다. 그로부터 1시간이 흘렀다. 히사토는 마루타의 피부온도를 측정하고 연구소장에게 보고했다. 연구소장은 더 진행하라는 지시를 내렸다. 1시간이 더 흘렀다. 히사토는 남자 마루타의 피부온도와 손가락의 용적 변화를 다시 측정했다. 피부온도가 내려가면 손가락이 붓는다. 이 실험은 이를 측정하기 위한 실험이었다. 즉, 온도에 따라 신체가 얼마나 붓는지를 측정하는 것으로, 우리는 이것을 동상 실험이라고 불렀다. 잠시 후 건물로 들어간 연구원이 펄펄 끓는 물을 들고 나왔다.

"여자 마루타를 데려와." 연구소장의 지시에 군인은 울타리에서 여자 한 명을 끌고 나왔다. 여자는 울타리 난간을 잡으며 버텼다. 그러자 군인은 여자의 다리를 걷어차고 머리를 낚아채 울타리에서 끌어냈다.

그리고는 여자를 뜨거운 물이 놓인 곳까지 데려가 옷을 벗겼다. 이미 팔과 다리는 추위에 벌겋게 달아올라 있었다.

히사토는 다른 타이머를 눌러 두 번째 실험 시간을 체크했다. 이어 여자 마루타의 팔과 다리, 몸의 피부온도를 측정했고 손가락 용적도 측정했다. 각 부위의 온도는 처음 끌려 나왔을 때보다 많이 내려갔고 손가락이 부풀기 시작했다.

"넣어." 연구소장이 지시했다. 군인은 여자의 팔을 100℃로 끓는 물에 집어 넣었다. 여자가 날카로운 비명을 지르며 그 자리에서 기절했지만, 군인은 여전히 실험을 계속했다. 히사토는 피부온도를 재기 위해 쓰러진 여자에게 다가갔다. 여자의 피부는 완전히 문드러져 있었다. 온도계가 피부에 쑥 들어갈 만큼 흐물흐물해져 있었다.

"다른 마루타를 데려와." 연구소장의 말에 군인이 울타리로 가서 다른 여자를 데리고 왔다. 동일한 실험을 반복했다. 그 사이 말뚝에 묶여 있던 남자들은 울타리 안으로 옮겨졌다. 다른 실험을 위해 잠시 넣어 두는 것이었다.

실험 장소가 소란스러워졌다. 울타리 안으로 옮겨진 남자 둘이 엉켜 싸우고 있었다.

"뭐해, 빨리 저것들 떼어내!" 연구소장은 실험체인 마루타가 서로 싸우는 것을 보자 빨리 떼어 놓으라고 했다. 그들이 싸운 이유는 간단했다. 춥기 때문이다. 그들은 추위를 이겨내기 위해 몸을 움직였을 뿐이다. 싸움은 도구일 뿐이었다. 진짜 목적은 추위를 이기기 위해서였다. 움직여 몸에 열을 내어 춥지 않게 하려던 것이다. 연구소장은 그것을 경계했다. 실험 방향과 맞지 않기 때문이다. 군인들은 울타리로 들어가서 그들을 떼어 놓고는 각각 다른 장소로 데려갔다.

히사토는 악몽을 떨치려는 듯 머리를 흔들었다. 침대에서 나와 서랍에 넣어둔 노트를 꺼냈다. 그 노트에는 실험 기록이 차곡차곡 적혀 있었다. 어제 진행한 실험은 영하 40℃ 혹한에서 사람이 얼마만큼 고통스러워 하는지 측정하는 실험이었다. 노트를 몇 페이지 앞으로 넘기자 지난주에 진행한 '착혈 실험' 기록이 나왔다. 마루타를 원심분리기에 넣고 돌려 눈, 코, 입, 귀, 항문, 성기에서 피가 얼마나 나오는지 측정한 것이다. 히사토는 몇 장에 걸쳐 작성된 실험 내용과 데이터를 보다 노트를 덮었다. 가혹했다. 인간이 생체 실험 대상이 되다니. 오늘 낮에는 페스트균을 중국 지린성에 살포하는 실험을 한다는 얘기를 들었다. 또 얼마나 많은 사람이 죽을까. 착잡했다. 커튼을 열었다. 연병장에 하얀 눈이 가득 쌓여 있었다. 오늘따라 하늘에 뜬 보름달이 더욱 차갑게 느껴졌다.

731 부대의 존재 이유

중국 상해, 하얼빈 남쪽. 일본은 이시이 시로 장군의 건의로 관동군 소속 비밀 특수 임무를 위한 731부대(공식 명칭은 관동군 방역급수부(関東軍防疫給水部), 1932년~1945년 유지, 일본 제국 육군 소속 관동군 예하 비밀 생물전 연구개발 기관, 중국 헤이룽장성(黑龍江省) 하얼빈 위치)를 창설했다. 이 부대는 1932년부터 일본이 패망한 1945년까지 13년간 인간의 생체 실험을 담당했다. '동상 실험'이나 '착혈 실험' 외에도 말이나 원숭이의 피를 사람에게 주입하는 '대체 수혈 실험', 질병에 감염된 사람들과 건강한 사람을 같이 가두어 질병의 전염 경로를 관찰하는 '질병 전파 실험'

등 약 30여 가지의 실험을 무차별적으로 진행했다.

1940년, 중국 지린성吉林省 눙안農安현을 대상으로 진행된 페스트 세균 무기 실험은 특히나 끔찍했다. 이들은 페스트에 감염된 벼룩 1만 마리를 공중에서 투하했다. 단지 사망자의 발생 추이를 측정하기 위해서였다. 벼룩 폭탄을 투하한 지 3주 후 8명의 사망자가 나왔고, 100일 후에는 607명으로 그 수가 늘었다. 게다가 인근 지역까지 전염시키며 26명의 추가 사망자가 나왔다. 그로부터 3년 후에는 약 1,900명의 사망자가 추가 발생했다. 이 실험으로 약 2만 6,000명이라는 엄청난 사망자가 발생했다.

731부대의 존재와 생체 실험은 1946년 10월에 진행된 소련의 전범재판 과정을 통해 세상에 알려졌다. 소련은 당시 일본을 점령 지배하고 있던 미군에게 관련자 처벌을 요구했다. 미국은 어떻게 했을까? 731부대 부대장인 이시이 시로는 미군에게 비밀협상을 요청했다. 731부대가 실시한 생체 실험 데이터를 넘겨주는 조건으로 일본에 대한 전범재판을 하지 말아 달라는 것이었다. 미국은 그 조건을 들어주고 그들을 사면했다. 여기서 얻은 데이터는 이후 미군의 생화학 무기 및 세균전을 위한 중요한 자료로 활용되었다. 미국은 데이터를 얻었고 일본은 목숨을 이어 나갔다.

일본의 자료를 넘겨 받은 미군은 "거래가 발각될 위험은 있지만, 일본의 생체 실험 데이터는 그보다 더 높은 가치를 지닌다."라는 결론을 내렸다. 목적이 있었을 것이다. 일본의 잘못된 철학으로 만들어진 생체 데이터. 수많은 사람을 '마루타'라는 대명사에 가두어 실험대상으로 만들어 버린 일본제국주의. 그들은 인간을 수단으로 취급했다. 생체 실험으로 축적된 13년간의 데이터는 어떻게 쓰이고 있을까? 미군에게 넘긴 자료는 아직도 일본에 남아 있다. 생체 실험의 목적은 전쟁에서 승리하기 위한 무기 개발이었다. 특히 세균전을 염두에 둔 것으로 보인다. 일본이 여전히 731부대의 데이터를 통해 뭔가를 꿈꾸는 것은 아닌지 두렵다.

731부대의 위험한 데이터

731부대의 생체 실험은 다양했다. 실험 항목을 보면 그들이 행한 연구 목적이 어디에 있는지 알 수 있다. 예를 들어 1935년에 실시한 '단수 실험'은 사람이 물만 먹고 며칠을 살 수 있는지 측정한 것으로 보통물은 45일, 증류수는 33일을 살았다고 한다. 그들은 몇 명을 희생시켜서 이 데이터를 얻었을까? 왜 그래야 했을까?

동상 실험, 진공 실험, 중력 실험, 단수 실험 등 많은 실험이 진행되었다. 새로운 데이터가 그들의 노트에 기록될 때, 마루타인 인간은 세상을 달리했다.

세균 감염 실험은, 페스트균에 감염된 벼룩을 이용한 것으로 1평방미터당 벼룩 20마리를 투입한 방에 마루타를 가두고 실험했다. 10명중 6명이 감염되었고 그중 4명이 사망했다(1947년 12월 제4차 힐 보고서, 주요 731부대의 생체 실험 표본 및 자료 보유). 이 실험의 감염률은 60%, 사망률은 40%나 된다. 페스트균 투하 실험은 중국 지린성의 눙안현을 타깃으로 진행되었다. 그들은 페스트균에 감염된 벼룩을 도자기에 담아 비행기에서 투하했다. 주민 2만 명이 살고 있던 눙안현부터 인근지역에서 2,500명의 사망자가 발생했다. 세균이 들어있는 용액을 마루타에게 직접 주사하는 세균 주사 실험도 진행됐다. 그들은 세균에 감염된 마루타의 상태에 따라 항생제를 투여해 살려둔 채로 2차 실험을 진행했다.

그들은 이런 실험을 통해서 생체에 대한 많은 데이터를 얻었다. 실험 항목과 내용에서 잔인함이 느껴진다. 그렇게 모은 데이터는 어디에 사용됐을까? 비록 패전했지만 실험 데이터를 어딘가에 활용했을지도 모른다 수많은 전쟁 포로가 마루타라는 대명사로 실험실 쥐가 되었다. 731부대를 위한 데이터 측정 도구로 전락한 것이다.

일시	장소	페스트균 투하량 (Kg)	효과(사망자)	
			1차	2차
1940. 6. 4	눙안	0.005	8명	607명
1940.10. 4	취현	8.0	219명	9,060명
1940.10.27	닝보	2.0	104명	1,450명
1941.11. 4	창더	1.6	310명	8,000명
1942. 8.19	위산	0.131	42명	9,210명

▲ 731부대 페스트 세균 무기의 현장 실험과 효과. 출처: https://bit.ly/2Pua7yT

미국의 결정

1947년 8월, 미국은 생체 실험 데이터를 넘겨 받는 조건으로 731부대의 전범 면책을 수락한다. 당시 히로시마 원폭으로 승기를 잡은 미국은 일본의 지배권을 가졌기 때문이다. 그 해 12월, 조사 담당관의 보고서 말미에는 "일본 과학자가 수백만 달러와 긴 세월에 걸쳐 얻은 데이터이다."라는 문장으로 시작되는 글이 추가됐다.

> "이러한 정보는 우리 자신의 연구소에서는 얻을 수 없다. 왜냐하면
> 인간에 대한 실험에는 의문이 있기 때문이다. 이러한 데이터는 오늘
> 까지 총액 25만엔으로 확보된 것이며, 연구에 필요한 실제 비용에 비
> 하면 미미한 금액이다."

이 글을 통해 미국이 731부대의 데이터에 높은 값을 매겼음을 알 수 있다. 미국은 이 데이터를 어디에 사용할지 이미 계산하고 있었던 것으로 보인다.

2010년 10월, 당시 미국 대통령이었던 버락 오바마는 과테말라 대통령에게 전화를 걸었다. 그곳에서 2년(1946년~1948년)간 진행한 매독, 성병과 관련된 생체 실험에 대해서 정식으로 사과했다. 실험 대상은 교도소에 수감된 남성과 정신병원에 수용된 환자 1,600여 명이었다. 이들에게 성병을 감염시켜 항생제인 페니실린의 약효를 실험한 것이다. 당시 페니실린은 신약이었고 매독을 예방하는 효과가 얼마나 있는지 실험해야 했다. 당시 국무장관이었던 힐러리 클린턴과 보건복지부 장관이었던 캐슬린 시벨리우스도 공동 성명으로 과테말라 정부와 국민들에게 직접적으로 사과했다(https://bit.ly/2Q26Q6O 참조).

미국은 데이터를, 일본은 자유를 얻었다. 데이터는 이 두 나라가 가지게 되었다. 미국과 일본은 데이터의 활용에서 각기 다른 행보를 보였다. 미국은 전쟁 무기인 생화학 무기를 만드는 데 활용했고, 일본은 약을 만드는 데 사용했다.

일본의 자업자득

1945년 제2차 세계대전이 끝나자 731부대는 만행의 흔적을 없애기 위해 살아남은 404명의 마루타를 모두 가스실로 보냈다. 1947년 미 육군 조사관이 도쿄에서 작성한 보고서에 따르면 1936년부터 1943년까지 부대에서 만든 인체 표본만 해도 페스트 246개, 콜레라 135개, 유행성출혈열 101개 등 수백 가지에 이른다고 한다.

731부대를 해체하면서 그들은 일본으로 철수했다. 이시이 시로는 부대원들에게 다음과 같은 명령을 내렸다. 그들도 그들 자신이 어떤 일을 했는지 알고 있었던 것이리라.

- 군인이었음을 숨길 것
- 731부대원이었음을 절대 누설하지 말 것
- 일체의 공직에 취임하지 말 것
- 대원 상호 간의 연락 엄금

731부대 대원은 중국에 남아 있는 자와 일본으로 귀국한 자로 나뉘었다. 중국에 남아 있던 부대원은 소련에 의해 전범 재판을 받았고, 일본으로 귀국한 부대원은 조용히 숨어 지내거나, 731부대에서 익힌 지식으로 사회 활동을 했다.

일본에 귀국한 '나이토 료이치'는 그의 동료와 함께 '일본혈액은행'을 설립했다. 그들은 세균 무기를 개발하려고 '건조 혈액'을 연구한 인물들이다. 이 회사는 수혈용 혈액 등을 제조 판매하는 사업을 했다. 그들은 노란 피로 국제적으로도 문제가 된 매혈을 계속 사용해 많은 간

염 환자를 발생시켰다. 이것이 문제가 되자 '일본 녹십자(ミドリ十字, 미도리쥬지)'로 회사 이름을 바꿨다. 그리고 1980년대 초 이 회사가 만든 약물로 인해 에이즈와 간염에 걸린 사건이 발생했다. 이것은 그들이 행한 잔인함에 대한 자업자득일 것이다.

일본과 대조되는 것은 독일이다. 그들도 전쟁을 통해 많은 의료행위를 하였다. 비윤리적인 의료 행위였지만, 70년간의 침묵을 깨고 독일 정신의학 정신요법신경학회가 2010년에 약 3,000명의 정신과 의사가 참가한 추도 집회를 개최했다. 그 자리에서 나치 시대에 환자로 몰고 간 25만 명이 넘는 정신 장애인에 대한 사죄를 표명했다.

인간은 목적이지 수단이 아니다. 인간을 대상으로 행한 실험에서 얻어진 데이터는 여전히 어딘가에 존재하고 있고 활용되고 있을 것이다. 데이터를 축적하고 분석하고 활용하는 행위는 인류의 가치를 위한 것이어야 한다. 스마트 시대에 인류는 지속적으로 데이터를 만들어 내고 있다. 그 데이터를 어떻게 만들고 사용할 것인가는 인류의 지속적인 고민 대상이다.

731부대의 실험 내용

731부대는 30여 가지의 생체 실험을 진행했다. 실험에서 얻고자 했던 데이터는 크게 세균의 전파력, 신무기의 강도, 생체 능력의 변화 그리고 신체적 변화로 구분된다. 실험 내용은 잔인하지만, 어떤 데이터를 얻고자 했기에 그런 잔인한 방법을 썼는지에 대한 질문을 던질 필요는 있다. 실험 내용과 그 과정을 통해서 수집했을 데이터를 정리해 보았다.

세균의 전파력 측정

일본은 생물학전을 준비하고 있었던 것으로 보인다. 이를 위해 세균 관련 실험을 진행했고, 항공기로 패스트균을 뿌려 전파력을 측정하는 무모한 실험도 진행했다. 이런 방법으로 세균으로 인한 병의 진행 속도와 세균이 인체에 미치는 영향 등을 측정했다. 이 데이터는 어디에 사용하려고 했을까? 생물학전에 사용되는 병균이나 벼룩 같은 벌레는 바람에 의해 이동한다. 이 경우 원하지 않는 곳에 벼룩이 떨어져 그곳에 피해를 줄 가능성이 있다. 이런 특성을 이용해서 불특정 다수를 노린 것이 아닐까 생각해 본다.

실험명	실험 방법/내용	수집 데이터
세균 주사 실험	세균이 들어 있는 용액을 마루타의 정맥에 주사. 마루타의 상태에 따라 항생제를 주사하여 치료 후 2차 실험 진행. 실험 대상으로써 가치가 없을 때는 독약을 주사하여 죽게 함	병의 진행 측정
세균 음식물 실험	밥, 과일, 식수 등에 세균을 주입하여 마루타에게 공급	각종 세균의 효능을 측정
세균 집체 감염 실험	야외에 마루타를 나무 기둥에 묶고 각종 세균탄을 터트림	세균 감염 상황 측정
질병 전파	감염된 사람들과 건강한 사람들을 함께 가두어, 여러 가지 질병들이 어떻게 전염되는지 관찰	질병 감염 경로 측정
페스트균 투하	항공기로 페스트균을 가진 벼룩을 담은 폭탄을 투하	투하된 중심부로부터 잰 이격 거리 내의 사망 인구 측정

▲ 세균 실험 내용

무기의 힘 측정

내열 실험, 보병총 성능 실험, 신무기 실험, 독가스 실험은 직접적인 살상을 위한 실험이다. 사람을 대상으로 소총의 관통력과 신무기의 위력을 실험했다. 독가스 실험은 화학전을 준비한 것으로 보인다. 밀폐된 방에서 퍼트린 독가스의 살상 속도를 이용해 적을 공격하려고 했을 것이다.

실험명	실험 방법/내용	수집 데이터
내열 실험	망가진 전차 속에 사람을 가두어 놓고 화염방사기를 쏨	열에 견디는 시간을 측정
보병총 성능 실험	여러 명을 일렬 종대로 세워 놓고 맨 앞 사람의 가슴에 총을 바짝 대고 방아쇠를 당김	관통력 측정
신무기 성능 시험	밀폐된 방안에 사람을 동그랗게 앉혀 놓고 한가운데 수류탄이나 소폭탄을 터뜨림	폭탄 피해 정도 측정
독가스 실험	밀폐된 방에 마루타를 가두고 각종 독성가스와 청산가스를 주입	독가스/청산가스에 의한 죽음 측정

▲ 무기 실험 내용

생체 능력 시험

이번은 사람 자체에 대한 실험이다. 추위, 더위, 진공, 기아, 단수, 건조 등 인간이 살 수 있는 환경을 최소화시키며 관찰했다. 이 과정을 통해서 생체의 한계점을 찾으려고 한 것으로 보인다. 공장에서 제품 검사하듯 인간 자체의 생체 능력을 측정하였다. 궁금해진다. 여기서 얻은 생존 한계점 데이터는 어디에 사용됐을까?

실험명	실험 방법/내용	수집 데이터
동상 실험	마루타를 영하 40℃ 혹한의 날씨에 묶어 두고 얼음물에 들어 갔다 나오거나, 팔 다리를 담그게 함. 동상 걸린 부위를 칼로 자르거나 망치로 두드려 보는 행위. 동상에 걸린 팔, 다리를 모닥불에 넣는 행위. 영하 24~27℃, 초속 5m 강풍 속에서 얇은 옷을 입은 채 들것 위에 반듯이 누워 맨발인 경우, 젖은 신발을 신은 경우, 젖은 장갑을 낀 경우, 술을 마셨을 경우, 공복인 경우 등 갖가지 상황 실험.	동상 진행 과정 및 상태, 고통 정도 측정
진공 실험 (압력 실험)	압력실에 사람을 넣고 공기를 서서히 빼면서 눈알과 내장이 어느 정도의 압력에서 나오는지 관찰. 실험실 기압이 0.5기압 이하가 되면 혈관 파열이 시작되면서 눈동자가 튀어나와 1분 이내 사망.	압력에 따른 신체 변화 측정
중력 실험	마루타의 머리가 아래로 향하고 발이 위로 향하게 천장에 매달아 놓음(거꾸로 매달아서 실험)	괴로워하는 정도를 측정
공기 정맥 주사 실험	마루타의 정맥에 공기를 주입 정맥에 공기 5cc를 주입하면 사망	공기 주입량에 따른 변화를 측정
기아 실험	음식물을 공급하지 않음	생존기간 측정
단수 실험	물, 수분을 공급하지 않음	생존기간 측정
건조 실험	마루타를 건조한 감옥에 감금	생존기간 측정
감전 실험	마루타를 나무 기둥에 묶어 놓고 손과 발에 전기선을 묶어 놓고 강, 약의 전류를 통하게 하여 감전 상태 발생시킴	감전에 따른 변화 측정
열수 착상 실험	마루타에게 끓는 물을 부어 화상을 발생시킴	화상 정도 측정
화공 실험	마루타를 불에 태움	불에 타는 상태 변화 측정
수공 실험	마루타를 물속에 넣음	상태 변화 측정
X 광선 실험	마루타를 장시간 X선에 노출시킴	노출 정도에 따른 상태 변화 측정
인공수정 실험	사람과 동물에서 채취한 정자를 여성, 동물의 암컷 생식기 안으로 주입하여 수정시킴	수정 여부 측정
오줌주사 실험	마루타의 소변을 인체에 주사함	소변량에 따른 상태 변화 측정
고속회전 실험	마루타를 원통 안에 넣고 고속으로 회전시킴	회전 속도에 따른 상태 변화 측정
연기 주입 실험	연기를 마루타의 폐에 주입시킴	주입량에 따른 상태 변화 측정
약물 실험	각종 약물을 마루타에게 투여	약물 효과 측정

마취 실험	마루타에게 마약 복용 후 주사를 통해 마취시킴	마취에서 깨어나는 시간 측정
동맥과 신경 절단 실험	마루타의 동맥과 신경 절단 후 관찰함	생존 시간 측정
수면 실험	강제로 수면제를 복용시고 관찰함	수면제 복용 후 상태 측정
화상 실험	화약을 얼굴에 심고 불을 붙임	타 들어가는 정도 측정

▲ 생체 실험 내용

신체 변화 측정

매독 전염 실험, 혈액 실험, 이식 실험, 인공낙태 실험, 교잡배 실험 등은 순수한 인체에 강제로 변형을 하거나 이물질을 투입해 신체가 일으키는 변화를 측정한 것이다. 어떻게 이런 끔찍한 생각을 하게 되었을까. 인간의 좌우 손발을 바꾸는 이식실험이나 동물과 사람의 피를 서로 바꾸는 대체 수혈 실험은 인간의 존엄성에 대한 도전으로 보일 지경이다. 새로운 종을 만들어 내려는 신과 같은 경지에 오르려고 하는 행위로도 보인다.

실험명	실험 방법/내용	수집 데이터
매독 전염 실험	여성의 질 내에 매독균을 주입	병 진행 과정 측정
혈액 실험 (대체수혈 실험)	동물의 피와 인간의 피를 교환하는 실험. 주로 말이나 원숭이의 혈액을 이용함. 말의 피를 사람의 몸에 주입하고 사람의 피를 말의 몸에 주입함. 이때 말의 피를 사람에게 100g을 주입하면 고통을 느끼고 500g가량 주입하면 사망	고통을 느끼는 정도 측정
이식 실험	마루타의 양쪽 발과 손을 바꾸어 이식하고, 직장을 위와 식섭 잇기도 하였으며, 위와 십이지장을 잘라내고 식도와 소장을 직접 연결함. 간장, 비장, 위 등을 떼어내고 이식하는 실험도 진행함	이식에 따른 변화 측정
인공낙태 실험	임산부의 자궁에 구더기를 넣어 태아를 얼마나 갉아먹는지 관찰	낙태 여부 측정
교잡배 실험	강제로 아시아인과 러시아인을 교배시킴	교배 결과 측정

▲ 신체 실험 내용

이 표에 나타낸 실험 내용과 수집하려는 데이터를 분류하는 동안 그들이 원했던 것은 무엇일까 생각해 보았다. 목적은 전쟁에서의 승리였을 것이다. 그런데 순수한 전쟁이나 외교가 아닌 세균전이나 인간의 특성을 이용한 화학전을 고려했다는 생각이 든다. 그들은 페스트균을 뿌리고 신형 무기의 성능을 측정했다. 다양한 환경에서 인체가 견딜 수 있는 한계점을 실험했다. 결국 그들은 전쟁에서의 승리를 꿈꾸었다. 방법은 중요하지 않았다. 단지 그들은 결과만을 중요시하는 전쟁광이었다.

소설 『마루타』를 읽은 후의 공포

대학 때였다. 정현우 작가의 『마루타』라는 소설을 읽고 충격을 받았다. 이 소설은 사실을 기반으로 하고 있었다. 실험 도구가 된 사람에 대한 이야기. 이 소설을 읽은 후 내용보다는 실험에 대한 충격이 오래도록 기억에 남았다.

이후 실험 장소인 731부대의 '731'은 공포의 숫자가 되어 '731 이시이 부대'라는 명칭으로 내 머리 속에 각인되었다. 친구들과 대화 중에도 자주 '마루타'라는 표현을 사용했다. 누구보다 먼저 어떤 행동을 한 사람을 통칭적 의미였다. 다른 단어가 있었지만 '마루타'라는 용어가 자연스럽게 흘러나왔다. 이 소설 중 가장 기억에 남는 장면이 '동상 실험'이었다. 동상에 걸린 팔을 뜨거운 물에 넣으면서 실험하는 장면이었다. 책을 읽던 시기가 찬바람이 불던 겨울이어서 그런지 더욱 기억에 남았다. 매서운 바람이 부는 겨울에 시린 손을 비빌 때마다 그 장면을 자주 떠올리곤 했다.

과연 인간은 실험의 대상이 될 수 있는가? 731부대는 마루타 실험을 통해서 많은 데이터를 확보했다. 확보된 데이터로 무엇을 했는지는 모른다. 그 데이터가 어떤 곳에 사용되었는지도 모른다. 만약 유용한 곳에 사용되었다면 이 실험은 용서받을 수 있을까? 용서받을 수 있다면 현대판 마루타는 정의로운 것일까? 아니다. 인간은 목적이지 수단이 되면 안 된다. 수단이 될 수 있다는 정당함을 주장하려면, 주장하는 당사자가 수단이 될 수 있어야 한다.

무서운 과거의 진실이 현대의 이익이라는 관점에서 용서받아서는 안 될 것이다. 마르틴 니묄러(Martin Niemöller, 1892년~1984년) 목사의 글 '처음 그들이 왔을 때(First they came)'가 생각난다. 나치의 만행이 잘못되었지만 자신의 일이 아니라고 무관심으로 방관하던 사람들을 비판한 글이다. 마루타를 통한 실험이 잘못되었지만 내 일이 아니라고 방관하고 있다면, 우리가 마루타가 되어야 할 차례가 왔을 때 나를 위해 나서 줄 사람은 아무도 남아 있지 않을 수 있기 때문이다. 데이터 수집의 정당성과 수집된 데이터 사용의 합리성에 대해서 생각해 볼 필요가 있다.

데이터는 정당하게 얻어야 한다. 비 합법적으로 얻어진 데이터를 유용하기 때문에 문제가 없다고 한다면 우리와 관련된 모든 데이터는 쉽게 노출될 것이다. 그리고 유용하다는 명목 하에 쉽게 활용될 것이다. 이래서는 개인의 존엄성에 위해가 가해질 수 있다. 개인의 데이터 또한 개인의 소유물이므로 승인 받고 사용되어야 하고 사용되는 영역과 기간 또한 합의가 되어야 한다. 그래야 우리는 우리의 데이터를 가치 있게 만들 수 있는 것이다.

나치가 공산주의자들을 덮쳤을 때,

나는 침묵했다.

나는 공산주의자가 아니었기 때문이다.

그다음에 그들이 사회민주당원들을 가두었을 때,

나는 침묵했다.

나는 사회민주당원이 아니었기 때문이다.

그다음에 그들이 노동조합원들을 덮쳤을 때,

나는 아무 말도 하지 않았다.

나는 노동조합원이 아니었기 때문이다.

그들이 나에게 닥쳤을 때는,

나를 위해 말해 줄 이들이

아무도 남아 있지 않았다.

— 마르틴 니묄러, 처음 그들이 왔을 때(First they came)

참고자료

1. 731부대와 의사들 (2014, 건강미디어협동조합) 스즈키 아키라 역, 전쟁과의료윤리 검증추진회 지음, 임상혁 감수, 건강미디어협동조합

2. 어메이징 세계사 (2012, 서해문집) 도현신 지음

3. 천재와 괴짜들의 일본 과학사 (2016, 조선비즈) 고토 히데키 지음, 허태성 옮김

4. 이시이시로 (위키백과)

   https://ko.wikipedia.org/wiki/이시이_시로

5. 마루타 (나무백과)

   https://namu.wiki/w/마루타

6. 731부대 (위키 백과)

   https://ko.wikipedia.org/wiki/731부대

7. 日 731부대, 민간인 지역서도 세균 실험 (2013. 10. 30, 조선일보)

   https://bit.ly/2OTpcug

8. 패널집 전쟁과 의(医)의 윤리

   https://bit.ly/2PuO7nm

9. 731부대원은 아무도 처벌받지 않았다 (2011. 03. 24, Science Times)

   https://bit.ly/2RljPAO

10. 미국, 과테말라에서 성병 생체 실험 (2010. 10. 04, VOA korea)

    https://bit.ly/2Q26Q6O

11. 731부대장 이시이가 미국으로 간 이유 (2015. 07. 08, 통일뉴스)

    https://bit.ly/2yziqjl

출생과 사망 데이터,
맬서스가 놓친 것은?

1790년대 후반, 영국 케임브리지 대학교 근교의 어느 집. 한 남자가 여러 자료가 쌓인 책상 앞에 앉아 있었다. 그는 심각한 표정으로 문서 몇 장을 계속 보다가 이내 짧은 탄식을 하며 빈 종이에 무언가를 적고 있었다. 그때 노크 소리가 들렸다. 남자는 기다렸다는 듯 문을 열었고 들어오는 사람과 악수를 했다. 남자가 책상 앞에 있는 의자를 가리키자 손님은 그 의자에 앉았고, 남자는 차를 끓여왔다.

"제임스, 이 자료 한번 보겠나?" 맬서스는 이제 막 도착한 제임스에게 영국의 인구통계표를 건넸다. 지금까지 그가 보고 있던 자료였다. 제임스는 맬서스가 건네준 자료를 들여다보았다. 자료에는 여러 가지 수치가 표로 정리되어 있었다. 제임스는 문서의 내용을 이해하지 못하고 맬서스를 쳐다봤다. 맬서스는 그런 친구의 표정을 읽고 자료에 대해 설명하기 시작했다.

"여기 이 부분은 남녀 100쌍이 결혼하면 아이를 350명 낳는다는 거야. 조사해서 나온 데이터겠지만, 아마 조사에서 누락된 부분도 있을걸세. 누락된 데이터까지 감안하면 실제로 낳은 아이는 400명은 될 거야. 즉, 1쌍이 4명의 아이를 낳는다는 거지. 그리고 이 옆 칸에 있는 것은 사망자에 대한 내용인데 1쌍이 결혼할 때 3명이 사망하고 있어. 다시 말하면 부부 1쌍이 생기면 아이가 4명 태어나고, 그 사이에 3명이 죽는다는 거지. 평균 결혼 연령과 평균 사망 연령이 7년 정도 차이가 나거든. 그 7년 사이에 인구는 1명씩 계속 늘어나게 되는 거지. 여기에 재혼, 삼혼까지 감안하면 결혼 1쌍당 사망자 수치는 3.6명이 돼. 그러면 7년간 0.4명이니까 즉, 18년에 인구가 1명씩 증가하는 게 돼." 맬서스는 제임스에게 인구 증가에 대해 자신이 계산한 내용을 쭉 설명했다. 친구는 머릿속으로 계산하느라 바쁜지 표정에는 변화가 없었다.

맬서스는 책상에 놓인 자료를 뒤져 수치가 기록된 표를 제임스에게 내밀었다. 제임스가 받은 표에는 '러시아 왕국과 리투아니아 통계'라고 적혀 있었고, 기간별로 출생자 수, 사망자 수, 결혼한 부부 수가 나와 있고 그 옆으로는 각각의 비율이 계산되어 있었다.

조사 기간	연평균			비율		
	출생	사망	결혼	결혼 대 출생 비율	결혼 대 사망 비율	사망 대 출생 비율
1702년에 이르는 10년간	21,963	14,718	5,928	10 : 37.0	10 : 24.8	10 : 14.9
1716년에 이르는 5년간	21,602	11,984	4,968	10 : 43.5	10 : 24.1	10 : 18.0
1756년에 이르는 5년간	28,392	19,154	5,599	10 : 50.7	10 : 34.2	10 : 14.8

▲ 러시아 왕국과 리투아니아 통계

"이 표는 러시아와 리투아니아 출생과 사망, 결혼에 대한 연 평균 조사 자료야. 첫째 줄을 보면 1702년까지 10년간의 평균 수치인데, 결혼 10쌍당 37명 태어나고 24.8명이 사망하고 있지. 옆에 있는 사망에 대한 출생의 비율을 보면 10명 사망할 때 약 15명이 출생하니 5명의 인구가 증가했지. 결혼을 하면 평균적으로 3.7명에서 5명을 출산하기 때문에 인구는 늘게 돼. 그러면 인구가 현재의 2배가 되는 데 얼마나 걸릴지 계산할 수 있어. 잠시만 여기에 표가 있는데…. 아 여기 있군." 맬서스는 다시 책상을 뒤져 찾아낸 다른 종이를 친구에게 보여줬다. 사망 대 출생의 비율로 인구가 2배가 되는 시기를 계산한 표였다.

가정	현재인구(A)	10만 명	36명 당 1명이 사망하는 경우의 사망률(B)			2.78%
사망 10명 대비 출생 비	사망 대비 출생 비율 (C)	사망자 (D=A*B)	출생자 (E=D*C)	초과 출생자 수 (F=E-D)	총 인구 대 비 초과 출생비율 (G=F/A)	인구가 2배 가 되는 기간 (년) (=69.3/ G*100)
10대 11	110%	2,778	3,056	278	0.278%	249.5
10 대 12	120%	2,778	3,333	556	0.556%	124.7
10대 13	130%	2,778	3,611	833	0.833%	83.2
10대 14	140%	2,778	3,889	1,111	1.111%	62.4
10대 15	150%	2,778	4,167	1,389	1.389%	49.9
10대 18	180%	2,778	5,000	2,222	2.222%	31.2
10대 19	190%	2,778	5,278	2,500	2.500%	27.7
10대 20	200%	2,778	5,556	2,778	2.778%	24.9
10대 21	210%	2,778	5,833	3,056	3.056%	22.7
10대 24	240%	2,778	6,667	3,889	3.889%	17.8
10대 25	250%	2,778	6,944	4,167	4.167%	16.6
10대 30	300%	2,778	8,333	5,556	5.556%	12.5

▲ 인구가 현재의 2배가 되는 예상 기간. 옆 페이지 그림 참조

TABLE I.

When in any country there are 103,0co perfons living, and the mortality is 1 in 36.

If the proportion of deaths to births be as		Then the excefs of the births will be	The proportion of the excefs of the births to the whole population, will be	And therefore the period of doubling will be
	11	277	$\frac{1}{360}$	250 years.
	12	555	$\frac{1}{180}$	125
	13	833	$\frac{1}{120}$	$83\frac{1}{2}$
	14	1110	$\frac{1}{90}$	$62\frac{1}{2}$
	15	1388	$\frac{1}{72}$	$50\frac{1}{2}$
	16	1666	$\frac{1}{60}$	42
10:	17	1943	$\frac{1}{51}$	$35\frac{3}{4}$
	18	2221	$\frac{1}{45}$	$31\frac{1}{2}$
	19	2499	$\frac{1}{40}$	28
	20	2777	$\frac{1}{38}$	$25\frac{3}{10}$
	22	3332	$\frac{1}{30}$	$21\frac{1}{2}$
	25	4165	$\frac{1}{24}$	17
	30	5554	$\frac{1}{18}$	$12\frac{4}{5}$

▲ An Essay on the Principle of Population: Volumn1 (1807), 535페이지에 수록된 도표.
출처: https://bit.ly/2Q0rGDG

　"이 표는 인구가 10만 명인 어떤 나라를 기준으로 계산한 표인데, 평균 사망률 36:1, 즉 36명 중 1명이 사망한다는 가정 하에 만든 거야. 여기 첫 줄을 놓고 보면 10명이 사망할 때 11명이 태어날 경우 인구가 2배가 되는 시점은 250년 후야. 이 내용대로라면 10명이 사망할 때 20명이 태어날 경우 인구가 2배가 되는 시점은 25년 후가 되지. 예를 들어 러시아에서 10명이 사망할 때 15명이 태어난다면, 50년 후에는 인구가 현재의 2배가 되겠지." 맬서스는 출생과 사망에 따른 순수 증가 수치를 기준으로 인구가 2배가 되는 시점을 설명했다.

　"여기 이 자료를 보면 스웨덴도 마찬가지야. 재작년에는 753만 명이었는데 작년에는 785만 명이 됐어. 1년 사이 32만 명이나 늘었어. 이런 추세라면 25년 후에는 인구가 배가 될 거야." 맬서스는 이웃 나라의 사례를 예로 들어가며 제임스에게 인구 증가에 대해 설명했다.

그의 말에는 인구 증가에 대한 부정적인 생각이 잠재되어 있었다.

"맬서스, 사람이 많아지면 좋잖아. 물건을 살 사람도 많아지고 일할 사람도 많아지니까." 토마스는 맬서스의 생각과 반대로 인구 증가가 좋다는 의견을 제시했다.

"당장은 그렇지. 사람은 곧 소비자이니 사람이 많아지면 시장도 커지고 말이야. 그런데 사람이 살아가려면 먹을 것이 있어야 하네. 음식은 농작물에서 나오잖아. 그런데 농작물은 뿌리는 양만큼만 거둘 수 있거든. 하지만 인구는 1명이 2명이 되고 2명이 4명이 되고 곧 8명이 돼. 농작물은 산술급수로 증가는 데 인구는 기하급수로 느는 거지."

"산술급수적? 기하급수적?" 제임스가 되물었다. "아, 그 말이 잘 이해가 되지 않는가 보네. 기하급수라는 말은 어떤 수에 같은 수를 곱해 나간다는 말일세. 그렇게 되면 수치가 이전 숫자의 배로 늘지. 예를 들어 1, 2, 4, 8, 16, 32로 느는 거야. 산술급수라는 말은 어떤 수에 같은 수를 더하는 것을 말하지. 예를 들어 1, 2, 3, 4, 5, 6처럼 앞의 수에 '1'을 더해 나가는 거라네.

이게 왜 무서운지 계산해 보겠네. 아까 그 표에서 25년마다 인구가 배로 느는 경우를 가지고 설명하겠네. A 나라는 인구가 100명이고 밀 100포대를 1년 식량으로 가지고 있지. 25년 후에 인구가 200명으로 두 배가 되겠지만 식량도 산술적으로 증가해서 200포대일 테니 문제없지. 50년 후에는 인구가 400명이 되지만 식량은 300포대야. 당장 좀 부족해도 아끼면 어떻게든 되겠지. 하지만 점점 문제가 될 거야. 100년 후에는 인구가 1,600명이 되는데 식량은 500포대뿐이고, 200년 후에는 인구가 25,600명인데 식량은 900포대야. 어떤가? 격차가 너무 많이 벌어지지. 인구가 이렇게 기하급수로 증가하면 해결할 수 없는 구조가 되어 버린다네."

"에이. 그런 말 말아. 어디 증거라도 있나?"

"여길 봐, 여기 몇 년치 인구를 나타내고 있잖아. 이것만 봐도 매년 인구는 쑥쑥 늘고 있다네." 토마스는 맬서스가 가리키는 곳을 살펴보니 정말 인구가 늘고 있었다. 인구가 증가한 것은 엘리자베스 여왕의 빈민법Elizabeth poor law이 시행된 이후였다. 이 시점을 기준으로 인구는 꾸준히 늘고 있었다. 자세히 보면 빈민 계층의 인구가 늘었다.

"제임스, 빈민들은 나라에서 시행하는 구제책 덕분에 살고 있는 것이네. 그들은 아이를 많이 낳거든. 우리 같은 귀족은 많아야 3명 정도지만, 저들은 6명까지도 낳고 있어. 결국 우리가 벌어 저들을 먹여 살리는 꼴인 거지." 맬서스는 빈민법에 불만이 있었다. 그 법이 시행되면서 인구가 증가되었다고 판단했기 때문이다.

"그래도 같이 잘 살아야지. 다 같이 살아가는 세상 아닌가." 제임스가 긍정적으로 풀어가려 했지만, 맬서스는 친구의 말은 귓전으로 흘리고 방금 전의 이야기를 이어나갔다.

"옛날에는 전쟁이 많았어. 전쟁 때문에 자연스럽게 인구는 감소됐지. 그리고 전염병도 인구 조절에 한 몫 했어. 기억하지? 페스트가 만연했을 때 유럽 인구의 3분의 1이 죽었어. 이제는 방역도 잘되고 예방도 잘하기 때문에 그런 일은 없을 거야."

"이봐, 친구. 그렇다고 인구를 조절해야 하니 옆 나라와 전쟁을 벌일 수는 없잖아? 사라진 전염병을 다시 만들 수도 없는 거고. 지금 세상은 지금 방식대로 살아야지." 제임스는 맬서스의 이야기를 듣고 놀란 반응을 보였다. 단지 인구가 많다는 이유로 전쟁을 하고 전염병을 퍼트린다면 누가 그 일에 동참할 것인가? 이런 일이 공론화되면 사회적 혼란이 극에 달할 것이었다.

"그래, 맞는 말이야. 그래서 이런 가설을 생각해 봤네. 인구 조절을 위한 적극적 방법과 소극적 방법이야. 적극적 방법은 자네가 말한 것 같은 전쟁이나 전염병이야. 소극적인 방법은 출산율을 줄이는 거지. 예를 들어, 인구를 제한하거나 결혼을 늦추는 등의 제도적인 방법 말이야." 맬서스가 말했다. 제임스는 맬서스의 이야기를 듣고 반대로 생각해 보았다.

"식량을 늘리는 건 어때? 지금 들어보면 가장 큰 문제는 식량인 것 같은데."

"그러려면 농장이 늘어야 해. 농장이 땅을 판다고 늘지는 않잖아. 농장이 늘더라고 거기에 뿌릴 씨앗과 거름 등이 필요하고. 그래서 농작물은 산술급수로 늘게 돼서 인구 증가를 따라올 수 없어." 맬서스는 말을 쉬고 앞에 놓인 차를 마셨다.

맬서스는 인구에 관한 그의 생각을 세상에 알리기 위해 친구에게 보여준 자료를 토대로 책을 준비하고 있었다. 그는 인구의 급격한 증가는 식량 부족 때문에 위험하다고 여겼다. 사람들 대부분은 추가로 농지를 개간해 부족한 식량을 생산하면 된다고 생각했다. 하지만 맬서스는 농지 개간으로는 그 양을 다 충당할 수 없고 개간한다고 해도 새로운 농지에서 곡식이 생산되는 데까지 시간이 걸리기 때문에 인구 증가를 조절해야만 한다고 생각했다. 제임스는 맬서스와는 달리 인구 증가 제한보다는 식량 생산을 늘리는 방법을 연구해야 한다고 생각했다.

맬서스의 『인구론』

토머스 로버트 맬서스(Thomas Robert Malthus, 1766년~1834년)는 영국의
인구 통계 및 정치 경제학자로, 인구 증가에 대한 이론으로 유명하다.
그는 집에서 기초적인 교육을 받은 후 케임브리지 대학교에서 영어 등
어문학을 학습했지만, 주요 연구 분야는 수학이었다. 1793년에 전임
교수가 되었다가 몇 년 후 성공회의 성직자가 되었다.

그는 1798년에 『인구론(人口論, An Essay on the Principle of Popula-
tion)』 초판을 익명으로 출간했고 2판부터는 자신의 이름으로 출간했
다. 총 6번의 개정판을 내면서 통계 자료도 상세해졌다. 에피소드에
언급한 러시아와 리투아니아의 출생과 사망을 다룬 통계도 5판은 자
료가 5년 단위로 정밀해졌다. 자신의 이론을 증명하고자 데이터를 더
욱 정밀하게 정리한 것으로 보인다(『인구론』의 제2편 12장 '호적부의 출생,
사망, 혼인 등에 유행병이 미치는 영향'의 표4 참조).

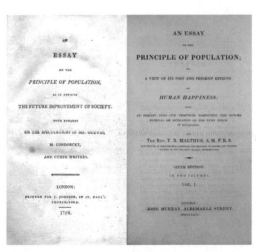

▲ 『인구론』 초판과 2판 표지. 출처: https://bit.ly/2OeRH0q, https://bit.ly/2CIZeTb

맬서스가 『인구론』에서 주장하는 핵심은 '빈곤'에 있다. 맬서스는 인구 증가가 결국 빈곤으로 이어지며, 이유는 인구 증가가 식량 증가보다 더 빠르기 때문이라고 주장했다. 이를 증명하기 위해 그는 8가지 주요한 포인트를 제시했다(1798년 에세이). 그 내용을 통해 인구 증가로 인한 빈곤이나 곤경 등 재앙적인 측면을 강조하고 있다. 내용은 아래와 같다.

1. 생존은 인구수를 심각하게 제한한다.
2. 생존을 위한 수단이나 방법이 증가하면 인구도 증가한다.
3. 인구 증가에 따른 압력은 생산성의 증가를 유도한다.
4. 생산성의 증가는 앞으로의 인구 증가를 유도한다.
5. 비록 생산성이 증가해도 잠재적인 인구증가를 유지할 수 없기에, 인구수가 감당할 수준인지를 치밀하게 점검해야 한다.
6. 섹스, 일, 아이들에 관한 개별적인 비용이나 이득의 판단은 인구와 생산의 확대나 축소를 결정한다.
7. 인구수가 생존 가능한 규모를 초과하는 상태가 되는지 점검한다.
8. 이런 특성들이 보다 큰 사회문화적 시스템에 의미 있는 영향을 미치는지 확인한다(맬서스는 특히 고통, 범죄, 가난을 지적).

그의 『인구론』은 빈곤과 그 원인인 인구 증가에 초점이 맞춰져 있다. 가설에 나오는 '생산력'이란 '식량 생산'을 의미하며, 식량이 있어야 인구의 성장도 가능한데 인구의 기하급수적 증가와 식량의 산술급수적 증가로 인한 불균형이 결국 빈곤으로 이어진다는 내용이다.

농업 기술이 발전하면서 식량 생산이 증가하고, 임금이 상승하고 양호한 위생 환경이 만들어진다. 이는 인구 증가로 이어지지만, 늘어난 인구 때문에 위생은 악화되고 식량이 부족해지면서 질병, 전쟁 등이 발생한다. 이런 환경은 인구 감소로 이어져 일손이 부족해지고 임금이 올라간다. 다시 식량이 늘어나고 위생이 개선되어 인구가 증가하는 반복 현상이 일어난다. 이를 맬서스 트랩^{Malthusian trap}이라고 한다. 트랩이라고 불리는 이유는 인구 감소가 산업에 영향을 주고 그 산업이 인구 증대로 이어지는 반복적인 구조를 맬서스의 이론이 내포하고 있기 때문이다.

맬서스는 인구의 증가로 인한 식량 부족을 얘기하면서 기술의 발전에 대해서는 모른 척한 것 같다. '필요는 발명의 어머니'라는 말이 있듯이 인간은 부족한 것은 새로운 아이디어와 기술 발전으로 채우고 한계는 뛰어 넘으려고 하는 성향이 있다. 맬서스가 우려한 식량 부족, 즉 빈곤 상황은 어떻게 전개되었을까?

식량 생산 기술의 반격

산업혁명 이래 서구 자본주의 사회는 맬서스의 예측과는 정반대로 식량과 인구 모두 기하급수적으로 증가했다. 1인당 소득도 급속도로 늘어났고, 식량도 걱정 없이 늘었다. 하지만 아프리카 대부분 나라는 여전히 굶주리고 있다. 맬서스의 이론을 바탕으로 삼은 고전경제학은 자본주의 미래를 제대로 예측하지 못했다. 기술 진보의 위력을 너무 과소평가한 것이다.

산업혁명 이래 기술이 눈부시도록 빠르게 발달했음은 누구나 인정하는 사실이다. 그에 따라 많은 식량이 생산되고 있지만 여전히 굶어 죽는 사람이 있다. 이것은 사회적인 구조와 분배에 문제점이 있다. 한쪽에서 버려지는 음식이 다른 쪽에서는 절실히 필요한 식량이 된다. 지구의 식량은 전 세계 인구가 다 먹고도 남는다고 한다. 분배에 그 답이 있지만, 적정 분배는 힘든 작업이다. 자본의 논리와 이익의 논리로 분배보다는 자기 소유로 유지하려고 하기 때문이다. 분배의 균형은 정부나 사회 단체의 힘이 필요하다.

우리가 지금 누리는 식량의 안정적 공급은 독일 화학자인 프리츠 하버(Fritz Haber, 1868년~1934년)의 노력이 크다. 그는 공기 중의 질소로 암모니아를 합성하는 방법을 발견한 업적으로 1918년에 노벨상을 수상했다. 이 방법으로 화학 비료의 원료를 충당함으로써 식량 위기를 극복할 수 있었다. 화학 비료의 발명은 식량 생산을 늘렸고, 인류를 기아에서 벗어나게 했다. 현재 세계 인구의 절반은 질소 비료로 생산된 식량을 먹고 있다.

사실 『인구론』이 나오기 전인 1700년부터 1800년 사이, 농민 1인당 생산성은 2배 가까이 증가했다. 이는 윤작이나 종자 개량, 농기구 개량과 경작에 소 대신 말을 사용하면서 경작지를 일구는 속도가 2배로 빨라졌기 때문이었다. 농업 기술의 발달은 농업 인구의 변화를 가져왔다. 1760년 영국 전체 인구의 75%였던 농업 인구가 1840년에는 25%로 줄었다. 이것은 영국의 산업혁명(1760년~1820년) 시기와 맞물린다. 산업혁명으로 공업에 많은 일손이 필요했고, 이 일손을 시골의 농업 인구에서 충당했다.

「이코노믹리뷰」 2017년 4월 호에 수록된 '식품산업의 미래'의 글로벌 통계 내용에 따르면, 1950년부터 1984년까지의 곡물 생산량은 2.6

배나 증가했다. 1965년 대비 1985년의 쌀 생산량은 2억 1,100만 톤 증가한 4억 6,800만 톤으로 연 평균 3%의 성장세를 보였다. 그러던 것이 1984년에서 1989년까지는 연 1%대로 낮아졌고, 1990년대 이후로는 식량 생산이 소비를 따라잡지 못하여 곡물 재고량이 감소하기 시작했다. 곡물 재고량은 2000년 대비 2008년에 3억 1,000만 톤으로 46.5%가량 줄어들었다. 생산량은 증가하지만 재고량이 감소한다는 것은 소비가 더 많음을 의미하며, 소비가 많다는 것은 소비 주체인 인구가 증가했음을 의미한다. 질소 비료 때문에 증가한 식량 생산량이 인구 증가를 따라 잡지 못하는 것이다.

그래서 인류는 식량 부족을 해결할 또 다른 식품을 준비하고 있다. 유전자 변형 식품이라고 불리는 GMO^{Genetically Modified Organism}다. 유전자 변형으로 병충해에 강하거나 생산성이 몇 배 높은 곡물이 생산되고 있다. 만들어진 고기라고 불리는 배양육^{curtured meat}이 한 예로, 이것은 소나 돼지의 근육조직에서 추출한 세포를 배양해 만들어낸 육류다. 이밖에도 유엔식량농업기구^{FAO}에서는 식용 곤충을 '미래의 식량'으로 지정하기도 했다.

맬서스의 인구 통계에서 놓친 부분

인구수는 출생과 사망, 인구 이동으로 결정된다. 맬서스가 살던 시대에도 나라별로 인구조사가 진행되었고, 이 자료는 인구의 변화를 짐작할 수 있게 했다. 전쟁과 전염병이 없어졌다고(당시에는 그렇게 생각했지만) 생각했던 당시, 다른 곳에서는 인구의 증가에 대비한 식량 증산을 연구하고 있었다.

영국은 엘리자베스 여왕의 '빈민법'으로 출생이 늘었다. 특히 빈민 계층에서 인구 증가를 보였는데, 이는 귀족에게 눈엣가시였다. 이러한 인구 증가는 영국만의 문제가 아니었다. 러시아, 스웨덴도 마찬가지였다. 인구가 증가하면 식량과 주거, 교육 등에서 많은 대비가 필요하다. 조영태 교수는 『정해진 미래』에서 인구의 증가나 감소는 일정시기 이후의 미래를 정해 버린다고 했다. 사망자 대비 출생자의 비율이 2배가 되면 25년 후에는 인구가 2배로 늘어나며, 출생률과 사망률에 따른 인구의 변화를 모니터링해야 한다고 했다. 이것은 움직일 수 없는 미래이기 때문이라는 것이다.

맬서스가 인구 통계에서 놓친 부분이 있는데, 그것은 인구의 이동이다. 벤자민 프랭클린(Benjamin Franklin, 1706년~1790년, 미국 건국의 아버지(Founding Fathers) 중 한 명, 미국의 초대 정치인)이 제공한 인구 통계자료의 인구 증가율은, 해외에서 유입되는 이민자 수가 분리되지 않은 데이터였다. 이민자 수를 그대로 출생자 수로 보았기에 미국의 인구 증가율이 빠르게 증가하는 것으로 보였다. 맬서스의 통계에도 이런 인구 이동이 간과됐다.

맬서스가 인구 증가 계산에서 놓친 부분은 또 있다. 그것은 사망률 감소다. 농업혁명으로 식량 생산이 늘었고 보건 위생과 의료가 발전했다. 산업혁명은 도시화를 불러왔고, 이는 생활 환경의 개선으로 이어졌다. 유럽인들의 기대수명은 1700년대에는 30세에 불과했지만, 1850년대에는 40세, 1900년에는 50세로 늘었다. 이것이 사망률 감소로 계산되면서 인구가 증가했다.

우리나라 인구를 살펴보자. 2018년 7월 말 기준으로 우리나라 인구는 약 5,180만 명이다. 2010년에는 5,051만 명이었고, 2015년에는 5,152만 명이었다. 하지만 2031년에 5,296만 명으로 정점을 찍은 뒤, 2065년에는 4,302만 명으로 줄어든다고 한다. 무서운 것은 출산율(15세~49세 가임기 여성 1명이 평생 낳을 것으로 예상하는 평균 출생아 수)이다. 2010년에 1.226명에서 2013년에는 1.187명, 2017년에는 1.05명으로 줄었다. 출산율은 사회의 활력과 같다. 출산율이 줄어들면 그들이 성인이 되는 15년 또는 20년 후에는 주 소비층이 엷어지면서 사회의 활력 또한 위축된다.

인구 관련 데이터

통계청에서 운영하는 국가통계포털(http://kosis.kr/index/index.do)에서는 인구와 관련한 여러 데이터를 볼 수 있다. 인구총조사와 장래인구추계, 기대수명, 인구성장률, 인구밀도 등의 정보는 물론 출생, 사망 등 인구 변화와 관련된 통계들도 있다. 여기에 전체 가구수와 1인 가구수, 다문화 가구수 등의 통계도 있어 생활 구조의 변화를 읽을 수 있다.

출생률(인구 1천명당 출생아수를 나타내는 조粗출생률을 사용함)과 가구수의 변화를 살펴보면 출생률은 줄지만 가구수는 늘고 있다. 늘어나는 가구는 주로 1인 가구며, 평균 가구원 수도 4명에서 3명으로 다시 2.5명으로 줄고 있다. 이러한 인구 데이터에서 대가족 중심이 개인 위주의 1인가족으로 이동하는 사회 구조의 변화를 느낄 수 있다.

- **출생률**: 1980년 22.6명 → 2016년 7.9명으로 35%로 감소
- **가구수**: 1980년 196만가구 → 2016년 1937만 가구로 2.43배 증가
- **1인 가구**: 1980년 38만가구 → 2016년 540만 가구로 14.1배 증가

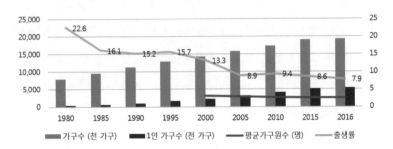

▲ 출생률과 1인 가구수의 변화

맬서스가 『인구론』에서 제기한 문제는 인구 증가가 아닌 식량 부족이었다. 그는 식량 부족을 해결할 방법을 인구를 줄이는 방향에서 찾았다. 하지만 농업 기술의 발달로 인구 증가는 문제가 되지 않았다.

출생률을 혼인 건수와 비교해 보자. 출생의 선행 지표인 혼인 건수는 감소세를 보이고 있고 출생률의 감소와 맥을 같이 하고 있다. 출생률은 올리는 방법은 혼인율을 높이는 것이다. 하지만 이것 또한 쉽지 않다. 앞에서 언급한 1인 가구의 증가를 보면 알 수 있다. 1인 가구의 증가는 평균 가구원수의 감소와 비혼 인구의 증가를 의미한다. 이는 혼인율과 반대가 되며 결국 출생률 저하로 이어진다.

- **혼인 건수**: 2008년 33만 건 → 2016년 28만 건으로 최근 9년 사이 14.1% 감소
- **출생률**: 2008년 9.4명 → 2016년 7.9명으로 최근 9년 사이 16.0% 감소

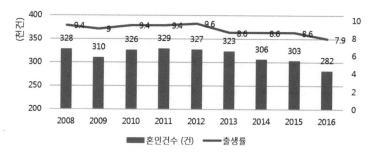

▲ 혼인 건수와 출생률의 변화

　1970년대 초등학교 한 반의 학생 수는 70명~80명이었다. 교실이 모자라던 당시에는 오전반과 오후반으로 나눠 2부제 수업을 했다. 그 배경에는 산업의 성장에 따른 도시화에 있었다. 농촌 인구는 도시로 몰려들었다. 도시로 가야 돈을 벌 수 있었다. 농사에서 벗어 나고자 하는 젊은이들의 욕구와 라디오와 텔레비전에서 흘러나오는 소식이 젊은이들을 도시로 불러들였다. 사회에 생동감이 있었다.

　인구 곡선에서 고령자가 가장 많은 사회는 그보다 청년이 상대적으로 적다는 의미다 미래는 청년에게서 나오는데, 그 힘이 약한 것이다. 이러한 인구 데이터를 기초로, 한 나라의 미래를 예측하고 인구 구성 형태를 고려한 법과 제도, 사회적 구성을 고민해 볼 수 있다. 데이터를 보면 인구 감소 시점을 알 수 있다. 이 시기를 알 수 있다면 대비 또한 가능하다. 미래를 예측한다는 것은 답답한 측면이 있지만, 대책을 마련할 시간을 얻을 수 있다는 의미에서 좋은 점이다. 데이터가 암울한 미래를 보여주더라도 대책을 준비하는 동안 희망을 꿈꿀 수 있기 때문이다.

　2016년을 기준으로 우리나라 국민의 기대 수명은 OECD 평균인 80.6세보다 1.7년 높은 82.3세가 되었다. 여자의 평균 수명은 85.4세로 남자의 79.3세보다 6.1년을 더 산다. 인간의 수명은 얼마나 늘어날까? 수명이 200살을 가뿐히 넘어서는 공상과학 소설 속 설정이 현실이 될 수도 있다. 우리가 살고 있는 지금을 100세 시대라고 한다. 1970년의 기대 수명은 61.9세였는데 그로부터 46년 후인 2016년의 기대 수명이 82.3세로 20.4년이 늘었다. 100세 시대가 머지 않았다.

산업화는 식량 생산에도 기여했다. 보릿고개는 옛말이 되었고, 과일도 비닐 하우스 덕분에 언제든지 먹을 수 있게 되었다. 예를 들어, 과거 비싼 과일이었던 바나나는 이제 누구나 쉽게 먹을 수 있는 생활 과일이 됐다. 먹고 사는 문제는 이제 우리 이웃의 문제가 아니라 TV 속 이야기로 넘어가 버렸다. 맬서스가 제기한 인구의 기하급수적 증가 외에 식량의 산술급수적 증가는 이론에 그쳐 버리고 만 것이다. 과학기술과 의학기술, 정보기술의 발전이 『인구론』의 우려를 잠재운 것이다.

맬서스의 『인구론』에서 참조한 수치에는 이민자의 인구이동이나 산업화와 과학의 발전에 따른 평균 사망 나이의 상승은 고려되지 않았다. 데이터에 나타난 수치는 당시(데이터 발생 시기)의 시대상이나 환경이 반영된다. 인구가 증가하는 그래프를 보면서 경제 발전을 떠올리고, 1인 가구가 증가하는 그래프를 보면서 혼밥, 혼술이란 말을 쉽게 떠올린다. 이는 데이터에 시점이 포함되었기 때문이다. 데이터에 시점이 담겨있음을 염두에 둔다면 데이터가 주는 수치의 흐름과 시대의 맥락을 파악하는 혜안을 얻으리라 생각한다.

참고자료

1. 인구론(2001, 박영사), T. R. 맬서스 지음, 이만수 옮김

2. An Essay on the Principle of Population: Volumn1(1807), 535페이지의 도
표https://bit.ly/2Q0rGDG

3. An Essay on the Principle of Population
https://bit.ly/1btryzY

4. 인구론(위키백과)
https://ko.wikipedia.org/wiki/인구론

5. 맬서스(위키백과)
https://ko.wikipedia.org/wiki/토머스_로버트_맬서스

6. 맬서스 트랩(나무위키)
https://namu.wiki/w/맬서스%20트랩

7. Eight major points regarding population dynamics appear(위키백과)
https://bit.ly/1qgOSMU

8. 맬서스이론과 그 파급효과 – T. R. 맬서스 탄생 250주년(2016, 지식의 지평. 제20
호), 이성용 지음

9. GMO 배양육 식용곤충까지 기술혁신이 답(2017. 04. 17, 이코노믹리뷰)
https://bit.ly/2OYz3iE

10. 엘리자베스(나무위키)
https://namu.wiki/w/엘리자베스%201세

11. 산업혁명(위키백과)
https://ko.wikipedia.org/wiki/산업혁명

12. 벤저민 프랭클린(위키백과)
https://ko.wikipedia.org/wiki/벤저민_프랭클린

13. 영화 인페르노 (나무위키)

   https://namu.wiki/w/인페르노 (2016년%20영화)

14. 국가통계포털

   http://kosis.kr/index/index.do

15. 주민등록 인구 및 세대현황 (행정안전부)

   https://bit.ly/2yBv2GE

16. 인구추계 (통계청)

   https://bit.ly/2OdTEu7

17. 죽은 경제학자의 살아있는 아이디어 (2009, 김영사) 토드 부크홀츠 지음, 류현 옮김,

   125-127페이지

18. 복리 계산 72 법칙의 원리와 증명 (2018. 02. 10, 와이즈노믹스)

   https://wisenomics.com/how-72-rule-works/

『종의 기원』, 22년의 시간은 데이터 숙성을 위해 필요했다

"창의성의 원천은 재미를 가지고 노력하는 마음이다."

— 찰스 다윈

1861년 어느 날. 찰스 다윈은 집 옆에 있는 다운 하우스 모랫길을 산책하고 있었다. 이곳에서 산 지도 19년이나 되었다. 예전에 살던 런던 집은 매연과 안개가 많아서, 몸이 약한 그가 지내기에는 어려움이 많았다. 이곳은 런던에 비해서 조용하고 공기도 좋았다.

"여보, 사람이 찾아왔어요. 기자라는데 돌려보낼까요?" 사색 중이던 다윈은 아내의 목소리에 뒤를 돌아보았다. 아내가 가까이 와 있는 것도 모른 채 사색에 잠겨 있었다. 다윈은 나이가 들면서 고질병이 점점 심해졌다. 지금처럼 산책을 통해 안정을 취하는 방법이 치료에 도움이 되었다.

"아! 괜찮아요. 서재로 안내해줘요. 바로 그리 가리다." 아내는 알겠다는 손짓을 하고 집으로 향했다. 아내의 뒷모습을 보며 기자가 왜 왔는지 생각해 보았다. 짐작 가는 곳이 있었다. '아마 그 책 때문이겠지. 작년에 벌어진 논쟁이 아직도 식지 않고 있으니 말이야, 허허.' 다윈은 발길을 집으로 옮겼다.

"안녕하세요. 다윈 박사님. 저희는 「헤럴지」에서 나왔습니다. 저는 윌리엄 리처드고 이쪽은 제임스 던입니다. 이렇게 얼굴을 직접 뵙게 되어 영광입니다." 기자들은 모자를 벗고 인사를 했다.

"반갑습니다. 기자님들. 이렇게 먼 곳까지 어쩐 일로 오셨나요?" 다윈은 기자와 악수를 한 뒤 의자를 권했다.

"박사님이 저술하신 『종의 기원』에 대해 취재하고 싶어 찾아왔습니다. 다만, 저희는 책 내용보다는 그 책을 준비해 온 과정에 대해서 취재하고자 합니다. 출판사의 얘기로는 책이 출간되기까지 22년이나 걸렸다고 하던데요. 5년 동안 '비글호' 항해를 마치고 바로 이 책을 내신 게 아니라 22년이 지난 시점인 재작년에 책을 출간하셨다고 들었습니다. 저희는 그 이야기가 궁금했습니다. 이렇게 취재를 나온 이유도 그 때문입니다." 기자는 취재 목적에 대해 설명하고서는 다윈의 대답을 기다렸다.

"기자 양반 이야기가 맞습니다. 비글호 항해를 마치고 22년이 흐른 뒤에야 이 책을 냈죠." 다윈은 탁자 위에 놓인 자신의 책 『종의 기원』을 가리키며 흡족한 미소를 지었다. 기자는 그런 박사의 모습을 보고 다음 이야기를 꺼냈다.

"박사님. 저희는 『종의 기원』이 출간되기까지 여러 가지 어려움이 있었던 것도 알고 있습니다. 책 머리말에 '연구는 거의 끝나가지만 완

성이 되려면 아직도 수년이 더 걸릴 것이다'라고 하셨죠. 22년의 시간
도 모자라 더 많은 시간이 필요하다고 하신 데는 분명 이유가 있을 거
라고 생각합니다. 책에는 여러 동식물에 대한 방대한 양의 데이터가
나오는데, 쉽게 구할 수 있는 것도 아니니까요.

저희는 박사님께서 진행하셨던 자료 조사 과정과 내용 분류 그리고
연구 방법에 대한 기획 기사를 준비하고 있습니다. 당시 이야기를 부
탁드려도 될까요?" 기자는 질문을 던지며, 가방에서 노트를 꺼냈다.
다윈은 아내에게 차를 준비해 줄 것을 부탁하며 이야기를 꺼냈다.

"30년 전 겨울이었죠. 비글호는 폴리머스 항구를 출항하며 5년간의
항해를 시작했습니다. 바이아, 리오데자네이로, 포클랜드 제도, 갈라
파고스 제도, 코코스 제도, 희망봉을 거치며 항해를 했습니다. 비글호
가 육지에 다다르면 짧게는 일주일, 길게는 2~3개월씩 머물렀죠. 저
는 그때마다 해당 지역에 어떤 동물과 식물이 있는지, 분포는 어떤지,
화석은 어떤 것이 있는지 조사했습니다." 다윈은 기자들이 메모하는
속도에 맞춰 말하는 속도를 조절했다.

"그곳에서 구한 화석이나 식물 표본 중 일부는 집으로 보냈습니다.
나중에 연구를 할 때 사용하려고 한 것입니다. 저는 매일매일 그날 관
찰한 내용을 기록했습니다. 어떤 동물이 있는지, 다른 곳과 어떤 차이
가 있는지, 식물의 모양은 어떻게 생겼고 유사한 식물은 무엇인지 1
년, 2년 기록하다 보니 변화가 보였습니다. 그 변화를 '변이'라고 불러
야겠군요. 그게 더 맞는 표현이니까요. 아무튼 기록한 내용을 살펴보
다가 변이에 대해 알게 됐고, 다음에 도착하는 곳에서는 그 변이에 대
해서 주로 관찰하고 기록했습니다. 기록할 것이 많았죠. 새로운 것을
알게 되면 이전의 기록과 비교해서 차이를 기록하게 되거든요. 그러

다 보니 데이터가 쌓여갔습니다. 그렇게 기록된 데이터는 이론을 정립하고 실증을 하는 데 아주 귀중한 자료가 되었습니다. 하지만 그것만으론 부족했습니다.

비글호 항해를 마치고 다음 해에 『비글호의 항해』라는 책을 출간했습니다. 혹시 보셨는지 모르겠군요. 그 책에는 항해와 관련된 내용을 넣었습니다. 거기에서 관찰과 기록에 대해 언급했죠. 그 이후 가져온 표본과 주변에서 구한 자료를 가지고 연구를 계속했습니다. 하지만 '진화론'에 대해서는 이미 잠정적인 이론을 가지고 있었습니다." 다윈은 잠시 말을 끊고 아내가 가져온 차를 마셨다.

"이미 22년 전에 이론을 정립하셨던 거군요. 그런데 왜 그때 발표하지 않고 작년에 발표하신 건가요?" 다윈은 기자들의 질문을 들으며 그들을 보았다. 그들은 성실해 보였고 자신의 이야기를 잘 정리해 기사를 내줄 것이란 생각이 들었다. 다윈은 찻잔을 내려놓고 이야기를 이어 나갔다.

"우리는 신을 믿습니다. 교회에서는 인간의 존재를 '창조론'으로 설명합니다. 『종의 기원』은 인간도 다른 동물과 마찬가지로 '진화론'의 일부라고 이야기합니다. 민감한 사안이죠. 결국 이 이론을 뒷받침할 과학적인 증명이 필요했습니다. 과학자로서의 권위도 필요했고요. 그래서 8년간 '따개비'를 연구해서 발표했습니다. 덕분에 저의 명성도 높아지고 과학자란 호칭도 받게 되었죠. 권위를 얻은 것입니다.

하지만 '진화론'을 증명하려면 더 많은 증거가 필요했습니다. 연구를 더 했고 자료도 많이 준비했습니다. 그 과정에서 한 가지 깨달은 것은 '변이'는 자료를 많이 준비한다고 증명할 수 있는 게 아니라는 사실입니다. '변이'는 아주 긴 시간 동안 천천히 일어나기 때문입니다. 그

것을 추적 조사하기에는 인간의 생은 짧습니다.

하나 예를 들어 볼까요? 자연 상태에서 변이가 1년마다 한 번 나타난다고 해 보죠. 실험 대상이 50개라면 50년이라는 시간이 필요합니다. 그래서 저는 관찰이 쉬운 생물, 즉 변이의 과정이 짧은 생물을 택해 사육 재배를 했습니다. 바로 이 집에서 말이죠. 매일매일 관찰하고 기록하고, 다시 관찰하고 기록하기를 반복했습니다. 그렇게 정리한 자료가 이 책의 뼈대이자 논리가 되었습니다. 그런 준비 끝에 『종의 기원』을 출간한 것입니다. 기자님, 답이 되었나요?"

다윈은 설명을 마쳤다. 설명하는 내내 비글호 항해 시절과 집에서 연구 시절이 머리에 떠올랐다.

"네. 박사님. 이야기를 들어보니 책이 나오기까지 왜 그렇게 긴 시간이 필요했는지 알겠습니다. 5년간의 비글호 항해는 '진화론'을 증명해 줄 데이터 수집과 관찰 그리고 기록의 시간이었던 거군요. 그 이후 시간은 '진화론'이 사회에서 받아들일 수 있도록, 권위를 확보하기 위한 시간이었던 거고요. '진화론'을 위한 자료 수집이나 분석 모두 쉽지는 않았겠네요. 저, 괜찮으시면 한가지 더 묻고 싶습니다." 기자는 수첩에 다윈의 얘기를 적고서 두 번째 질문으로 넘어가려 했다.

"콜록, 콜록! 혁, 혁…." 그때였다. 다윈이 심하게 기침을 하기 시작했다. 고질병으로 인한 기침과 구역질이 발작처럼 시작되자, 아내 엠마가 급히 달려와 남편의 기색을 살핀 후 기자들에게 말했다.

"기자님. 오늘은 더 이상 안되겠습니다. 고질병 때문에 최근 남편의 컨디션이 좋지 않아서요. 죄송하지만 오늘은 이만 돌아가 주세요." 엠마는 부엌에서 물을 가져와 남편에게 마시게 하는 한편, 기자들을 다시 쳐다보았다. 기자들은 모자를 쓰며 가벼운 목례를 보이고 집을 나왔다. 다윈의 기침 소리가 점점 멀어지는 만큼, 기자들의 발걸음도 함께 무거워졌다.

찰스 다윈과 『종의 기원』

찰스 다윈은 1859년 『종의 기원』을 발표했다. 그는 생물의 진화론을 바탕으로 이 책을 집필했는데 당시 종교 중심의 사회는 이를 받아들이지 못했다. 창조론이 대세였기 때문이다. 그는 20대 중반 비글호를 타고 탐험에 참여한다. 당시 선장인 로버트 피츠로이(Robert FitzRoy, 1805년~1865년, 영국의 해군 군인)가 박물학자(博物學子, natural history, 식물과 동물을 과학적으로 연구하는 학자)를 찾고 있었고 마침 다윈에게 연락이 닿았다. 1831년 12월, 들이닥친 한파에도 영국 정부의 비글호는 영국 플리머스 항을 출발했다. 비글호는 길이 27미터, 무게 500톤짜리 중형 선박으로 선원 70명을 태우고 있었다.

비글호의 임무는 영국 해군의 남아메리카 해안선 지도 개량과 신형 시계 장비 검증이었다. 해안선 조사를 위해 파타고라스, 푸에고 삼, 칠레, 페루 등을 항해했다. 그러다 1835년 9월에 도착한 갈라파고스 제도는 다윈의 연구에 결정적인 역할을 한다. 그곳에는 파충류와 조류가 가득했다. 특히 다윈이 그곳에서 발견한 식물 185종 중 100종은 신종이었다. 즉, 갈라파고스 제도는 새로운 종種의 보고寶庫였던 셈이다. 그는 그곳에서 동식물을 발견한 것을 계기로 진화론에 대한 논리를 조금씩 만들어나갔다.

다윈은 정박하는 곳에서 잡은 생물을 박제로 만들어 고향에 보냈다. 박제 기술은 남미 탐험 여행에서 만난 흑인 해방노예로부터 배워둔 것이다. 그는 의사인 아버지의 권유로 의대에 진학(1825년) 했지만, 곤충 채집과 동물 관찰에 더 흥미를 가지면서 의대를 포기했다. 이후 케임브리지 대학교 신학과에 입학(2년 후인 1827년)하여 우수한 성적으로 졸업했지만, 이 시기에 지질학, 자연 신학 등에 대해서도 배웠다. 비글호에 탑승하게 된 것도, 케임브리지 재학 시절의 은사인 존 스티븐스 헨슬로(John Stevens Henslow, 1796년~1861년, 영국의 식물학자이자 지질학자)의 추천 덕분이었다.

다윈은 비글호 항해를 하면서 집으로 편지를 보낼 때마다 견본을 동봉했다. 그가 이렇게 견본을 보낸 것은 지질학과 무척추 생물에 대해서는 잘 알았지만, 나머지 영역은 막 시작해서 잘 몰랐기 때문이다. 이후 전문가들의 평가를 받기 위해서라도 자료가 필요했다. 그는 수집과 관찰에 대한 자신의 생각을 노트에 기입했다. 여기에는 플랑크톤으로부터 해양 생물에 이르는 다양한 내용이 포함되어 있었다. 특히 갈라파고스 제도의 해변과 내륙에 사는 거북이나 새들이 환경에 따라 약간씩 차이점을 보이는 것에 큰 매력을 느꼈다.

그는 이후 영국으로 돌아와 헨슬로 교수와 함께 수많은 표본을 분류하고 항해 기록을 정리했다. 모든 것이 귀한 자료이고 데이터였다. 1839년 출판된 『비글호의 항해기』는 이러한 분류와 정리 작업의 결과물이었다. 그는 계속해서 연구와 논문을 발표했다. 1837년에는 남미 대륙이 조금씩 융기한다는 내용의 지질학 논문을 발표했고, 같은 해 2월 지질학회 평의회 의원이 됐다. 1842년에는 『산호초의 분포와 구조』, 같은 해 6월에는 '자연선택을 통한 진화 이론'에 대한 초고를 적었다. 1844년에는 『화산도의 지질학적 관찰』을, 1846년에는 『남미의 지질학적 관찰」을 발표했다. 이러한 논문의 배경에는 비글호 탐험에서 얻은 자료와 숱한 연구, 그리고 여러 언어에 능통한 부인의 도움이 있었다.

다윈은 그동안 모아둔 자료와 연구를 기반으로 1856년부터 『종의 기원』을 쓰기 시작했다. 1858년 알프레드 월리스(Alfred Russel Wallace, 1823년~1913년, 영국의 생물학자)에게 받은 미발표 논문이 자신의 이론과 너무나 닮아 있음을 알게 되면서, 다윈은 친구의 배려로 린네학회 총회에서 자신의 논문을 그의 논문과 함께 발표한다. 그리고 이듬해인 1859년 11월 『종의 기원에 대하여』를 출간하였고, 당시 종교적인 믿음과 다른 내용으로 많은 논쟁을 일으켰다. 이 책은 총 14장으로 구성되었으며, 동식물의 생존과 종과 변종의 관계 등을 통해 그의 이론을 펼치고 있다. 책에는 파리, 코끼리, 말, 소, 곤충, 식물 등 다양한 종에 관한 번식 이야기가 나온다. 자손을 낳는 수는 많지만 다음 대^代로 이어지는 수는 적다는 것을 밝히며 생존경쟁을 말한다. 이런 내용의 저변에는 데이터가 있었다. 다윈에게는 데이터가 그의 힘인 것이다

생각을 바꾸려면 시간이 얼마나 필요할까?

다윈은 자신의 이론을 바로 출간하지 않았다. 진화론이 힘을 가지려면 사회적 배경과 학계가 인정해 주는 권위가 필요했다. 16세기에 벌어진 논쟁인 '지동설(地動說, 태양이 우주의 중심이고 지구는 태양의 주위를 도는 천체 중 하나라는 이론)' 논쟁도 이와 마찬가지였다. 인간이 모든 사물의 중심이라고 생각하던 시절, 지구는 자전하고 있지만 우리가 그

것을 못 느끼기 때문에 태양이 움직인다는 이론이 존재했다(지구중심설). 밤 하늘의 별을 보자. 나는 가만히 있고 하늘의 별이 나를 중심으로 회전하는 것처럼 보인다. 해도 동쪽에서 떠서 서쪽으로 지는 것으로 보인다. 우리는 이것을 왜 인지하지 못할까? 모든 자연현상을 나를 중심으로 보기 때문이다.

우리는 짧은 범주(시간, 공간)에서는 변화를 감지하지 못한다. 하지만 긴 범주에서는 감지할 수 있다. 기원전 4세기 에우독소스(Eudoxos, 기원전 4세기의 고대 그리스의 수학자, 천문학자, 플라톤의 제자)가 제안하고, 아리스토텔레스(Aristotle, 기원전 384년~322년, 고대 그리스의 철학자, 플라톤의 제자)의 철학에 스며든 '천동설(天動說, 지구가 우주의 중심이며 모든 천체가 지구 주위를 돈다는 학설)'을 주장하던 시기에 설명이 안 되는 현상이 있었다. 별의 위치가 바뀌어 보이거나, 금성이 달처럼 다양한 모양으로 나타나는 등의 현상이 바로 그것이다.

매일 짧은 시간 동안 관찰하면 변화가 없어 보이지만, 6개월이나 1년이라는 긴 시간 동안 관찰하면 변화가 보인다. 이런 변화에 대해서 코페르니쿠스(Nicolaus Copernicus, 1473년~1543년, 폴란드의 천문학자)는 반대로 생각했다. "하늘이 도는 것이 아니라, 지구가 도는 것은 아닐까?" 그 이론을 대입해 보니 모든 것이 설명이 되었다. 지구가 태양 주위를 돌고 있는 것이다. 즉, 하늘은 그대로이고 우리가 딛고 있는 땅인 지구가 돌고 있었던 것이다. 그는 1543년 출간한 책 『천구의 회전에 관하여』에 '지동설'을 담았다.

사람의 의식을 바꾸기는 힘들다. 갈릴레오 갈릴레이(Galileo Galilei, 1564년~1642년, 이탈리아의 철학자, 과학자, 물리학자, 천문학자)는 망원경을 이용한 관측으로 코페르니쿠스의 이론을 입증했다. 그리고 지동설을 주장하는 책을 출판했다. 하지만 1633년에 그는 종교 재판을 받았고, 앞으로 지동설을 주장하지 않는다고 약속한 후 풀려났다. 지금 우리는 지동설을 의심하지 않는다. 이미 과학적 사실과 인공 위성의 관측을 통해 지구가 돌고 있다는 것을 직접 확인했기 때문이다. 이 관념이 바뀌기까지는 많은 이론과 논쟁을 거쳐야 했다. 힘들지만 꼭 필요한 과정이다.

천동설이 처음 등장한 BC 4세기부터 지동설 주장으로 종교 재판이 열린 1633년까지, 약 2000년의 시간이 지난 후에야 우리는 기존 관념을 의심할 수 있었다. 다윈의 '진화론'도 마찬가지다. 창조론의 기반은 6일 만에 지구가 만들어졌다는 젊은 지구 창조론(Young Earth creationism, 창세기의 기록을 문자적으로 해석, 지구의 나이는 6,000년~12,000년이고 최초의 6일 동안 모든 창조가 이루어졌다는 기독교 창조론의 한 종류)과 성경(BC 1500년~400년, 오랜 세월을 거쳐 기술되었으며 BC 5세기에 책으로 정립)의 기록이다. 1859년에 『종의 기원』이 등장하면서 기존 창조론은 진화론과 대치되는 상황이 되었다. 창조론이 거론되기 시작한 B.C 1500년을 기준으로 보면, 약 3360년이라는 시간이 걸린 셈이다. 오래된 나무의 뿌리가 깊듯 천동설과 창조론 또한 그 시기만큼 깊은 의식의 뿌리를 가지고 있던 것이다.

다윈의 진화론은 사람의 의식에 새로운 발을 들여 놓았고, 여기에는 많은 논쟁과 긴 토론의 시간이 필요했다. 우리의 미래에는 어떤 논쟁이 기다리고 있을까? 아직은 모르지만 미래에는 더욱 다양한 주제로 논쟁이 될 것이라고 생각한다. 여기에는 데이터가 큰 역할을 할 것이다.

데이터를 기반으로 한 신념

다윈은 비글호 항해를 마친 후 정립한 『진화론』을 당시 사회가 받아들이기 힘들 거란 사실을 잘 알고 있었다. 그는 사회가 좀 더 성숙해질 필요가 있고 사회적 인정을 받기 위해서는 과학적 근거가 더 마련될 필요가 있다고 생각했다. 그래서 다윈은 따개비 연구와 각종 학회 활동을 통해 자신의 위상을 높였고 22년이 지나 『진화론』을 발표했다.

학회는 양분되었다. 다윈의 반대편은 원숭이 모습을 한 다윈의 그림을 내세우며 그의 이론을 비웃었다. 종교에서도 들고 일어났다. 다윈은 22년간 자신의 이론을 증명하기 위해 이론적 토대와 사회의 성숙을 기다린 끈질긴 사람이다. 그는 자신을 향한 사회적 비난과 비판을 또 다른 기다림으로 대응했다. '천동설'에서 '지동설'로 바뀌는 동안 거쳤던 고뇌의 시간과 같은 과정이었다.

다윈은 20대 초반에 비글호를 타고 항해를 다녀왔다. 5년간의 항해는 그의 인생에 많은 영향을 주었다. 항해를 마치고 출간한 『비글호 항해기』는 베스트셀러가 되었으며, 세상 사람들에게 다윈의 이름을 각인시켰다. 22년 동안 준비한 『종의 기원』은 출간 전부터 사람들의 이목을 집중시켰다. 1859년 11월, 첫 인쇄본 1,250부는 출간되기 전부터 사전 예약으로 다 팔렸다. 두 번째 인쇄본 3,000부 또한 동이 났다. 그만큼 큰 이슈였던 것이다.

이 이슈는 다음 해인 1860년 6월, 옥스포드에서 열린 영국과학발전협회 연례회의를 통해 수면에 드러났다. 700여 명의 관객이 들어찬 곳에서 벌어진 토론은, 다윈의 진화론을 옹호하는 세력과 이를 반대하는 세력의 과감한 설전으로 이어졌고, 이 내용은 언론의 좋은 기사감이 되었다.

진화론을 옹호한 이들 중, 영국에서 가장 뛰어난 생물학자이자 해부학자인 '토머스 헉슬리(Thomas Henry Huxley, PRS, 1825년~1895년, 영국의 생물학자)'의 기막힌 답변은 아직도 사람들의 머릿속에 오래도록 남아있다.

"나는 원숭이가 내 조상이라는 사실이 부끄러운 것이 아니라 (당신처럼) 뛰어난 재능을 가지고도 사실을 왜곡하는 사람과 혈연 관계라는 점이 더욱 부끄럽습니다."

찰스 다윈의 『종의 기원』은 인간이 진화된 생물임을 주장한다. 이는 창조론을 바탕으로 하는 종교적 이론에 맞선 것이다. 과학자의 신념은 수없이 많은 실험과 조사 관찰을 통해 얻은 데이터를 기반으로 한다. 22년의 기다림과 연구는 인간의 기존 상식을 깨뜨리기 위해서 필요한 시간이었다.

다윈의 데이터는 곧 시간의 기록이었다. 22년간의 연구는 5년간의 비글호 항해를 통해 축적된 데이터를 더욱 성숙시키는 과정이었다. 다윈의 논리와 신념은 그 자신이 기록해 온 데이터를 근간으로 한 것이다. 데이터는 팩트라서, 수집된 순간과 관찰된 시점을 기점으로 기록된다. 이렇게 기록되고 누적된 데이터는 생물의 변화를 객관적으로 보여주는 증거가 된다. 데이터는 현재를 기록한다. 이것이 누적되면 과거부터의 시간을 포함한 '역사성'을 가진다. 이는 데이터의 가치를 더욱 높여준다.

다윈뿐만 아니라 라듐을 발견한 마리 퀴리(Marie Curie, 1867년~1934

년, 폴란드 출신의 프랑스 과학자, 방사능 분야의 선구자이며 노벨상 수상자)도 긴 시간 연구와 실험을 통해 방사능 원소를 발견했다. 그녀는 1895년 결혼 후 과학자인 남편과 같이 연구했다. 8톤의 폐우라늄 광석을 얻어 연구소 앞마당에 쌓아 두고 실험한 결과, 1902년 0.1g의 순수한 염화 라듐(RaCl2, 염소와 라듐의 화합물)을 얻었고, 1910년에는 전기 분해를 통해 금속 라듐(Radium, 원자번호 88번, 원소기호 Ra)을 얻었다. 이 과정에서 1903년 남편과 공동으로 노벨 물리학상을 수상했고, 1911년에는 그녀 단독으로 노벨 화학상을 수상했다. 결국 과학자의 연구는 실험에서 얻은 데이터와의 싸움이다. 실험 전과 후에 얻은 데이터의 변화로 자신의 이론과 새로운 물질이 만들어지는 것이다.

데이터의 가치는 데이터 그 자체로 존재할 때보다, 다른 데이터와의 비교가 이뤄지고 시간의 흐름이 반영되었을 때 더욱 빛난다. 마리 퀴리가 라듐을 찾아낸 것도 데이터를 기록하고 변화의 과정을 살핀 덕분이며, 다윈이 자신의 이론을 증명한 것도 데이터를 비교하고 흐름을 파악했기 때문이다. 데이터에는 시간이 있다. 그 시간을 기반으로 데이터를 분석한다면 변화하는 세상의 흐름을 객관적으로 볼 수 있게 될 것이다.

"끝까지 살아남는 생물은 가장 강인한 생물도, 가장 지혜로운 생물도 아니다. 그것은 변화에 가장 민감한 생물이다."

— 찰스 다윈

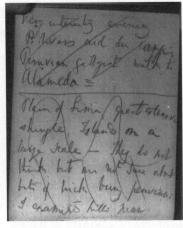

▲ 『Charles Darwin's Notebooks from the Voyage of the Beagle』의 일부.
출처: https://bit.ly/2OfaqsC

참고자료

1. 종의 기원 (2001, 박영문고), 찰스 다윈 지음, 하영철 옮김

2. 찰스 다윈 (2004, 에코리브르), 시릴 아이돈 지음, 김보영 옮김

3. 찰스 다윈 (위키백과)

   https://ko.wikipedia.org/wiki/찰스_다윈

4. 종의 기원 (위키백과)

   https://ko.wikipedia.org/wiki/종의_기원

5. 앨프리드 러셀 월리스 (위키백과)

   https://ko.wikipedia.org/wiki/앨프리드_러셀_월리스

6. 지동설 (위키백과)

   https://ko.wikipedia.org/wiki/태양중심설

7. 천동설 (위키백과)

   https://ko.wikipedia.org/wiki/지구중심설

8. 에우독소스 (위키백과)

   https://ko.wikipedia.org/wiki/에우독소스

9. 아리스토텔레스 (위키백과)

   https://ko.wikipedia.org/wiki/아리스토텔레스

10. 젊은 지구 창조설 (위키백과)

    https://ko.wikipedia.org/wiki/젊은_지구_창조설

11. 성경 (위키백과)

    https://ko.wikipedia.org/wiki/성경

12. 코페르니쿠스 (위키백과)

    https://ko.wikipedia.org/wiki/니콜라우스_코페르니쿠스

13. 갈릴레오 갈릴레이 (위키백과)

    https://ko.wikipedia.org/wiki/갈릴레오_갈릴레이

14. 토머스 헉슬리 (위키백과)

    https://ko.wikipedia.org/wiki/토머스_헨리_헉슬리

15. 마리 퀴리 (위키백과)

    https://ko.wikipedia.org/wiki/마리_퀴리

16. 염화 라듐 (위키백과)

    https://ko.wikipedia.org/wiki/염화_라듐

데이터란 무엇인가

"삶이란 무엇이며, 죽음이란 무엇인가? 정의는 무엇인가?" 우리는 가끔 원론적인 질문을 던진다. 이러한 질문에 답을 얻기란 쉽지 않다. 사람마다 살아왔던 경험이 다르고, 시대마다 가지고 있는 정신과 상황 또한 다르기 때문이다. 이번에는 데이터에 대한 원론적인 질문인 "데이터란 무엇인가?"에 대해 살펴볼 것이다.

이를 위해 데이터의 용도에 대해 생각해봐야 한다. 모든 물건에는 용도가 있다. 하지만 정해진 용도로만 사용되는 것은 아니다. 같은 물건이라 할지라도 시대나 상황에 따라 용도가 바뀌기 마련이다. 비를 피하는 용도로 만든 우산이 양산이나 파라솔로도 사용되고 있는 것처럼 말이다. 데이터도 마찬가지로 용도가 다양하다. 예를 들어 매출과 구매 행위를 기록한 영수증 데이터는 고객 마케팅에도 쓰이고, 제품 기획이나 개발의 기반 데이터로도 쓰인다. 즉 영역을 달리하며 그에 맞게 용도가 바뀌는 것이다.

데이터 활용을 위해 중요한 것은 데이터 정리다. 이것을 가장 잘 실천한 사람이 다산 정약용이다. 이번 파트에 소개한 그의 에피소드를 보면 그의 자료 정리 방법과 현대인의 정리 방법이 크게 다르지 않다는 생각이 들겠지만, 한 가지 차이점이 있다. 우리는 가정과 학교에서 정리 방법을 습득하지만, 다산 정약용은 관찰과 반복적인 작업을 통해 이를 스스로 습득했다는 점이다.

다산의 데이터 정리 방법을 살펴본 다음에는 데이터가 무엇이며 어디에 쓰이는지 정리해 볼 것이다. 데이터는 지금 이 순간에도 만들어진다. 그러나 생성 시점이 현재라고 해도, 활용이 활발한 시점은 미래다. 미래에 데이터를 잘 활용하려면 데이터 속성과 특징 그리고 라이프 사이클에 대해 알고 있어야 한다. 이에 대해서도 이야기를 해 볼 것이다. 조금 부드럽지 못한 주제지만, 데이터에 대해 이해하는 계기가 될 것이라 믿는다.

데이터 산업은 빙산의 구조와 같다. 빙산은 물 위로 10%를 보여주고, 나머지 90%는 물 아래에 놓여져 있다. 데이터 생태계도 이와 다르지 않다. 사람들에게 보여지는 부분은 전체 데이터의 10%정도일 것이다. 나머지 90%는 보이지 않는 곳에서 열심히 활용되거나, 침묵을 지키고 있다. 우리는 10%를 위해, 90% 속에서 오늘도 데이터와 함께 있다.

과연 데이터란 무엇인가? 이번 장에서 해답을 얻기 바란다.

데이터가 한 수레여도
정리해야 보배다

다산(茶山 丁若鏞, 1762년~1836년, 조선 후기의 문신이자 공학자)은 사도세자 (思悼世子, 1735년~1762년, 조선의 왕세자王世子, 정조의 생부, 뒤주에 갇혀 아사함)의 무덤이 있는 용주사龍珠寺로 향했다. 가는 곳마다 헐벗었던 산은 임금의 식목 사업으로 크고 작은 나무들로 가득 차 있었다. 정조(正祖, 1752년~1800년, 조선의 제22대 왕)는 왕이 되자 부친인 사도세자의 무덤을 이곳으로 옮겼다. 살아생전에 하지 못한 효도를 지금이라도 다하기 위해서였다.

"벌써 7년이나 되었네. 민둥산이었던 곳이 이렇게 나무로 가득 차게 될지 어찌 알았을까!"

다산은 과거를 회상하며, 왕의 하명下命을 되새겼다. 며칠 전 왕의 부름으로 궁에 들어갔다. 정조는 얼굴을 감싼 채 앞에 놓인 문서에 눈을 고정하고 있었다.

"전하. 정약용입니다. 소신 부름을 받고 왔습니다." 다산의 인사에도 정조는 문서에서 눈을 떼지 않았다. 한숨 소리가 깊었다. 정조가 입을 열었다. 침착한 것 같았지만, 화를 억누르는 듯한 어투였다.

"다산, 과인은 지난 7년 동안 여덟 개 고을에 나무를 심으라는 명을 내렸다. 그리고 7년이 지난 지금 나무를 몇 그루나 심었는지 알고 싶어 물어 보았는데 아무도 대답을 못하지 않더냐. 허 참, 그래서 관련 문서는 있느냐고 물었다. 문서는 있다고 하기에 가져오라고 했지.

이게 그 문서다. 나무를 심을 때마다 보고하라고 했기에 망정이지 그마저도 안 했다면, 기초적인 자료조차 없었을 것이다. 그나저나 수레를 가득 채우는 양이라니 소가 땀을 뻘뻘 흘릴 정도로 많지 않느냐. 이를 어찌 한단 말이냐." 정조는 한숨을 다시 내쉬었다. 다산은 정조의 눈길을 따라 주변을 보았다. 그의 말대로 문서가 가득했다. 정조는 각 고을에서 문서를 알아서 취합하고 정리했으리라 생각했다. 그것은 오산이었다. 취합을 하기는커녕 문서가 오면 그대로 창고에 넣어둔 모양새였다.

정조가 가리킨 곳에는 문서가 여러 장 펼쳐져 있었다. 문서에는 나무를 심은 날짜, 장소, 종류, 그루에 대한 데이터를 비롯해 감독자나 일꾼과 같은 관련 인물 데이터도 적혀 있었다. 다산은 정조가 노한 이유를 알 것 같았다. 자신이 봐도 한심했다. 문서의 양이 방대한 것도 문제지만, 내용이 정리되어 있지 않고 항목이 제각각이었다. 어떤 문서에는 날짜 없이 월만 적혀 있고, 어떤 문서에는 나무 이름이 잘못 기재되어 있었다. 한눈에 봐도 전체 상황을 파악하기란 불가능했다. 정조는 이 사실에 노여움을 느꼈다.

"전하, 제가 정리해보겠습니다." 다산은 머리를 숙이며 정리를 자청했다. 사실 여기까지 왔고, 왕의 모습을 본 이상 못 본 척 할 수는 없는 노릇이었다.

"정말이냐. 할 수 있겠느냐." 정조가 반색했다. 그는 다산을 물끄러미 쳐다보다 걱정스러운 기색으로 한 마디를 덧붙였다.

"오래 걸릴 것이다. 만만찮겠지만 번거로운 것부터 삭제하고 간추려보거라. 분량은 한 권이 넘지 않는 편이 좋을 것 같구나. 과인은 그저 그동안 심은 나무가 몇 그루인지 그게 궁금할 뿐이야."

왕의 교지였다. 다산은 수레 가득 실린 문서를 보고는 쓴웃음을 지었다. 왕은 그간 심은 나무가 몇 그루인지 알고 싶어 했고, 한 권 정도로 정리하라고 했다. 다산은 문서를 정리하기 위한 장소로 이동했다. 발걸음이 가볍지는 않았다.

"어휴, 대체 이게 뭐야. 무슨 정리를 이렇게 한 거야." 다산은 이맛살을 찌푸렸다. 문서를 보면 볼수록 짜증이 났다. 7년은 긴 시간이다. 그간 나무 심는 작업이 한두 번이 아니었을 텐데, 고을마다 적어 놓은 내용이 이토록 다르다는 사실이 답답했다. 심지어 같은 고을에서 올라온 것인데도 문서마다 내용이 달랐다. 담당자가 바뀌었을 수도 있고 인수인계가 안 된 것일 수도 있지만, 그 상태로는 언제, 어디에서, 무슨 나무를 몇 그루를 심었는지 파악하기는 불가능했다.

다산은 먼저 분류를 하기로 했다. 모든 일은 분류에서 시작해야 한다. 그는 기준을 정하고 항목을 나누면, 항목별로 다룰 내용이 적기 때문에 정리 방법이 보일 거라고 생각했다. "음. 생각보다 심각하군. 애좀 먹겠는데. 어떻게 분류해야 하나." 다산은 문서를 뒤적이며 어떻게 분류할지 고민했다. 문서는 고을에서 나무 심는 작업이 끝나면 올라왔다. 즉, 고을 명칭과 시기에 대한 정보는 기본적으로 존재하고 있었다. 다산은 거기부터 시작하기로 했다.

"먼저 고을 단위로 묶어볼까? 여덟 군데라고 했지. 수원, 광주, 용인, 과천, 진위, 시흥, 안산, 남양. 딱 여덟 군데로군." 다산은 쌓인 문서를 고을 단위로 분류하기 시작했다. 그 많던 문서 더미가 8개 더미로 나눠졌다.

▲ 문서 더미를 고을 단위로 분류함

"자, 고을 단위로 분류했으니 이걸 다시 연도 단위로 분류해볼까? 7년 동안 나무를 심었다고 했으니 시기별로 분류하는 게 좋겠어." 다산은 혼잣말을 되뇌며 분류 작업을 계속했다. 작업을 마치자 8개였던 문서 더미가 56개가 되었다. 더미는 많아졌지만 각 더미의 문서 양이 7개로 줄어서 다루기는 쉬워졌다.

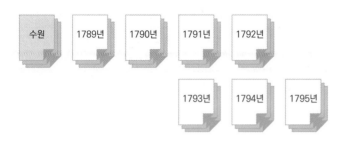

▲ 문서 더미를 고을 단위에서 연도 단위로 분류함

"전부 56개로군. 이제 이걸 정리해야 하는데 어쩐다…. 그렇지! 방금 연도 단위로 나눴으니 이번엔 날짜 단위로 정리하면 정리하면 되겠어." 다산은 곧바로 종이 한 장을 펼쳤다. 제일 위에 '수원'이라고 고을 이름을 적고 표를 만들었다. 그리고 첫 번째 더미인 수원의 '1789년' 더미를 종이의 왼쪽에 놓아두고는, 첫 번째 문서부터 차례대로 보면서 정리했다. 표 왼쪽 칸에는 날짜를, 오른쪽 칸에는 수종과 그루 수를 적었다. 기록을 마친 문서는 종이의 오른쪽으로 치웠다. 두 번째 문서도 마찬가지 방식으로 정리했다.

고을 : 수원	
날짜	수종 / 그루 수
1789년 10월 20일	버드나무 300그루, 소나무 300그루
1789년 10월 21일	버드나무 500그루, 소나무 200그루
1789년 10월 22일	버드나무 500그루, 소나무 200그루
1789년 10월 23일	버드나무 600그루, 소나무 200그루
1789년 10월 24일	버드나무 300그루, 소나무 300그루
1789년 10월 26일	버드나무 300그루, 소나무 300그루
1789년 10월 27일	버드나무 300그루, 소나무 300그루
1789년 10월 28일	버드나무 300그루, 소나무 200그루
1790년 04월 15일	잣나무 500그루, 소나무 200그루
1790년 04월 16일	잣나무 500그루, 소나무 200그루
1790년 04월 17일	잣나무 500그루, 소나무 200 그루
……	……

▲ 다산이 정리한 표의 내용

첫 번째 더미는 양이 제법 많았지만 하나씩 옮겨 적다 보니 벌써 반으로 줄어 있었다. 다산은 잠시 허리를 폈다. 문서 작업은 중노동이다. 같은 동작만 반복하는 것 같아도 계속 생각을 해야 하기 때문이다. 잠깐이라도 생각이 흐트러지면 내용 또한 틀어질 수 있었다.

다산은 어느덧 수원에 대한 정리를 마쳤다. 이제 다른 고을로 넘어갈 차례였다. 다산은 새로운 종이의 상단에 '광주'라고 적고 표를 만들었다. 두 번째 고을인 광주의 '1789년' 묶음을 가져와서 왼쪽에 놓고 동일한 작업을 반복했다. 그렇게 두 번째 고을을 마치고 나니 세 번째 고을 차례가 되었다. 각 고을마다 같은 작업을 반복한 끝에 마지막 고을인 '남양'까지 정리가 끝났다. 완성된 표는 총 8개였다.

"고을과 날짜 기준으로 정리하긴 했는데 여전히 내용을 파악하기 어렵군. 연도별로도 볼 수 있으면 좋겠는데…" 다산은 혼잣말을 하며 표를 자세히 관찰했다.

"어디 보자. 1789년에는 가을에만 나무를 심었고, 이후부터는 봄과 가을에 두 차례씩 심었군. 마지막 해에는 봄에만 나무를 심었고… 이렇게 해 볼까? 가로 칸에는 연도별 식목 진행 시기를 12칸으로 나눠서 정리하고, 세로 칸에는 고을을 8칸으로 나눠서 넣는 거야. 각 칸에는 수종과 그루 수를 적으면 연도별로 한눈에 볼 수 있겠지!"

다산은 다시 새 종이를 꺼냈다. 가로로 12칸을 만들고, 세로로 8칸을 만들었다. 가로 칸에는 연도와 식목 사업 시기를 적었고, 세로 칸에는 고을 이름을 적었다. 그런 다음 각 고을의 일자별 식목 내용을 정리한 표(표가 들어있는 종이)를 가져와 하나씩 정리하기 시작했다. 먼저 수원부터 시작했다. 1789년도에 심은 수종과 그루 수를 계산해서 새로 만든 표에 옮겨 적었다. '버드나무 3,100그루, 소나무 2,000그루'와 같은 식이었다. 그 칸은 가로로는 1789년, 세로로는 수원과 교차하는 곳이었다. 다산은 나머지 칸도 같은 방법으로 채워나갔다. 셈이 맞는지 검증의 시간도 가졌다.

다산은 모든 데이터를 표에 옮겨 적은 후, 가로 칸 끝에는 고을별 그루 수의 합계를 적었고, 세로 칸 끝에는 연도별 그루 수의 합계를 적었다. 맨 마지막 칸에는 전체 합계를 적어 넣었다. 모두 더하니 7년 간 심은 나무는 무려 1,209만 9,772그루였다.

| 고을 | 1789년 | 1790년 | 1791년 | | 1792년 | …… | 1794년 | 1795년 | 계 |
			1차	2차	1차				
수원	버드나무 3,100 소나무 2,000	잣나무 2,300 소나무 2,000	소나무 1,300	소나무 1,100	봉나무 1,400	……	밤나무 1,400	잣나무 1,500	1,210,500
광주	잣나무 2,000	소나무 3,100	버드나무 1,200	…	…	……	…	…	1,350,200
용인	…	…	…	…	…	……	…	…	…
…	…	…	…	…	…	……	…	…	…
남양	…	…	…	…	…	……	…	…	…
계	…	…	…	…	…	……	…	…	12,009,772

▲ 수종과 그루 수를 적은 '종횡표'(연도별, 고을별 식목 수는 임의의 수치이나 총 합계는 맞는 수치임)

다산은 최종 완성된 한 장의 표를 들고 정조에게 갔다. 이 표를 본 정조는 벌어진 입을 다물지 못했다. 그 많던 문서가 단 한 장으로 정리가 되어 있었다. 한 권 정도로 정리하라 지시했는데, 딱 한 장으로 모든 것을 완결시킨 것이 놀라웠다.

"과연, 다산이다. 그 많던 서류를 이렇게 일목요연하게 정리하다니 그대는 정녕 천재로구나! 하하하." 정조는 너무나 기뻤다. 누구도 못했던 것을 다산이 해 낸 것도 있지만, 그 많던 서류가 이렇게 한 장의 표에 다 들어올 수 있다는 것이 더욱 기뻤다.

다산의 데이터 정리법

다산이 만든 표를 '종횡표縱橫表'라고 한다. 엑셀로 만든 표와 같다. 앞서 보았듯 데이터를 정리하는 최적의 방법은 표를 활용하는 것이다. 가로 또는 세로에 항목을 적고 각 칸에는 수치를 적는 것으로, 문서 내용을 정리할 때 가장 많이 사용되는 방식이다. 표는 어느 문서에나 활용된다. 언론 보도에도 표를 이용한 데이터가 사용되고, 기업의 보고서에도 표가 들어간다. 가로 세로로 구조화되어 있어서 한눈에 윤곽을 잡아주고, 내용을 체계적으로 보여주기 때문이다.

그렇다면 표를 어떤 방식으로 정리해야 할까?

정조는 7년간 심은 전체 나무가 몇 그루인지에 의문을 가졌다. 즉 목표가 이미 정해져 있는 것이다. 이와 마찬가지로 표를 정리할 때는 목표를 먼저 정해야 한다. 그런 다음 하나씩 정리하면 된다. 다산의 사례를 놓고 보면 8개 고을에서 올라온 문서들은 정리되지도 않았고 통일되지도 않은 날 것의 상태, 즉 원시 그대로 였다. 항목이 통일되고 기록하는 방식이 표준화가 될 필요가 있다. 각지에서 올라온 문서에 담긴 내용이 제각각인 경우는 관리 부서의 잘못이 크다. 관리부서는 먼저 필요한 포맷과 기준을 만들고, 예하 부서에 전달해야 한다. 예하 부서는 관리부서의 지침을 보고 통일된 기준으로 항목과 내용을 기록하기 때문이다. 그런 표준화된 구조가 데이터를 보존 관리하기 위한 필수 요소다. 하지만 현실은 그렇지 않다. 그래서 초기 원시 데이터를 구조화하기 위한 작업이 필요하다.

정조는 앞에 놓인 문서를 보고 한숨을 쉬었다. 문서의 양은 많았고 내용은 다양했기 때문이다. 정조는 고민 끝에 다산을 불렀고, 다산은 그 문제를 '종횡표'로 해결했다. 정조는 한 권 정도로 정리가 될 것이라고 말했지만, 다산은 한 장으로 정리했다. 표의 마법이었다.

다산은 데이터를 정리할 때 표 형식을 주로 활용했다. 고을 부사로 부임하였을 때도 '침기부종횡표'를 만들어 행정의 기초자료로 삼았다. '구슬도 꿰어야 보배'라고 했다. 세상의 만물이 가진 데이터도 잘 꿴다면 유용한 데이터가 될 것이다. 그 꿰는 방법의 시작이 표를 활용하는 것이다. 현재 사무용 소프트웨어 중 가장 많이 사용하는 도구가 엑셀이 된 것은 어쩌면 당연한 귀결일 것이다.

표는 복잡한 것을 일목요연하게 보여준다. 일목요연하게 만들 수 있는 것은 구조화가 가능하기 때문이다. 현재 우리가 보고 있는 많은 정보들은 과거의 기록과 연구에 의해 만들어졌다. 마찬가지로 미래에 보게 될 더 많은 정보는 현재 우리가 기록(직접적, 간접적 기록)하는 것과 연구로 만들어지고 있다. 그 데이터가 미래에는 새로운 자원이 될 것이다.

데이터 항목과 수치의 의미

표에 기입된 수치는 의미를 가진다. 다산의 표를 보자. 상단에는 '1789년'이라는 연도가 있고, 좌측에는 '수원'이라는 지명이 있다. 각 칸에는 '버드나무'라는 수종과 '3,100'이라는 그루 수가 적혀 있다.

여기서 수치는 '3,100'이다. 이 수치가 그냥 덩그러니 적혀 있다면 아무 의미 없는 숫자에 불과하지만, 표 안에 적혀 있을 때는 의미 해석이 가능한 데이터가 된다. 수치가 항목을 만났기 때문이다. 따라서 데이터를 표로 정리할 때는 수치만 덜렁 적어두지 않는 것이 좋다. 항목 없이는 무엇에 대한 수치인지 알 수 없기 때문이다. 또한, 수치를 표시할 때는 단위가 항상 필요하다. 이 표의 수치 단위는 그루이다. 즉, 나무 3,100그루가 심어졌다는 뜻이다. 만약 kg이었다면 3,100kg(3.1톤)이 된다.

항목에 해당하는 것은 '1789년', '수원', '버드나무'다. 여기서 1789년은 '시간' 항목이라고 부르고, 수원을 '고을' 항목, 버드나무를 '수종' 항목이라고 부른다. 항목에는 주로 명사를 사용한다. 그래야 쉽게 이해되고 명확하기 때문이다. 항목명을 정할 때도 그 조직(회사, 연구소, 학교 등 단체나 조직)에서 사용하는 용어를 적용하면 좋다. 그래야 직원간 대화 할 때도 시간을 절약할 수 있기 때문이다. 만약 그런 용어가 없다면 통상적으로 사용되는 용어를 사용하면 된다. 그래야 상호 커뮤니케이션에 문제가 없기 때문이다.

요즘 이런 식목 사업을 한다면 어떤 순서로 진행될까? 가장 먼저 데이터 수집과 보고를 위한 시스템이 준비될 것이다. 시스템이 마련되면 정부가 지방자치단체(이하 지자체)에 묘목을 전달하고 '위치, 날짜, 수종, 그루 수, 감독자, 작업자' 등의 정보를 시스템에 입력하라는 공문을 보낼 것이다. 지자체는 지시대로 묘목을 심은 후 시스템에 관련된 내용을 입력할 것이다. 추후 데이터가 누적되면 '지역, 시기, 수종, 그루 수' 같은 정보가 자동으로 집계되고, 정부는 집계된 데이터를 표나 그래프로 만들어 정기 보고를 할 수 있다.

이러한 작업은 대부분 시스템으로 처리한다. 사람이 데이터를 정리하는 시대는 점점 사라지고 있다. 기술의 발전 덕택에 데이터 수집은 물론, 수집된 데이터의 집계와 요약이 훨씬 쉬워졌다. 보고서조차 자동으로 생성될 정도다. 가령 조선시대에는 지방에서 손으로 써서 올린 문서를 정리해야 했지만, 지금은 시스템에 입력하면 끝이다. 다산이 며칠 걸려 집계한 요약표도, 지금 만든다면 10분도 안 걸린다.

데이터는 원료와 같다. 다산이 수많은 문서(데이터)를 종횡표(요약 정보)로 정리했기 때문에 데이터를 활용할 수 있는 인프라가 생긴 것이다. 구슬이 서 말이어도 꿰어야 보배인 것처럼, 사람이 만든 종횡표건 컴퓨터가 자동으로 만든 표건 간에, 정보가 상호 연결되고 정리될 때 데이터의 가치가 살아나는 것을 느낄 수 있다. 우리는 소속된 조직의 데이터와 그와 관련된 타 분야의 데이터(공개 데이터 또는 언론에 노출된 데이터 등)를 연결하고 정리해 보는 연습이 필요하다.

인간은 이제 머리 아픈 일은 컴퓨터에게 일임하려고 한다. 이런 환경이 우리의 육체 노동과 정신 노동을 해방시켜 줄 것이다. 그러면 인간은 어떻게 되는가? 데이터가 중요한 역할을 하는 지금 이 시대에 인간은 어떤 존재일까? 인간의 역할은 무엇일까? 데이터의 정리 기준과 방식을 제시하는 플래너(Planner, 기획자)여야 하지 않을까?

참고자료

1. 다산선생 지식경영법 (2006, 김영사), 정민 지음

2. 정약용과 그의 형제들 1 (2012, 다산초당), 이덕일 지음

3. 정조, 나무를 심다 (2016, 북촌) 김은경 지음

4. 다산 정약용 (위키백과)

   https://ko.wikipedia.org/wiki/정약용과

5. 사도세자 (위키백과)

   https://ko.wikipedia.org/wiki/조선_장조

6. 정조 (위키백과)

   https://ko.wikipedia.org/wiki/조선_정조

7. 조선 최고의 식목왕, 정조 (2017. 02. 28, 대한민국청소년기자단)

   https://bit.ly/2Dcse6U

8. 정조대왕은 식목왕... 수원에 나무 많이 심어 (2018. 07. 06, 시니어오늘)

   https://bit.ly/2ylj91y

9. [정민] 알아갈수록 다산이 나를 놓아주지 않는다 (2012. 03. 05, 농촌여성신문)

   https://bit.ly/2Q5Tgzm

10. 풀어쓰는 다산이야기 다산과 화성 (華城) 3 (2015. 10. 28, 다산 연구소)

    http://bit.ly/2AzLAjS

| 미래를 위한 데이터

혹시 영수증을 자세히 본 적이 있는가?

영수증에는 결제 일자와 구매 내역 그리고 금액이 적혀 있다. 그런데 자세히 보면 더 많은 정보를 발견할 수 있다. 영수증에는 점포의 업종, 주소, 전화번호는 물론 결제 수단까지 적혀 있다. 카드로 결제한 경우 카드 종류, 카드 번호, 지불 방식(일시불, 할부)도 표시된다. 구매 내역 또한 상세하게 표시되는데 품목명, 수량, 단가, 금액, 부가세, 할인액 등이 여기에 해당한다. 점포마다 차이가 있지만 Wi-Fi 비밀번호나 화장실 비밀번호, 심지어 마케팅 문구까지 적혀 있는 경우도 있다. 이유는 간단하다. 영수증이 정보를 제공하는 수단이기 때문이다.

며칠간 사용한 영수증을 모아보면 동선을 알 수 있다. 영수증에 표시된 날짜와 시간, 점포 주소 덕분이다. 술 마신 다음 날 아침 영수증을 보고서 잊혀진 기억을 되살리기도 한다. 영수증에 표시된 금액과 마신 술의 양에 긴 한숨을 쉬게 될 수도 있다. 다음과 같이 자신의 생활 패턴을 체크할 수도 있다.

- **AM 08:45** 회사 앞 카페 / 라떼 1잔
- **AM 10:20** 편의점 / 우유 1개
- **PM 12:40** 음식점 / 순대국 2그릇
- **PM 12:50** 카페 / 아메리카노 2잔
- **PM 15:50** 편의점 / 초콜릿 1개
- **PM 21:00** 음식점 / 삼겹살 6인분, 소주 3병
- **PM 23:10** 택시

직장인이라면 충분히 공감할 만한 패턴이다. 매일 이렇지는 않겠지만 오전과 오후 상황은 대부분 비슷할 거라고 생각한다.

영수증 속 정보는 좋은 데이터다. 카드사는 고객의 구매 패턴을 분석해 새로 나온 카드나 근처 음식점을 추천해준다. 프랜차이즈 회사는 고객의 취향에 따라 새로운 제품이 나왔다며 할인 가격에 먹어보라고 안내한다. 기업들은 영수증으로 누적된 고객 데이터를 마케팅에 최대한 활용하며, 이를 위해 여러 방법을 동원해서 더 많은 데이터를 확보한다. 타 기업과의 연계 마케팅이나 합작 캠페인을 통해 고객 데이터를 자신들의 데이터베이스에 쌓아 나간다.

카드사의 경우 고객 서비스에도 데이터를 활용한다. 데이터베이스에 저장된 고객의 사용 패턴과 다른 소비가 발생하면 전화로 확인을 한다. 분실이나 도용의 가능성이 있기 때문이다. 좋은 서비스다. 실제로 지인이 이 서비스로 도움을 받았다. 카드를 잃어버렸음에도 분실

신고를 못한 지인에게 카드사에서 전화가 걸려 왔다. 한 번도 간 적 없는 지방 도시에서 카드가 사용됐다는 것이었다. 카드사의 전화 덕분에 큰 피해를 막을 수 있었다.

회사에는 법인 카드가 있다. 법인 카드로 사용한 내역은 카드사를 거쳐 회사로 들어간다. 회사는 이 데이터를 참고해 불법적인 사용이 있는지 점검한다. 만약 해당 사항이 있다면 카드 사용자에게 소명을 요청한다. 소명이 안 되면 월급에서 차감시킨다. 이런 점검 로직을 알고 있는 사람들은 회사의 기준을 피해 법인카드를 사용하기도 하는데, 대부분의 회사는 이를 방지하고자 법인 카드 이용 지침을 만들어 관리한다. 이 때 활용되는 것은 법인카드 사용 데이터이다. 카드사로부터 데이터를 받아 위반 여부를 점검한다.

이처럼 영수증은 마케팅 대상을 선정할 때나 카드의 이상 사용을 체크할 때, 법인 카드 지침 외의 사용 내역을 확인할 때 활용 가능하다. 영수증이 곧 데이터이기 때문이다. 모르는 사이에 우리의 소비 활동이 기업체에게 좋은 데이터를 만들어 주고 있는 셈이다.

물론 기업마다 같은 데이터를 가지고 있는 것은 아니다. 카드사의 데이터와 프랜차이즈 회사의 데이터는 다를 수밖에 없다. 카드사는 고객이 언제, 어디서, 얼마를 사용했는지에 대한 데이터를 가지고 있다. 프랜차이즈 카페의 경우 누가(누군지 알 수도 있고 모를 수도 있다), 어떤 음료를, 얼마에, 어떤 수단으로 구입했는지에 대한 데이터를 가지고 있다. 카드사는 고객이 구입한 품목에 대한 데이터는 없지만 고객 데이터(카드 만들 때 등록한)를 가지고 있다. 반대로 프랜차이즈는 고객 데이터는 없지만 구입 품목에 대한 정보는 가지고 있다. 프랜차이즈는 이런 데이터의 불균형을 해소하기 위해 고객 정보 등록을 유도하는 마케팅이나 회원 가입을 유도하기 위한 어플을 속속 내놓고 있다.

즉, 특성에 따라 서로 조금씩 다른 내용의 데이터를 보관 중인 것이다. 데이터 수집 방법 또한 다르다. 프랜차이즈 회사는 고객을 더 알고자 회원 가입 혹은 어플 설치를 유도해서 데이터를 수집하고, 카드사는 고객의 소비 패턴을 알고자 자체적인 쇼핑몰을 운영한다. 모두가 데이터에 목말라 있다. 이 정도면 우리의 생활 데이터가 상품이 되는 날도 오지 않을까?

데이터의 속성

관련 용어로 데이터[Data], 데이터 테이블[Data Table], 데이터베이스(Data-base, 줄여서 DB), 데이터베이스 시스템(Database System, 줄여서 DBS), 데이터베이스 관리 시스템(Database Management System, 줄여서 DBMS) 등이 있다. 비슷해 보여도 의미는 조금씩 다르다. 데이터를 저장하는 규모와 방식에 따라 데이터 웨어하우스(Data Warehouse, 줄여서 DW), 데이터 마트(Data Mart, 줄여서 DM), 데이터 레이크(Data Lake, 줄여서 DL)라는 용어를 사용하기도 한다. 비슷한 데다 종류가 많아서 혼란스러움을 느끼는 사람들이 많다. 영수증 사례를 통해 설명하겠다.

영수증에는 구입 물품이 여러 줄에 걸쳐 기재된다. 그중 품목 한 줄이 최소 단위의 데이터가 된다. 엑셀로 설명하면 한 줄의 로우(Record, 레코드)에 해당한다. 이러한 품목 데이터를 지속적으로 모은 것이 데이터 테이블이다. 이것은 성격이 동일한 데이터의 모둠으로, 실제 데이터가 저장되는 곳이다. 데이터베이스는 이러한 데이터 테이블이 여러 개 모인 저장소를 가리킨다. 데이터베이스가 작동되는 구조체가 데이터베이스 시스템이며, 이를 관리하는 소프트웨어가 데이터베이스 관리 시스템이다.

데이터베이스에는 데이터가 저장된 테이블이 있다. 데이터가 적게는 10건에서 많게는 1억건 이상 들어 있다. 이곳에 저장된 데이터는 주로 업무 처리용으로 사용되고, 데이터를 분석을 위해 별도의 보관 장소로 옮겨진다. 이곳을 데이터 웨어하우스^{DW} 또는 데이터 마트^{DM}라고 부른다. 목적과 규모에 따라 구성 방식이 다른데, 전사의 데이터가 모이면 데이터 웨어하우스 또는 전사 데이터 웨어하우스(Enterprise DW, 줄여서 EDW라고 함)라고 부르고, 부서 단위 또는 고객 중심의 특수 목적으로 데이터가 모이면 데이터 마트라고 부른다.

빅데이터 인프라에는 데이터 레이크^{DL}라는 용어가 나온다. 데이터를 모아둔 저장소를 가리키는 말이지만 데이터 웨어하우스와는 방식이 다르다. 데이터 웨어하우스는 데이터를 정제되고 구조화된 형식으로 모아두지만 데이터 레이크는 원시 그대로의 상태로 모아둔다. 그렇기에 데이터의 구조를 이해하고 활용하는 것은 사용자의 몫이다.

데이터는 체계적인 구조를 가진다. 이를 속성이나 항목이라고 부른다. 카페에서 관리하는 데이터를 살펴보자. 고객 데이터 속성으로는 고객 이름, 위치, 성별, 전화번호 등이 있고, 품목 데이터 속성으로는 제품 유형(커피, 케익, 주스 등), 단가, 재고 수량 등이 있다. 매출 데이터에는 날짜, 고객, 품목, 단가, 수량, 금액, 할인액 등의 속성이 있고, 매입 데이터에는 거래처, 품목, 수량, 금액 등의 속성이 존재한다.

예를 들어 아침 8시 45분, N 카페에서 아메리카노 1잔을 3,000원에 구입하고 영수증을 받은 상황을 기준으로 설명하겠다. 여기에서 8시

45분은 시간, N 카페는 상점, 아메리카노는 품목에 대한 속성이다. 1잔은 수량을 의미하고 3,000원은 금액을 의미한다. 수치의 경우 뒤에 붙는 단위에 따라 의미가(무게인지, 금액인지) 결정된다. 여기서 시간, 상점, 품목과 같은 명사형 데이터는 마스터 데이터(Master Data 또는 기준 정보)라고 하고, 수량과 금액과 같은 행위에 대한 기록은 트랜잭션 데이터(Transaction Data 또는 처리 데이터)라고 한다.

트랜잭션 데이터는 속성과 숫자로 구성된다. 엑셀에 영수증 내용을 기록해 보면 이해하기 쉽다. 가로에는 날짜, 시간, 점포, 품목 등 속성 항목과 수량, 단가, 금액, 할인 등 수치 항목을 배치한다. 각 라인에는 영수증을 한 장씩 입력한다. 이때 데이터가 실제 들어가는 저장소를 테이블이라고 부른다. 트랜잭션 데이터가 들어 있는 테이블은 마스터 데이터가 들어 있는 테이블과 연결된다. 트랜잭션 데이터에서는 고객, 품목, 지불 방법 등을 명칭이 아닌 코드로 관리하기에 코드의 의미를 가지고 있는 마스터 데이터와는 항상 같이 있어야 한다.

정조의 식목 사업 사례를 여기에 적용해 보자. 고을, 수종, 날짜가 마스터 데이터에 해당하고, '소나무 300그루, 전나무 100그루'와 같이 나무를 심은 행위는 트랜잭션 데이터에 해당한다. 이를 엑셀로 정리할 경우 가로에 고을, 날짜, 수종, 그루 수로 항목을 편성하고, 세로에 문서 내용을 한 줄씩 기록하면 된다. 7년 동안 약 1,200만 그루를 심었으니, 매일 고을별로 300그루씩 심었다고 가정하면 4만 줄의 데이터가 생기게 된다.

기업이나 조직에서 데이터를 관리할 때는, 속성과 그들 간의 관계를 정의하여 체계적인 시스템을 갖춰야 한다. 특히 속성을 기입할 때는 동일한 단어를 사용해야 한다. 예를 들어, 어디는 '소나무'로 적고

마스터 데이터

상품

코드	명칭	단가
S001	아메리카노	3000원
S002	카페라떼	3500원
S003	카페모카	3500원

지불방법

코드	명칭
P01	현금
P02	카드
P03	상품권

카드사

코드	명칭
C001	A카드
C002	B카드
C003	C카드

트랜잭션 데이터

판매

판매번호	일자	시간	지불방법	카드사	판매금액	부가세	합계금액	승인번호
18_0017	2018.05.03	12:27:29	P02	C001	18,636	1,864	20,500	834256

품목

판매번호	품목번호	상품코드	수량	단가	금액
18_00171		S001	2	3,000	6,000
18_00172		S001	3	3,500	10,500

▲ 마스터 데이터와 트랜잭션 데이터의 연동

어디는 '파인트리'라고 적어서는 안 된다. 일관되게 적어야 다른 데이터와의 연동이 수월하다.

공기 청정기를 판매하는 한 회사가 있다고 가정해 보자. 기획팀은 신제품 판매 현황을 영업 담당 3개 팀에 요청했다. 각 팀의 담당자는 자신이 보관하고 있던 엑셀 파일을 기획팀에 보냈는데, 이들 파일을 합친 기획팀은 난감해졌다.

부서	년월	지역	품목	판매 수량	단가 (만원)	금액	할인액	판매액
1팀	20xx년 7월	제주	맑은공기 A	10	50	500	50	450
2팀	20xx년 7월	서울	맑은 공기 A	20	50	1000	100	900
3팀	20xx년 7월	경기	맑은공기_A	20	50	1000	80	920

▲ 기획팀에서 합친 내용. 품목명이 부서마다 다르다.

같은 품목이 팀마다 다른 품목명(속성)으로 관리되고 있었다. 동일한 품목이라도 명칭이 다르면 시스템은 각각을 다른 품목으로 인식한다. 기획팀은 품목에 대한 명칭을 통일한 다음 영업팀에 제공하고는 데이터를 다시 받았다. 이번에는 같은 품목으로 작성된 자료를 받았고, 데이터가 통일된 덕택에 집계 및 보고 작업이 원활해졌다. 회사에서는 이런 일이 종종 벌어진다. 담당자가 바뀌거나 새로운 제품이 출시되면 각자의 방식으로 이름을 부여해서 관리하기 때문이다.

데이터의 라이프사이클

생로병사生老病死는 인생의 라이프사이클이다. 모든 생물은 태어나서 성장하고 병들고 죽는 과정을 필연적으로 거친다. 생물은 성장 단계에서 후손을 남겨 종족을 보존한다. 동물도 그렇고 식물도 그렇다. 생명을 지닌 모든 객체는 종족 보존을 통해 후손을 남기고 개체를 유지한다.

무생물은 어떨까? 산에 있던 바위 하나가 비바람을 맞으며 패이고 깎이고 쪼개진다. 결국 산 아래로 구르며 크기가 작아지고 모양도 둥글게 변한다. 바위는 강이나 바다로 흘러가게 되고, 풍화작용을 거치며 작은 모래가 된다. 사라지기보다는 모습을 바꿔나가는 라이프사이클을 가지고 있는 셈이다.

인간이 만든 물건도 마찬가지로 사이클을 가지고 있다. 대표적인 예로 플라스틱 병(페트병)의 경우를 생각해 보자. 페트병은 공장에서 만들어지며, 여기에 내용물이 채워지면 시장에 나온다. 소비자는 이를 구매해 내용물을 취하고, 빈 병은 쓰레기통에 버린다. 이렇게 버려진 페트병은 재활용 공장에서 깨끗하게 세척하여 재활용하거나, 소각장을 통해 사라진다.

이런 과정은 인간이 만든 프로세스다. 그럼 인간이 만든 데이터는 어떨까?

데이터는 수집된 이후에 비로소 '데이터'라고 부를 수 있다. 모리의 해양지도에 대한 에피소드에서, 모리가 창고에 쌓인 항해 일지와 지도에 적힌 낙서를 옮겨 적으면서 데이터를 탄생시켰던 것을 떠올리면 이해하기 쉽다. 그가 낙서를 체계적으로 기록한 덕분에 데이터가 데이터로서의 가치를 가지게 된 것이다. 데이터는 이렇게 탄생한다. 이후 수집된 데이터는 데이터베이스에 저장 및 관리된다. 수집된 상태 그대로 저장해도 되지만, 이를 제대로 활용하려면 구조화가 필요하다.

어느 전자제품 판매점에서 공기 청정기 10대가 판매됐다고 가정해 보자. 담당자가 매장 컴퓨터의 판매 시스템에 판매 내역을 입력하면, 판매 시스템은 공기 청정기 10대를 판매 데이터에 더하고 재고에서는 뺀다. 이때 재무 시스템은 입력 금액을 매출액과 현금자산으로 회계 처리하고, 담당자가 공장에 줄어든 재고 10대의 출고 요청을 보내면 공장에서는 이를 생산 계획에 반영한다.

판매 내역을 입력하는 것만으로 영업 시스템, 재무 시스템, 생산 시스템에 데이터가 반영된다. 여기서 변화되는 것은 데이터다. 데이터가 구조적으로 관리된 덕분에 각 시스템 간에 데이터가 정확히 맞물려 돌아간다. 데이터의 변경 사항이 정확히 반영되는 것이다.

데이터의 활용은 여기에서 멈추지 않는다. 판매 데이터는 판매 현황 집계 작업에 사용되고, 재무데이터는 회계 처리된 매출액을 계산하는 데 사용된다. 비교 데이터는 보고서를 작성할 때 유용하다. 예를 들면 2018년 5월 결산 보고서에 전월인 2018년 4월 데이터와 전년 동월인 2017년 5월 데이터를 같이 보여주는 것이다. 전월 또는 전년 동월 데이터를 비교해보면, 매출의 등락을 쉽게 파악할 수 있기 때문에 많이 활용한다. 기업 문화에 따라 비교군을 전월이나 전년 동월 대신 전년 평균이나 최근 12개월 평균 등으로 다르게 활용하기도 한다.

오래 전 모 다국적 기업에 시스템 구축을 해준 적이 있다. 이 기업은 13개월 평균 데이터와 당월 데이터를 자주 비교했다. 이유를 물어보니 업종의 특성이 1년 주기로 반복되는 경향이 있기에 12개월보다는 13개월로 평균값을 내야 객관적이라고 했다. 전통과 역사가 있는 회사답게 데이터간 비교와 활용에 전문성이 느껴졌다. 이는 평균값을 만드는 방식이 중요하다는 의미가 아니다. 그 기업에 맞는 비교 수치를 파악했고, 그 방식을 잘 활용하고 있다는 것이다. 이는 그동안 누적된 데이터가 있기에 가능했다. 데이터의 적용과 보완을 반복하면서 13개월이라는 인사이트를 얻게 되었을 것이다. 모든 것은 한 걸음부터 다. 첫 술에 배부를 수 없기에 한 걸음 한 걸음 데이터를 적용하고 보완하는 작업을 해 보는 것이 필요하다.

비교 데이터와 더불어 많이 사용하는 방식은 일별, 주별, 월별로 추세선을 그려 데이터를 분석하는 것이다. 추세선은 상황의 변화를 쉽게 인식하게 해 준다. 추세가 꺾이는 지점이 보이기 때문이다. 보통 1월부터 12월까지의 추세를 보거나, 현재 기준으로 13개월 또는 25개월의 추세를 보고 싶을 때 추세선을 그린다. 이렇게 만든 데이터는 보고서나 분석 업무에 활용된다.

데이터는 끝없이 사용되고 있다. 사라지지 않고 확대된다. 이것은 사람들의 성향과 관련이 있다. 언젠가 쓰일지 모르기 때문에 버리지 못하는 것이다. 일반 물건이라면 눈에 보이기 때문에 치우기라도 하지만, 데이터는 보이지 않는 디지털 자산이므로 마냥 놔둘 수 있다.

데이터는 다양한 영역에 활용되면서 그 존재감을 드러낸다. 대표적인 데이터 활용 사례는 날씨다. 날씨 데이터는 일기예보에 사용되며, 스포츠 경기나 여행 등의 시기를 잡을 때 유용하다. 데이터 증식 활동이 있는 것이다. 기업 보고서의 경우 수익성 데이터를 많이 활용한다. 수익을 제품, 고객, 지역, 채널별로 분석하고 보고서를 만들 때 유용하다. 기획 부서는 수시로 분석 자료를 경영층에 제공해야 하기 때문에 수익성 데이터를 껴안고 생활하게 되는데, 그러다 보면 회사의 수익 구조를 가장 잘 아는 부서가 된다.

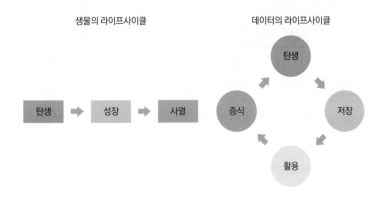

▲ 생물과 데이터의 라이프사이클 차이

그렇다면 데이터의 라이프사이클은 어떨까?

데이터 수집은 저장을 전제로 한다. 다산이 정조를 찾아갔을 때 왕 앞에는 각 도에서 올라온 문서가 가득 쌓여 있었다. 이때 문서가 '데이터'고, 문서를 받은 행위가 '수집'이다. 다산은 문서를 고을별로 분류한 다음, 다시 연도별로 분류했다. 수집된 문서를 데이터로 바꾸는 활동이었다. 분류된 문서는 한 장의 표로 작성되어 왕에게 올라갔다. 이때 왕에게 올릴 보고서를 만드는 작업이 '활용'에 해당한다. 이 과정에서 만들어진 집계 표는 데이터가 증식되는 활동이었다. 그 만큼 데이터의 가치가 올라갔다.

데이터의 활용

1994년 창립된 아마존은, 인터넷 서점에서 출발하여 모든 제품과 인터넷 서비스까지 제공하는 종합회사로 변모했다. 초기 10년간 누적되는 적자에도 사업을 지속했고, 이제 그들은 세계 최고의 판매 데이터를 보유하게 되었다. 아마존은 데이터를 기반으로 한 추천 서비스를 제공 중이고, 고객 데이터와 판매 데이터는 새로운 사업을 하고자 하는 기업이나 개인에게는 속성 위주의 데이터(고객 성별, 나이, 구매 금액, 판매 제품 카테고리 등 원시 데이터가 아닌 속성 중심의 집계 정보)를 판매하고 있다. 그들은 데이터를 보관하고 추천하는 알고리즘을 구축하면서 많은 컴퓨터 자원을 보유하게 되었다.

그 자원은 AWS(Amazon WEB Service, 2006년 시작)라는 브랜드로 판매하고 있다. 이는 아마존 전체 매출액의 11%, 영업이익의 73%(2018년 1사분기 기준, 연합뉴스 2018년 4월 기사 참조)에 해당하는 규모로 성장했다. 아마존은 보유한 데이터의 분석 내용 활용 사업을 데이터를 관리 및 응용할 수 있는 클라우드 사업(AWS는 클라우드를 기반 서비스)으로 확장했다.

1997년 비디오 대여업으로 사업을 시작한 넷플릭스도 좋은 사례다. 그들은 축적된 고객 및 렌탈 데이터를 기반으로 인터넷 DVD 대여업에서 영상 스트리밍 서비스로 2007년에 사업을 전환했다. 넷플릭스는 DVD 대여 시절 수집한 고객 정보와 그들이 대여한 영화 정보(장르, 감독, 배우 등) 데이터를 축적했다. 축적된 데이터를 기반으로 개발한 추천 시스템은 정확도가 매우 높았다. 넷플릭스 전체 영화 시청의 75%가 추천에 의해 이루어졌기 때문이다. 넷플릭스는 추천 알고리즘에 욕심을 냈다. 2007년에 100만 달러의 상금을 건 공모전인 넷플릭스 프라이즈Netflix prize를 일반인 대상으로 개최했다. 이는 영화 추천 알고리즘에 대한 공모전으로, 당시 48만 명의 사용자, 1만8천여 개의 영화, 1억 개의 데이터가 제공됐다. 당선 기준은 기존 알고리즘 대비 10%의 정확도 향상이었다. 당선자는 2년 후인 2009년에 나왔고, 이때 만들어진 알고리즘은 여전히 사용 중이다.

넷플릭스는 데이터의 활용 방향을 바꾸어 성공을 거뒀다. 고객에게 영화를 추천할 때 사용하던 데이터에서 고객이 좋아하는 영화의 패턴을 찾아 알고리즘을 제작했다. 이런 자신감은 어디서 생겼을까?

그들은 1억 달러를 투입해서 드라마 '하우스 오브 카드House of Cards'를 제작했다. 2013년에 방영된 이 드라마는 최고의 시청률을 올리며 넷플릭스에게 사상 최고의 순이익을 안겨주었다. 이 드라마는 영국 BBC에서 1990년에 방영한 드라마를 리메이크한 것이다. 자체 데이터 분석 결과 시청자들이 데이비드 핀처David Fincher 감독의 작품이나 케빈 스페이시Kevin Spacey의 작품을 좋아하는 것으로 나타났다. 넷플릭스는 이 분석 결과대로 데이비드 핀처가 감독을, 케빈 스페이시가 주연을 맡은 드라마를 제작했고 성공을 거뒀다. 데이터 활용의 방향을 바꾸어 유통에서 제작으로의 성공적인 변모를 이뤄낸 것이다. 잘 팔릴 수 있는 콘텐츠가 무엇인지 분석을 통해 파악한 다음 제작했기 때문에 성공 확률이 높았다. 현재 넷플릭스는 드라마에서 멈추지 않고 영화, 다큐멘터리 등 다양한 콘텐츠 제작에 지속적인 투자를 하고 있다.

데이터가 누적되었다면 다양한 곳에 활용할 수 있다. 지금까지 살펴본 에피소드처럼 행정 업무나 전쟁, 교도소 폭동 예측 등의 다양한 곳에 활용 가능하다. 물론 데이터가 있다고 매번 효과를 볼 수 있는 것은 아니다. 문제 해결에 데이터를 활용하려면 다음과 같은 5단계의 절차를 고려해봐야 한다.

첫 번째 단계는 목적 정의다. 즉, 방향을 설정하는 것이다. 작업의 목적이 분명해야 한다. 목적이 추상적이거나 두루뭉술하면 분석 방향이 흔들려서 얻을 수 있는 결과의 폭이 좁아진다. 반드시 목적에 맞춰 진행해야 한다.

두 번째 단계는 데이터 수집이다. 목적에 맞는 데이터를 수집해야 한다. 수집된 데이터는 구조화되어 있어야 하고, 잘 정제되어 있어야 한다. 수집할 데이터가 없다면 지금이라도 데이터가 생성되는 환경을 만들어야 한다. 프로젝트를 진행하다 보면, 고객은 요구사항을 제시(목적을 정의)했는데 정작 데이터 없거나 부실한 경우가 있다. 그럴 때 데이터 생성 환경을 먼저 마련해야 한다. 데이터가 어느 정도 쌓여야 원하는 목적을 진행할 수 있기 때문이다.

세 번째 단계는 데이터 통합이다. 데이터를 모아보면 코드나 기준이 다른 경우가 있다. 코드가 다른 경우는 동일한 제품이라도 시스템에 따라 다른 코드를 사용할 때 발생한다. 주로 오래된 시스템을 사용하는 기업에 자주 생긴다. 이런 시스템은 전체 통합 작업이 필요하지만, 해당 기업들은 바쁘다거나 비용이 발생한다는 이유로 진행하지 못하는 곳이 많다. 기준이 다른 경우는 금액이나 수치에서 발생한다. 시스템마다 금액 단위나 수치를 다르게 관리해서 데이터가 서로 맞지 않는 경우다. 그럴 때는 기준을 정하고, 데이터 통합 시 이 기준을 적용하면 된다.

네 번째 단계는 분석 진행이다. 기간별 매출 추이를 보거나, 전월과 비교를 하면서 상황을 분석한다. 전체적인 입장의 분석도 진행되지만 세부적인 분석도 진행된다. 예를 들어 매출이 저조한 제품이 어떤 지역에서 주로 판매되었는지 찾아야 할 경우, 전체 데이터를 분석하려면 힘과 노력이 많이 든다. 이때는 제품군별로 매출을 비교하여 판매가 저조한 제품군을 찾은 후, 그 하위의 제품을 분석하고, 판매 지역으로 단계를 낮추어 비교하면 된다. 이런 방식을 드릴다운Drill-Down이라고 부르는데, 가장 많이 사용하는 방식이다.

다섯 번째 단계는 분석 결과의 해석이다. 시스템에서 제공되거나 엑셀로 도출된 분석 내용은 데이터로만 존재한다. 눈에 보이게 그래프를 그려 설명하거나 문장으로 정리해서 보고하는 단계가 필요하다. 이와 같은 해석된 내용을 보고(온라인 또는 오프라인)하는 것이 마지막 단계다. 보고 후 의사결정자가 하는 결정은 후속 업무로 이어진다. 후속 조치 작업도 시스템으로 구성한다면 추가적인 데이터가 생성될 것이다. 즉 데이터의 증식이 발생하게 된다.

데이터 활용의 중심에는 사람이 있다. 넷플릭스의 성공 뒤에는 10년 이상 넷플릭스에 근무한 배테랑이 있었다. 아마존도 비슷한 시도를 했었다. 고객 데이터를 분석해서 '알파 하우스'라는 영화를 만들었지만 그들은 흥행에 실패했다. 이유는 인력의 차이로 평가되고 있다. 아마존은 외부에서 인력을 데려와 영화를 만들었기 때문에 추진 방법

등을 결정할 때 눈치를 봐야 했지만, 넷프릭스는 내부 인력이 담당자여서 모든 결정을 빠르게 추진할 수 있었다.

결국, 데이터 분석의 중심에는 사람이 있어야 한다. 데이터가 모든 것을 해 주지는 않는다. 단지 현상을 보여줄 뿐이고, 미래를 수치적으로 예측할 뿐이다. 실행을 하는 것은 사람이다. 이어지는 실행이 없다면 데이터는 보기 좋은 그림을 제시하는 용도로만 사용될 뿐이다. 데이터는 실행을 위한 원료로 사용되어야 하며, 그 결과를 기반으로 실행하는 것은 사람의 몫이다. 즉 데이터를 기반으로 하는 활동이 필요한 것이다.

미래를 향하는 현재의 데이터

허준은 동의보감을 편찬할 때 내의원과 혜민서의 진단과 처방전을 참조했다. 모리는 퇴임한 선장과 항해사가 남긴 지도와 항해일지를 참조해 해양지도를 만들었다. 뉴욕에서 교도소 탈옥과 폭동을 막을 수 있었던 것도 매일매일 입력된 매점의 판매 데이터 덕분이었다. 즉, 데이터가 힘을 가지게 된 시점은 나중이었다.

경기도 가평 축령산 자락에 수목원이 있다. 1994년도에 한상경 교수(삼육대 원예학과)가 10만 평 부지에 돌을 고르고 땅을 다지며 나무를 옮기고 묘목을 심은 것이 이 수목원의 시작이었다. 2년이라는 시간 동안 나무는 조금씩 자랐고 수목원 공간에는 길을 만들고 돌을 배치하며 휴식 공간을 놓았다. 한 교수는 1996년에 수목원을 개장한 후 계절에 따라 꽃과 나무를 가꿔가며 수목원을 꾸몄다. 10년, 20년이 흐른 뒤이 수목원은 한국을 대표하는 정원이 되었다. 이곳이 바로 '아침고요 수목원'이다. 진달래는 해마다 꽃을 틔우고, 나무는 긴 세월 동안 묵묵히 한 자리에서 뿌리를 뻗으며 자리를 잡는다. 성장의 속도는 느리지만 시간이 흐르면 울창한 숲과 시원한 그늘을 준다. 수목원 초기에 심어진 나무는 지금도 그 자리를 굳건히 지키고 있다. 한 교수가 나무를 심은 것은 미래를 위한 현재의 투자였던 것이다.

이와 마찬가지로 데이터 생성이나 수집하는 환경을 만드는 것은 미래를 위한 현재의 투자다. 멀지 않은 미래에 그 데이터는 값어치를 하게 된다. 데이터가 모이고 풍성해지면 주위에 사람이 모이게 된다. 데이터의 가치는 데이터가 누적된 시간과 다양성에 따라 커진다. 누적되기 전까지는 데이터의 가치가 숨겨져 있기 때문이다.

모 중공업 회사에서 전사 현황(재무, 판매, 구매 등) 모니터링 시스템 구축을 시작했었다. 당시 주관 부서인 경영기획팀은 김 과장을 담당자로 정했다. 업무 시스템이 각 부서에서 개별적으로 관리되고 있었기에 전체적인 현황 집계나 분석을 위해서는 개별 부서의 협조가 필요했다. 그런데 협조를 얻는 과정에서 의사 결정이 늦어지고 매출에 영향이 가기 시작하자 경영층은 데이터를 통합하는 프로젝트를 승인했다. 각 부서에서는 데이터를 주려고 하지 않았다. 타 부서에 방어를 한 것이다. 회의는 점점 길어지고 설득하기도 힘들어졌다.

결국 김 과장은 각 부서에 읍소를 하며 손을 벌려야 했고, 그렇게 겨우 데이터 통합이 진행됐다. 시스템이 전사 현황을 보여주기 시작했고, 그로부터 얼마 후 각 부서는 역으로 김 과장에게 데이터를 요청하기 했다. 필요한 정보가 모니터링 시스템에 다 있었기 때문이었다. 그후 김 과장은 차장으로 승진하여, 전사 데이터 통합 및 분석을 위한 컨

트롤 부서를 맡게 되었다. 데이터를 가진 자가 힘을 가지게 된 것이다.

데이터 축적을 위한 투자는 당장 효과를 볼 수 없다. 하지만 어느 정도 시간이 지나면 분명 효과를 보게 된다. 아마존이나 넷플릭스처럼 데이터 활용이 회사 내의 기본 문화로 자리잡게 된다면 데이터는 회사의 전략과 비전을 지원하는 좋은 자원이 되어줄 것이다. 이것이야말로 데이터가 힘이 되는 세상이다.

참고자료

1. 물건을 버리지 못하는 것도 병인가요? (2014. 12. 31, 서울대학교 정신건강의학과)

   https://bit.ly/2P1uCUf

2. 아마존의 효자 AWS "총 매출 11%, 영업이익 73% 기여" (2018. 04. 27, 연합뉴스)

   https://bit.ly/2PlYlkL

3. 넷플릭스의 역사: DVD 대여에서 스트리밍 성공에 이르기까지 (2018. 2. 7, BBC)

   https://bbc.in/2MOknhs

4. 콘텐츠 추천 알고리즘의 진화 (2016. 04, 한국콘텐츠진흥원)

   https://bit.ly/2AAWgyy

5. 넷플릭스가 강한 이유, '계산된' 하우스 오브 카드의 성공 (2016. 01. 11, 머니투데이)

   https://bit.ly/2P1uHY3

6. 하우스 오브 카드 (위키백과)

   https://bit.ly/2Svo3qZ

7. 아침고요수목원 역사

   http://morningcalm.co.kr/html/history.php

8. 데이터레이크 (2017. 11. 28, 마이크로소프트)

   https://bit.ly/2Ju0Z7Z

데이터란 무엇인가

목마른 사람이 우물을 찾는다고 했다. 필요한 것이 있을 경우 우리는 주변에 있는 것들로 해결하려고 노력한다. 데이터도 마찬가지다. 우리의 주변 어디에나 데이터가 있다. 데이터의 존재는 데이터의 많고 적음과 관계 없이 지금 우리에게 필요한 것이 무엇인지 알려준다는 점에서 중요하다.

앞서 등장한 이순신 장군의 전술이나, 교도소 탈옥 예측, 콜레라 지도 제작 등의 에피소드는 데이터 활용 영역에 제한이 없음을 보여준다. 이 이야기의 공통점은 데이터로 주변 상황의 문제를 해결했다는 점이다. 사람은 누구나 문제가 발생하면 해결 실마리를 찾기 위해 주변 환경을 먼저 둘러보기 때문이다. 이제 주변 환경을 살펴볼 일이 생긴다면 데이터를 염두에 두자.

이쯤에서 생각해보자. 데이터를 어떻게 정의할 것인가?

데이터란 '현재의 팩트(사실)가 기록된 정보'다. 여기에는 중요한 두 가지 포인트가 있다. 바로 '현재'와 '팩트(사실)'다. 데이터가 가치를 가지려면, 현재라는 해당 시점의 팩트가 담겨야 한다. 정약용이 한 장의 표로 정조의 식목 사업을 정리할 수 있었던 것은 문서가 있었기에 가능했다. 그 문서에는 '1789년 10월 20일'이라는 날짜에 '현재'가 담겨 있었고, '버드나무 300그루, 소나무 300그루'라는 내용에 팩트(사실)가 담고 있었다.

우리가 데이터를 찾고 활용하는 이유도 팩트 때문이다. 기록은 팩트를 전제로 하기에, 이를 활용하고 참조하면 유의미한 데이터를 만들 수 있다. 존 스노가 콜레라 지도를 통해 펌프를 찾을 수 있었던 것도 사망자의 주소가 정확한 팩트였기 때문이었다. 만약 주소가 잘못된 것이었다면 콜레라는 더 많은 사람들의 목숨을 가져갔을 것이다. 다른 예로 이순신 장군이 첫 해전에서 화포의 사거리와 조총의 사거리를 잘못 측정했다면 어떻게 되었을까? 역사가 바뀌었을지도 모른다.

그렇다면 왜 현재여야 하는가? 데이터의 가치 여부에 현재라는 시점을 따지는 것은 기록의 정확성 때문이다. 기록용 데이터는 발생하는 바로 그 순간의 정보가 담겨 있을 때 가장 정확하다. 영수증에 적힌 날짜와 시간도, 은행 계좌의 입출금 내역에 기록된 시간도, 심지어 매일 쓴 일기의 기록마저도 바로 그 순간을 담고 있기에 모두 데이터로서의 가치를 가진다. 즉 데이터는 발생되는 바로 그 순간, 현재를 담았을 때 기록되어야 의미가 있다.

1차 산업혁명 시대에 발명된 기계 장치는 반복적인 작동으로 물건을 만들 뿐, 어떤 데이터도 만들지 못했다. 데이터를 기록하는 것은 사람이었다. 기록 시점도 교대시점이나 하루를 마감하는 시점에 했고 내용도 'A제품 550개' 정도로 간단했다. 2차 산업혁명을 지나면서 정보 시스템은 발전했고, 이를 기반으로 한 3차 산업혁명 시대가 되었다. 작업자의 기록은 시스템화되고 디지털화되었다. 'A 제품 550개'라고 기록했던 것이 '5월 20일, 포장설비 12번, 작업자 홍길동, A제품 200개'로 보다 체계적이고 상세해졌다.

데이터 기록은, 기술의 발전으로 설비에 센서가 부착되면서 더욱 편해졌다. 센서는 데이터를 자동으로 기록하고 실시간^{Real-Time}으로 현황(생산량이나 설비 작동 상황)을 알려주는 역할을 한다. 예를 들어 로타리식 포장 설비는 회전하는 동안 포장 팩에 내용물을 잘 채우기만 하면 된다. 설비에 달린 센서 덕택에 제품이 하나씩 포장될 때마다 생산량이 자동으로 집계되고, 수집된 데이터는 설비별 생산 현황을 실시간으로 보여준다.

이처럼 센서의 효용이 확대되고 데이터 기록이 쉬워지면서 생산량 집계는 기본이 되었다. 요즘은 설비의 온도와 진동수를 확인해 고장을 사전 예측하거나 생산 공장의 온도, 습도, 조도를 측정해 최적의 작업 공간을 만드는 데도 데이터가 활용된다. 데이터 기록은 생산 효율을 유지하고 개선하기 위한 활동의 일환이 되었다.

데이터는 이제 기록되는 것이 아니라 자동으로 생성되는 방향으로 흘러가고 있다. 심지어 스마트폰은 물론 IPTV 서비스나 인터넷 쇼핑까지도 데이터를 자동으로 생성한다. 이렇게 생성된 데이터에는 '현재' 시점의 '팩트'가 담겨 있다. 그동안 사람에 의한 기록은 휴먼 에러를 발생시켰다. 휴먼 에러는 기록을 할 때 생기기도 하지만, 기록된 데이터를 조작하면서 발생하기도 한다. 즉, 가짜일 우려가 있는 것이다. 하지만 데이터가 자동으로 생성되면서 이런 우려가 사라지고 있다.

시대에 맞춰 새롭게 수집되고 있는 이러한 데이터를 무엇이라 부르면 좋을까? 좀 더 살펴보자.

데이터란 무엇인가?

시간이 흐르면서 단어의 의미는 점점 범위가 넓어지거나 변형되어 왔다. 데이터도 마찬가지다. 단어로서의 데이터는 정보나 자료, 문서 등 여러 의미로 사용되어 왔지만, 현재는 정보나 자료 등과는 완전히 구분되어 사용되고 있다. 제 영역을 찾은 것이다. 그렇다면 단어로서의 데이터가 아닌, 역할로서의 데이터는 어떨까? 여기서는 데이터가 내포하고 있는 역할과 의미에 대해서 살펴보자.

첫 번째, 데이터는 자원이다. 산업화 시대의 자원인 석탄, 휘발유, 농산물 등은 자연이 제공해 주는 것이었다. 정보화 시대의 자원은 IT 기술과 커뮤니케이션이었다. 그리고 이제는 데이터 자체가 자원이자 원유이고 재료다. 원재료인 콩은 떡의 고물로 사용되는 콩가루가 되기도 하지만 콩나물이 되기도 한다. 밀은 밀가루로 만들어져 국수가 되기도 하고 빵이 되기도 한다. 즉, 원료가 어떤 공정을 거치는지에 따라 다른 성격의 제품이 만들어진다.

데이터가 새로운 원료로 활용되면 어떤 공정에 투입될까? 무슨 물건이 만들어질까? 답은 우리가 꿈꾸는 상상 속에 있다. 에어비앤비(Airbnb, 2008년 8월 시작된 세계 최대의 숙박 공유 서비스)나 넷플릭스나 아마존의 추천 시스템 모두가 데이터를 기반으로 만들어졌다. 그들은 데이터를 원료로 활용해 세계적인 서비스를 창조했다.

데이터는 특히 산업 자원으로서 가치를 지닌다. 데이터를 많이 보유한 (또는 보유했을 가능성이 높은) 회사의 가치가 높게 평가된다. 데이터가 많을수록 할 일이 많고 부가가치 또한 높기 때문이다. 2017년 12월, 네이버가 명함 관리 어플인 '리멤버'를 운영하는 드라마앤컴퍼니를 인수한 배경에도 데이터가 있다. 네이버는 단순한 명함 관리 기술이 아닌, 그 회사에 저장된 명함 데이터를 이용하여 인맥을 연결하는 인맥 라운지 서비스에서 데이터의 부가가치를 발견한 것이다.

산업 자원으로서의 데이터는 일반 산업의 자원과 다르다. 석탄, 철, 금, 석유 등의 산업 자원에는 제한이 있다. 모자라면 추가로 채굴해야 하지만 채굴량에도 한계가 있다. 반면 데이터는 제한이 없다. 복사를 통해 수없이 만들어낼 수 있다. 자원이라는 동일한 명칭을 사용하지만, 그 속성은 많이 다르다.

데이터는 아무리 사용해도 사라지지 않는 무한성과, 어디서나 손쉽게 활용할 수 있는 접근성, 데이터 간의 연결을 통해 새로운 데이터를 만들 수 있는 확장성이라는 세 가지 속성을 가지고 있다. 이 또한 기존 산업 자원과의 차이점이다. 따라서 데이터를 활용하는 방법도 기존 자원과는 다르다. 데이터를 또 다른 말로 '21세기 원유'라고 부른다. 기존 자원과 속성이 다른 만큼, 이를 제대로 다루기 위한 별도의 조직이 필요한 시대가 올지도 모른다.

두 번째, 데이터는 측정 재료다. 데이터는 우리를 객관적으로 볼 수 있게 해 주는 거울이다. 피터 드러커(Peter Ferdinand Drucker, 1909년 ~2005년, 오스트리아 출신의 미국의 작가이자 경영학자)는 "측정할 수 없으면 관리할 수 없다.", "경영자의 일의 기본 요소는 측정이다."라고 했다. 기업은 피터 드러커의 말을 충실히 따랐다. 달성여부를 판단하기 위해 연초에 지표^{Index}를 생성하고 데이터 측정 기준을 정했다. 데이터는 이 기준대로 수집되고 실시간으로 조회가 가능했다. 기업은 이렇게 생성된 지표를 달성하며 성장했다. 물론 금융위기처럼 외적인 요인이 강하게 작용한 경우는 예외였다. 데이터가 보여주는 지표는 그 기업이 잘 하고 있는지 아닌지를 보여주는 거울이 되었다.

이처럼 측정된 데이터는 기업의 현황을 알 수 있게 한다. 매년 발표되는 기업 공시는 회사의 성장성과 안정성을 보여준다. 기업의 업무 처리를 위한 ERP 시스템이나, 고객과의 관계를 효율적으로 관리해 주는 CRM, 공장의 원활한 생산을 위한 MES 같은 시스템에 누적된 데이터는 해당 기업의 현황을 보여준다.

이제 기업들은 내부 데이터를 파트너 회사와도 연동, 공유하고 있다. 제조 기업은 생산에 필요한 부품과 수급 시기를 데이터로 정리해 공급 업체와 공유한다. 택배 회사가 택배 번호를 통해 물건이 어디까지 배송됐는지 공유하는 것을 떠올리면 이해하기 쉽다. 즉, 데이터는 기업 내부 현황을 넘어, 파트너 회사 및 고객과의 연계된 모습을 통해 기업의 다면을 보여주는 거울이 되고 있다.

세 번째, 데이터는 가치가 있다. 데이터는 사람을 위하는 방향으로 사용될 때 비로소 가치를 가진다. 731부대의 생체 실험 데이터는 전쟁을 위한 도구였고, 멜서스가 인구론을 주창할 때 활용한 데이터는 인구 증가를 막아야 하는 근거로 사용되었다. 사람을 위한 것이 아니라 사람이 공격의 대상이 된 것이다. 반면 존 스노의 콜레라 지도나 나이팅게일의 로즈 다이어그램에 사용된 데이터는 사람을 살리는 데 활용되었다. 데이터가 사람을 위하는 방향으로 사용될 때 그 가치는 더욱 높아질 것이다.

이제 시대는 데이터를 중심으로 돌아가고 있다. 스마트폰, CCTV, 센서, 스마트 시티, 스마트 팩토리, 스마트 팜, IoT 등 다양한 디지털 장비는 많은 양^{Volume}과 다양한 형태^{Variety} 그리고 빠른 속도^{Velocity}로 데이터를 만들어 내고 있다. 우리는 이런 데이터 환경에서 인간을 위한 가치^{Value}를 만들기 위해서 필요한 것이 무엇인지 고민해야 할 시기에 살고 있다. 어쩌면 데이터의 가치는 우리 주변에 존재하고 있을지도 모른다.

참고자료

1. 피터 드러커의 매니지먼트 (2007, 청침출판) 피터 F. 드러커 지음, 남상진 옮김

2. 잘못된 지표는 잘못된 결과를 낳는다 (2017. 03. 05, 중앙선데이)

   https://news.joins.com/article/21337981

3. 한국 청소년 키···남 173.7㎝ 여 160.9cm (2017. 06. 26 한국경제)

   http://news.hankyung.com/article/2017062366731

4. 피터 드러커 (위키백과)

   https://ko.wikipedia.org/wiki/피터_드러커

5. 에어비앤비 (위키백과)

   https://ko.wikipedia.org/wiki/에어비앤비

6. 넷플릭스 (나무위키)

   https://namu.wiki/w/넷플릭스

7. 아마존 (위키백과)

   https://ko.wikipedia.org/wiki/아마존닷컴

"세상이 어떻게 돌아갈까?"라는 의문을 가진 시기가 있었다. 정기적인 급여를 받으며 회사를 다니고 있었기에 당장 사회 활동을 멈춰도 살아가는 데 문제가 없다고 착각했기 때문이었다. 하지만 곧 사회 활동을 멈추면 급여도 멈추게 되고 급여로 생활하는 나의 가정도 멈추게 된다는 것을 의식하게 되었다.

이 의문은 "무엇이 사람을 움직이게 하는가?"로 바뀌었다. 답은 의외로 간단하다. 사람이 생활하는 기본 요소인 '의식주'가 사회 활동을 유지하는 마중물이다. 의식주가 해결되어야 다음 단계인 공부와 예술 등을 즐길 수 있는 것이다.

이 의문은 인간을 구성하는 기본 요소와 주변 물질의 기본 요소, 더 나아가 디지털 세상의 기본 요소까지 확장되어 갔다. 디지털 환경이 만들어 놓은 세상이지만, 여전히 존재하는 아날로그와 나의 기억 속 디지털 세상에 첫발을 내디딘 시절을 생각하며 이 글을 마감한다.

의식주 = 삶을 위해 최소로 필요한 것

최소한의 의식주는 삶을 살아가는 데 필수다. 학교에서 배운 이 내용은 아주 오랫동안 머리에 남아 있다. 아마도 평생 머리 속에 자리잡고 있을 것이다. 이유는 그것이 내가 살아가는 기본 환경이기 때문이다.

원자, 세포 = 물질의 기본 구성 단위

물질은 원자로 이루어져 있고, 우리 몸은 세포로 이루어져 있다. 세포는 아주 작아서 우리 눈에는 안 보이고 현미경으로 보면 보인다. 고등학교에서 생물 시간에 입 안쪽 피부를 살짝 벗겨서 현미경으로 본 후 세포의 모습은 머릿속에 남아 있다.

비트Bit = 데이터의 최소 단위

대학교 강의 시간, 교수님은 0과 1을 설명하면서 전기 스위치를 예를 들었다. 전기 스위치를 누르는 것은 On과 Off의 2가지 행위를 하는 것이라고 했다. 교수님은 전기 스위치처럼 0과 1만으로 세상의 모든 것을 표현할 수 있는데, 이 2가지로 기록되는 단위가 비트라고 했다. 비트가 8개 모이면 1바이트Byte이며, 1바이트로 알파벳 한 개를 표현할 수 있다고 했다.

그럼 한글은 어떻게 될까?

바이트는 한글을 표현할 수 없었다. 8개 비트가 영어만 표현할 수 있는 구조였기 때문이다. 컴퓨터에 한글 입력이 안 되어 영어로 타이핑을 했었다. 2000년을 앞두고 Y2K 문제가 IT 업계에 광풍처럼 몰아치고 있었다. 기업들은 이 문제에 대응하기 위해 컴퓨터를 신규로 도입하거나 프로그램을 집중 수정했다. 덕분에 2000년이 된 후에도 큰 문제가 발생하지 않았다. 2000년 이후 한글을 사용하는 것도 쉬워졌다. 새로운 컴퓨터가 도입되면서 문제가 해결된 것이다. 더불어 한자까지도 쉽게 입력할 수 있게 되었다. 기존에는 8비트가 한글자를 형성했지만 새로운 컴퓨터는 16비트로 글자를 만들었다. 멀티바이트Multi-Byte 시대가 된 것이다.

우리 주변의 모든 것은 사람의 눈으로 보면 풍경이 되지만 컴퓨터의 눈으로 보면 데이터가 된다. 데이터는 서로 비교가 가능하다. 비교를 한다는 것은 변화를 인지할 수 있는 것이고, 이 변화가 누적되면 예측도 가능하다.

2015년, 중국 알리바바의 마윈 회장이 DT(Data Technology, 데이터 기술)를 강조했다. 그는 "앞으로의 시대는 IT(Information Technology, 정보 기술) 시대가 아닌 DT 시대"라고 했다. 이 말은 수집하고 분석한 데이터를 기반으로 새로운 제품과 서비스를 만들어야 한다는 것을 의미한다.

제3차 산업혁명인 '정보기술 혁명'은 이미 우리의 삶을 바꿔 놓았다. 편리한 인터넷 환경은 SNS를 통해 서로의 소식을 전하고 접하게 했다. 스마트폰은 전화기를 넘어 컴퓨터의 역할을 대신한다. 컴퓨터 앞에 앉아서 하는 쇼핑보다 어디에서든 가능한 모바일 쇼핑이 대세가 되었다. 은행 업무조차 온라인으로 가능한 시대가 도래했다. 스마트폰이 없는 삶은 생각할 수 없다. 스마트폰에는 길을 찾기 위한 지도가 있고, 운전을 위한 내비게이션이 있으며, 사진을 담는 앨범이 있고, 생각을 적어 두는 노트와 약속을 기록하는 일정표가 있다. 이 모든 것이 디지털화되어 데이터로 보관되고 있다.

이제 우리는 4차 산업혁명 시대를 살아가고 있다. 이 혁명은 정보통신 기반인 3차 산업혁명이 우리 사회 저변에서 기본 인프라가 되면서 만들어 놓은 데이터와 센서를 중심으로 일어난 산업혁명이다. 기계가 아닌 컴퓨터가 제조를 담당하고, 컴퓨터에는 제조를 위한 데이터와 알고리즘이 장착되고 있다. 기존 삶의 개념은 발전하는 IT와 DT 기술로 인해 또 다른 변화를 예고하고 있다. 공상 소설로만 보던 것이 눈앞에 하나씩 나타나고 있다. 이 모든 것의 근간에는 데이터가 있다.

당시에는 이런 기술이 없었음에도, 우리 선조들은 삶 속에서 데이터를 활용해 왔다. 인간은 도구를 만들고 사용하는 방법을 아는 동물이다. 그 도구의 발전이 인류의 발전을 이끌었다. 객관적인 숫자는 주관적인 판단을 제어할 수 있다. 데이터에는 현재의 팩트가 담겨있다. CCTV의 영상은 현재 상황이고 은행의 거래도 팩트가 기록된 것이다. 이제 데이터는 산업의 원료가 되었다. 원료인 데이터로 '무엇'을 할 수 있을까? 현재를 살아가는 우리에게 새로운 화두로 다가온 데이터에 대한 이해와 활용이 필요한 시기이다.

오늘도 데이터를 관찰하며 사람이 중심이 되는 디지털 세상을 그려 본다.